Prosa histórica

Letras Hispánicas

Alfonso X el Sabio

Prosa histórica

Edición de Benito Brancaforte

CATEDRA

LETRAS HISPANICAS

© Ediciones Cátedra, S. A., 1984
Don Ramón de la Cruz, 67. Madrid-1
Depósito legal: M. 14.008 - 1984
ISBN: 84-376-0456-7
Printed in Spain
Irpreso en Velograf. Tracia, 17. Madrid-17
Papel: Torras Hostench, S. A.

Índice

Introducción

El difícil reinado de Alfonso el Sabio

> Pero también es verdad que aquellos
> eran tiempos oscuros en los que un hom-
> bre sabio debía pensar cosas que se con-
> tradecían entre sí.
>
> (U. Eco, *El nombre de la rosa*.)

La imagen de serenidad que se desprende de las miniatu-
ras que acompañan las obras de Alfonso el Sabio no corresponde a la realidad histórica, ni a la actuación, a veces con-
tundente, que el rey Sabio tuvo en sucesos de los cuales
fue protagonista [1]. Al juntar las distintas piezas, aparece una

---

[1] La obra más detallada sobre la historia política y cultural
de la época de Alfonso es la de Antonio Ballesteros-Beretta,
Alfonso X el Sabio, Barcelona, Salvat, 1963. Pero hay que añadir
que los pormenores, a veces excesivos o innecesarios, la tendencia
a novelizar y la falta de índices hacen difícil su consulta.

Consúltense, por su valor histórico, la obra del padre Juan
de Mariana, *Historia general de España,* v. 30 de la BAE, Madrid, Rivadeneyra, 1854, v. 1, págs. 382 y ss.; Gaspar Ibáñez de
Segovia, Peralta y Mendoza, Marqués de Mondéjar, *Memorias históricas del rey D. Alonso el Sabio y observaciones a su Chrónica,*
Madrid, J. Ibarra, 1777.

Aparte de algunos errores, como la afirmación fantástica de que
la Parte V de la *General Estoria* contiene «la vida de Jesús, expuesta conforme a los Evangelios, el efecto de su predicación y
de su muerte..., las epístolas de San Pablo, Santiago...» (pág. 597),
la obra de José Amador de los Ríos es todavía muy útil. Véase
su *Historia crítica de la literatura española,* v. 3, Madrid, J. Rodríguez, 1863, págs. 447 y ss.

personalidad compleja y «difícil» [2], en la que vemos los ingredientes principales de una tragedia griega, o del rey Lear: la ambición nunca completamente lograda del rey Alfonso de ser elegido emperador del sacro romano imperio; la rebelión de los nobles, la enemistad con sus hermanos y más destacadamente con su hijo Sancho; la muerte de su hijo predilecto, don Fernando, en 1275; la humillación de ser depuesto como rey en 1282 por su hijo Sancho y los nobles rebeldes.

Al subir al trono en 1252, Alfonso heredaba la tradición guerrera trazada particularmente por su abuelo Alfonso VIII, el vencedor de Las Navas de Tolosa en 1212; y por su padre Fernando III, el Santo, el conquistador de Córdoba, Sevilla, Murcia y Jaén. Al comienzo de su reinado Alfonso había seguido con la misma política de sus antecesores, pero se desvió luego al perseguir durante casi veinte años —de 1256 a 1275— el sueño de ser emperador, sueño que resultó ser tan inalcanzable como la ballena para el capitán Ahab. Su pretensión se basaba en los derechos de su madre, doña Beatriz, hija del duque de Suabia, Felipe, el cual había sido emperador a comienzos del siglo XIII. Sin embargo, la hostilidad de los papas, especialmente la de Gregorio X, elegido en 1271, resultó decisiva. Alfonso tuvo que renunciar a sus aspiraciones imperiales; y así se lo prometió verbalmente a Gregorio X en la entrevista de Beaucaire en 1275 a cambio de beneficios económicos (Ballesteros, pág. 732).

Las aspiraciones imperiales de Alfonso nunca habían gozado de popularidad en sus reinos, particularmente entre los nobles, ya que esa ambición acarreaba una disminución de los privilegios de los nobles y la imposición de nuevos impuestos, necesarios para la elección [3]. Y el rey necesitaba mucho dinero, también para el soborno, directo o indirecto, de los que pudieran favorecer su causa [4].

---

[2] «Personalidad difícil» la define Eugenio Montes en «Federico II de Sicilia y Alfonso X de Castilla», anejo al núm. 10 de la *Revista de Estudios Políticos*, Madrid, 1943, pág. 14.

[3] Sobre las frustraciones de las aspiraciones imperiales de Alfonso y cómo el rey era reconocido por algunos como emperador y por otros no, véase Cayetano J. Socarrás, *Alfonso X of Castile: A Study on Imperialistic Frustration*, Barcelona, Ediciones Hispam, 1976.

[4] Según el padre Juan de Mariana era Alfonso «codicioso de allegar dinero, vicio que si no se mira bien, causa muy graves daños, como entonces sucedió, que perdió las voluntades del pue-

Al fracaso de las aspiraciones imperiales de Alfonso X sucedieron desgracias personales, en especial la muerte, en 1275, del hijo primogénito Fernando de la Cerda, con lo que se exacerbaron las divisiones políticas entre el rey Alfonso, por un lado, y los nobles rebeldes y el hijo del rey, don Sancho, por otro.

Los nobles, casi desde el comienzo del reinado de Alfonso, estaban muy insatisfechos por varias razones que podrían resumirse así: la codificación y promulgación de leyes orgánicas que disminuían el poder de la nobleza; el que cesaran o disminuyeran mucho las conquistas de territorios árabes, con lo cual quedaban refrenadas muchas energías guerreras; la inflación y la devaluación de la moneda [5].

Don Sancho se rebeló abiertamente contra su padre en 1280, cuando éste quiso poner en vigor la ley de sucesión al reino, establecida en las *Partidas,* pero jamás aplicada hasta ese momento en Castilla. Según esa ley, a la muerte del hijo mayor, heredaban sus derechos los hijos del primogénito y, por tanto, don Sancho quedaba excluido de la sucesión al reino. La rebelión del hijo, apoyada por los nobles y por los enemigos políticos de Alfonso, culminó en las Cortes de Valladolid en 1282, donde se decidió la deposición del rey Alfonso.

La profunda decepción del rey por ese acto tan inusitado se transparenta en las palabras de los dos testamentos, cuyo texto Solalinde incluyó en su antología [6]. Como en el cuento árabe de Pedro Alfonso en *Disciplina clericalis,* se queja el rey amargamente del abandono de casi todos aquellos que él había creído eran sus amigos: su cuñado, el rey de Aragón; el rey de Inglaterra, su pariente; el rey de Francia y el papa. Por una de esas ironías de la historia, el único que quiso socorrerlo en su apuro fue un rey árabe, Abu Yúsuf de Marruecos. Pero su ayuda no dio resultados, y en 1284 murió el rey Alfonso, y le sucedió en el trono su hijo Sancho [7].

---

blo y no supo ganar las de los grandes» (*Historia general de España, op. cit.,* pág. 385b).

[5] Sobre los problemas económicos de Alfonso, véase la incisiva descripción de Luis G. de Valdeavellano, *Curso de historia de las instituciones españolas: De los orígenes al final de la Edad Media,* Madrid, Revista de Occidente, 1968, págs. 301-302.

[6] Antonio G. Solalinde, *Antología de Alfonso X el Sabio,* 5.ª ed., Madrid, Espasa-Calpe, 1966, págs. 224-242. También, Ballesteros, págs. 1.000 y ss.; págs. 1.050 y ss.

[7] Sobre los dilemas de Alfonso en cuanto a la sucesión, véase

Si desde la perspectiva puramente política, el reinado de Alfonso no se caracterizó por sus éxitos, en cambio su impacto en la cultura de la península y la europea es indiscutible[8]. Ahora, después de tantos siglos y en la época de los ordenadores y de los aviones, no es fácil imaginar lo que debió significar el esfuerzo del rey Alfonso y de sus colaboradores de buscar en los lugares más recónditos los códices latinos y árabes, extraviados o dispersos; y descifrarlos y traducirlos a un castellano que aún estaba en sus albores. Y toda la labor «física» se hacía sin luz eléctrica ni calefacción, sentados en escaños incómodos y duros. También es extraordinario el hecho de que se juntasen muchos sabios que pertenecían a distintas culturas y religiones, judíos, árabes, cristianos, y que estudiaran juntos durante años y años todas las obras a su alcance sobre derecho, historia, astronomía, poesía, retórica, etc.

Y hay además hechos curiosos. Los mismos judíos y árabes que colaboraban en las traducciones de tantas obras[9], tenían que leer leyes como éstas (aunque tuvieran esas leyes una historia muy larga):

> Et la razon porque la eglesia, et los emperadores, et los reyes et los otros principes sufrieron a los judios vivir entre los cristianos es esta: porque ellos viviesen como en cativerio para siempre et fuese remembranza a los homes que ellos vienen del linage de aquellos que crucificaron a nuestro señor Jesucristo[10].

Y respecto a las relaciones sexuales entre judíos y cristianas:

Robert MacDonald, «Alfonso the Learned and Succession: A Father's Dilemma», *Speculum,* 40 (1965), págs. 647-653.

[8] Véase, especialmente, Evelyn S. Procter, *Alfonso X of Castile, Patron of Literature and Learning,* Oxford, Clarendon Press, 1951; «The Scientific Works of the Court of Alfonso X of Castile: The King and his Collaborators», *The Modern Language Review,* 40 (1945), págs. 12-29.

[9] Según los cálculos de Davide Romano, la contribución de los sabios judíos en las obras científicas fue del 74 por 100. En «Le opere scientifiche di Alfonso X e l'intervento degli ebrei», *Actas* del congreso internacional sobre el tema *Oriente e Occidente nel Medioevo: Filosofia e Scienze,* Roma, Accademia Nazionale dei Lincei, 1971, especialmente las págs. 686-87.

[10] *Siete Partidas,* VII, Título XXIV, Ley I, en la pág. 173 de la *Antología de Alfonso X el Sabio,* de Solalinde.

Atrevencia et osadia muy grande facen los judios que yacen con las cristianas, et por ende mandamos que todos los judios contra quien fuere probado daqui adelante que tal cosa hayan fecho, que mueran por ello (Solalinde, página 177).

Como puede leerse particularmente en el Título XXV (Partida VII), los árabes recibían en las leyes un tratamiento algo mejor, pero no mucho. Con todo esto se quiere indicar que el rey Alfonso no era un monarca «ilustrado» en todos los aspectos, y que compartía los prejuicios de su época. Sin embargo, en medio de sus contradicciones dio impulso a la labor cultural más importante de la Edad Media española.

El problema de la intervención de Alfonso

El papel del rey Alfonso en la elaboración de las obras que ahora circulan bajo su nombre no es fácil de precisar por falta de indicaciones específicas sobre datos fundamentales, tales como el número y los nombres de los individuos que intervinieron directamente en la labor de planear, traducir y glosar. Particularmente en lo que concierne a las obras historiográficas, las noticias sobre los colaboradores alfonsíes son muy escasas, y los críticos que han tratado de esclarecer la cuestión de la intervención de Alfonso han tenido que rastrear los pocos hechos verificables a su disposición, queriendo reconstruir la manera en que se llevó a cabo la labor de la escuela alfonsí.

Gonzalo Menéndez Pidal [11], por ejemplo, al describir el segundo periodo, el de las compilaciones historiográficas de la escuela alfonsí, desde 1270 hasta la muerte del rey (el primer periodo desde 1250 a 1269 es el de las traducciones del árabe y de las obras jurídicas), no pudo identificar a los compiladores de la *Estoria de España* y de la *General Estoria* ni pudo ser en verdad muy específico respecto al papel de Alfonso.

A diferencia de las obras científicas donde se mencionan

---

[11] Gonzalo Menéndez Pidal, «Cómo trabajaron las escuelas alfonsíes», *NRFH*, 5 (1951), págs. 363-380.

casi siempre al menos ciertos nombres o de los traductores o de los «ayuntadores» (compiladores), en las obras de historiografía casi nunca se mencionan nombres. En la *Estoria de España* no se alude a ningún nombre; en la *General Estoria* el único nombre que se menciona es al final de la Parte IV: «Yo Martin Perez de Maqueda, escriuano de los libros de[1] muy noble rey don Alffonsso, escriui este libro con otros mis escriuanos que tenia por su mandado.» Y la Parte V se cierra sin mencionar nombre alguno: «Aqui se acaban todas las estorias del Viejo Testamento.»

Según sugiere A. Solalinde,

> acaso no se pensó nunca dar la relación completa de los colaboradores de la *General Estoria* por haber sido muchos o porque la participación del rey fuera más directa que en los libros traducidos por su mandado; de cualquier modo, nos falta actualmente la documentación precisa para señalar quiénes fueron los historiadores que ayudaron a Alfonso X en la redacción de la *General Estoria*[12].

La falta de mención de los nombres podría explicarse también por la actitud medieval muy distinta a la de los románticos o los contemporáneos en lo que se refiere a originalidad y gloria literaria. Los colaboradores de Alfonso no debieron haber insistido mucho en ser reconocidos como «autores», contentándose al parecer con ganarse la vida en la corte de Alfonso y dejar al mecenas la gloria literaria.

También por falta de datos sobre los colaboradores, se ha exagerado quizás, según señala Davide Romano[13], la participación directa del rey en la composición de las obras. Se puede pensar que lo más probable es que su papel se acercara al del moderno director de una editorial, que escoge a sus consejeros y colaboradores y decide sobre los títulos que se van a incluir dentro de una cierta colección. Los testimonios que aporta Gonzalo Menéndez Pidal sobre la intervención directa de Alfonso, y sobre su decisión, a veces, de hacer traducir de nuevo una cierta obra que él consideraba defectuosa, no contradicen lo que decimos en

---

[12] En su introducción a la *General Estoria,* Parte I, págs. xxi-xxii.

[13] D. Romano, «Le opere scientifiche di Alfonso X», art. cit., página 683.

cuanto a la posible similitud de su papel con el del moderno director.

En lo que se debe insistir es que una cosa es dirigir y otra cosa es hacer, y que hay que dar la importancia que se merece a la afirmación contenida en la primera parte de la *General Estoria,* aprobada —como hay que suponer— por el rey Alfonso. Es preciso reparar en el contexto de la cita, donde se explica cómo Moisés escribió la Ley por mandato de Dios, estableciendo así una analogía entre el rey Alfonso y sus colaboradores:

> El rey faze un libro, non por quel escriua con sus manos, mas porque compone las razones del, *e* las emienda, et yegua *e* enderesça, *e* muestra la manera de como se deuen fazer, *e* desi escriue las qui el manda, pero dezimos por esta razon que el rey faze el libro (*GE,* I, pág. 477b).

Esta explicación, bastante directa, sintetiza quizá mejor que muchas especulaciones el papel del rey y de sus colaboradores, subrayando la conexión entre la cabeza o cabezas que planean y conciben las obras y las manos y mentes que actúan, que las realizan.

Como se sabe, tanto en lo que se refiere a grandes batallas como a grandes obras de compilación, la historia ha destacado siempre las «cabezas», siendo mucho menos generosa con las «manos», y, por tanto, los esfuerzos de compiladores y amanuenses, como los de muchos soldados, no se han registrado, y muchos de sus nombres no han pasado a la posteridad. Por la tendencia tan arraigada a ver la historia como el producto de unos cuantos individuos excepcionales, resulta difícil para algunos concebir el hecho de que la labor de la escuela alfonsí fuera una labor de equipo, y que el rey no escribió las obras que aparecen bajo su nombre. Un ejemplo clásico de esta tendencia de exaltación del héroe —«hero worship»— es la del marqués de Mondéjar, quien arremete contra Florián de Ocampo, el editor de la *Estoria de España* en el siglo XVI, por haber dudado, escandalosamente según el marqués, de la autoría del rey Alfonso. El capítulo XV (del libro VII) lleva el título polémico, «El Rei D. Alonso fue verdadero autor de la Historia general de España, no ordenada solo de orden suya» [14].

---

[14] Marqués de Mondéjar, *Memorias históricas, op. cit.,* página 466.

Si se quiere enjuiciar serenamente el papel de Alfonso, hay que rechazar afirmaciones exaltadoras como ésas del marqués de Mondéjar, que reclaman sin fundamento la autoría del rey. Habría que repetir, en cambio, que su papel debe de haber consistido en decidir, con la ayuda de consejeros, sobre las compilaciones y traducciones, sugerir enmiendas en el proceso de las compilaciones, señalar al final defectos y méritos de una cierta obra.

Aun los testimonios que apuntan a la corrección del idioma por parte de Alfonso, hay que aceptarlos con cierta reserva. Debieron de ser correcciones o enmiendas de tipo general y no correcciones muy detalladas. Si no hubiera sido así, no podríamos explicarnos la variedad estilística en la sintaxis, morfología, léxico que se halla, por ejemplo, en la *General Estoria,* donde el lenguaje de los traductores, digamos de Ovidio, es muy distinto al de los traductores del Antiguo Testamento. Cuando se publiquen las otras partes todavía inéditas de la *General Estoria,* un estudio lingüístico, que sería imprescindible, revelaría la variedad de los «lenguajes» que se emplean [15].

Por otro lado, tenemos suficientes indicios para afirmar que Alfonso no era un mecenas cualquiera, que distribuyese su dinero sin entender nada sobre las obras que se componían bajo su patronato. Existen muchas pruebas y testimonios que apuntan a la cultura personal del rey Alfonso y a su celo por hacer asequible todo tipo de conocimiento, científico, histórico, legal, poético, desenterrando de la «sepultura del olvido» las obras de difícil alcance para la *latinitas;* las obras sobre matemáticas, astronomía, astrología, ciencias

---

[15] Es difícil encarecer lo bastante la importancia de la decisión de Alfonso y su escuela respecto al empleo del castellano. Como escribe Diego Catalán: «la decisión de abandonar el latín y entronizar, como lengua de una nueva cultura laica, el ‘castellano drecho’, fue un paso decisivo en el proceso de secularización y vulgarización de la historia nacional; desde entonces, la historiografía dejó de estar confinada a un público restringido de eruditos, para convertirse en la rama más viva de la cultura medieval española» («El Toledano romanzado y las estorias del fecho de los godos del siglo xv», en *Estudios dedicados a James Homer Herriott,* Universidad de Wisconsin, 1966, pág. 9). Véase también Rafael Lapesa, *Historia de la lengua española,* 9.ª ed., Madrid, Gredos, 1981, cap. IX, págs. 237 y ss.; Hans-Josef Niederehe, *Die Sprachauffassung Alfons des Weisen: Studien zur Sprach-und Wissenschaftsgeschichte* [con abundante bibliografía], Tübingen, M. Niemeyer, 1975.

naturales, escritas en árabe o traducidas por los árabes. La preocupación de la escuela alfonsí por la difusión de la cultura está reflejada en la práctica, bastante sintomática, de la doble traducción: del árabe al castellano y del castellano al latín. Era corriente la práctica que describe Hilty en su introducción al *Libro conplido:*

> El *Libro conplido* se tradujo al latín sólo después de escrita la redacción castellana... La razón de estas versiones es, además, tan obvia como significativa. Para poder entrar en la literatura científica europea el *Libro conplido* tenía que ser traducido al latín, la lengua universal de entonces [16].

La tendencia pragmática de la escuela alfonsí es un rasgo que prevalece sobre cualquier otro, sea de tipo especulativo o metafísico. En palabras de Eugenio Montes:

> El círculo alfonsino, tan curioso de técnicas, apenas posee poder reflexivo. Le falta el gusto por la teoría e incluso la más somera capacidad de visión. Eso explica la ausencia de toda actitud filosófica en medio de tanta actividad libresca [17].

Esto contradice la fama que tuvo el rey Alfonso de «estrellero», de que estaba más preocupado por las esferas celestes que por los asuntos terrenales. El esquema de A. Castro sobre los tres círculos simbólicos de los intereses de la escuela alfonsí, es tan incisivo como esclarecedor. Según el

---

[16] Gerold Hilty, ed., *El libro conplido,* Madrid, 1954, página xxxix. Según Gonzalo Menéndez Pidal, una innovación de la escuela alfonsí fue la de la traducción simultánea en castellano y latín. Al describir cómo se llevó a cabo la traducción del *Libro de los juicios de las estrellas,* dice: «Las cosas sucedieron así: por encargo de Alfonso se tradujo el libro del árabe; según técnica tradicional Judá ben Mosé leía el texto arábigo y daba de palabra su traducción al vulgar, dictaba a un escriba la versión latina. Hasta aquí todo era como en tiempos de Juan Hispalense y Domingo Gundisalvi, pero Alfonso adoptó la novedad de hacer que otro amanuense transcribiese al tiempo la versión castellana que iba pronunciando Judá ben Mosé» («Cómo trabajaron las escuelas alfonsíes», art. cit., pág. 366).

[17] E. Montes, «Federico II de Sicilia y Alfonso», art. cit., página 26.

testimonio recogido por Van Scoy[18], Castro en una ponencia dividió la obra de Alfonso en tres círculos concéntricos: 1) el círculo exterior, el de las esferas celestes, ejemplificado por las compilaciones de los *Libros del saber de astronomía;* 2) el segundo círculo, el del mundo terrenal, ejemplificado por la *General Estoria;* 3) el círculo interior, que representa a España, está ejemplificado por la *Estoria de España* y *Las Siete Partidas.*

De la *Estoria de España* a la *General Estoria*

Examinemos ahora brevemente las dos grandes obras historiográficas de la escuela alfonsí, la *Estoria de España* y la *General Estoria,* poniendo énfasis en su significación como también en la evolución de una obra a otra. Sin entrar en pormenores y destacando los puntos fundamentales, es preciso aludir primero al problema filológico que presenta el texto de la *Estoria de España.*

Según ha demostrado Diego Catalán, el texto publicado por Ramón Menéndez Pidal bajo el título de *Primera Crónica General* (primera edición, 1906; segunda edición, 1955, con una larga introducción y estudio de las fuentes) y basado en dos manuscritos de la cámara regia (E_1 y E_2), sólo en parte, hasta el capítulo 616, se escribió bajo Alfonso[19]. Desde el capítulo 616 hasta el 896, donde la *Estoria de España* de la escuela alfonsí quedó definitivamente interrumpida, el texto no es crítico y para su reconstrucción hay que acudir a «la selva textual»[20] de los manuscritos de la llamada «versión vulgar». Esto implica que aún queda por establecer aproximadamente la mitad del texto crítico de la *Estoria*

---

[18] Herbert A. Van Scoy, «Spanish Words Defined in the Works of Alfonso X», tesis doctoral, Universidad Wisconsin, 1939, páginas xv-xvi.

[19] Véase, especialmente, Diego Catalán, «El taller historiográfico alfonsí: Métodos y problemas en el trabajo compilatorio», *Romania,* 84 (1963), págs. 354-375 (especialmente las páginas 366 y ss.); *De Alfonso X al Conde de Barcelos: Cuatro estudios sobre el nacimiento de la historiografía romance en Castilla y Portugal,* Madrid, Gredos, 1962, especialmente las págs. 17-94.

[20] D. Catalán, «El taller historiográfico», pág. 355.

de España. (De todos modos, ello no afecta, según lo que se sabe hasta ahora, al texto de las selecciones de la presente antología, ya que el último trozo escogido es el del capítulo 559.)

A pesar de la inconclusión de la *Estoria de España* por parte de la escuela alfonsí, es posible describir algunos rasgos generales, ya que la obra fue redactada conforme a un plan general establecido, muy probablemente, antes de empezar el proyecto.

En el plan de la *Estoria de España,* descrito en el Prólogo, pueden observarse ya dos tendencias que rebasan la tradición bastante estrecha de las crónicas medievales de registrar sucesos y personajes de acuerdo con un orden cronológico. El concepto de la historia como «magistra vitae», el empleo y manipulación de fuentes tanto cristianas como paganas, añaden una nueva dimensión a la metodología historiográfica medieval, marcando un gran avance respecto a las obras aún muy próximas, como la de Rodrigo Ximénez de Rada, *De rebus Hispaniae,* y todavía más con el *Chronicon mundi* del obispo Lucas de Tuy.

Quizás uno de los aspectos más innovadores de la metodología de la *Estoria de España* es la idea de que la historia es obra de los hombres y no de la Providencia divina que planee y guíe las suertes de los hombres. Este hecho adquiere aún mayor significación si se piensa en la importancia que tuvieron Paulo Orosio *(Historiarum adversum paganos libri septem)* y San Agustín *(De civitate Dei),* para la historiografía medieval y para la *Estoria de España,* particularmente su concepto providencial de la historia, considerada como la manifestación o espejo de un plan divino. En la *Estoria de España* se hallan, desde luego, descripciones que apuntan a la intervención directa de Dios en los asuntos humanos, como en el episodio del rey Pelayo (capítulo 568), donde Dios interviene para proteger al rey cristiano contra los moros. Pero son ésos casos aislados y no afectan sustancialmente la dirección de la obra. De acuerdo con Ayerbe-Chaux:

> No se ha subrayado el avance que hacia un concepto nuevo significa la disminución y casi la ausencia de la idea providencialista que caracteriza hasta Alfonso la historiografía medieval [21].

---

[21] R. Ayerbe-Chaux, *Alfonso X el Sabio, Estoria de España,* antología, Madrid, Porrúa, 1982, pág. 25.

El intento de la *Estoria de España* de examinar todos los «fechos» que han interesado a los hombres, desde el descubrimiento de las letras del alfabeto a los saberes de astronomía, desde las leyes humanas a las divinas, es un preludio de la visión universalista que está en la base de la estructura de la *General Estoria*. La historia de España, o mejor dicho, del espacio geográfico de la Península Ibérica [22], está vista dentro del cuadro más amplio de la historia del Mediterráneo, de Roma en particular y de la historia universal. Como señala Diego Catalán: «Otra novedad historiográfica de la *Estoria de España* [es] la sistemática confrontación de la historia nacional con los grandes hitos de la historia universal» («El taller», pág. 361).

No todo lo que se propone en el Prólogo será desarrollado ni todo recibirá un tratamiento adecuado en la obra, pero hay que poner de relieve el enlace con la *General Estoria,* donde se desarrollará lo que en la *Estoria de España* parece ser un vago o genérico plan de trabajo. De los seis pueblos que ocuparon a España —griegos, «almujuces» (pueblos originarios de Caldea), cartagineses, romanos, vándalos y silingos, godos—, a los romanos se dedica la mayor parte (344 capítulos) de la *Estoria de España* escrita en la cámara regia.

Este desproporcionado interés por la historia romana (que estará reflejado en nuestras selecciones) ha sido un elemento decisivo para hacer susponer a C. F. Fraker de que ello no fue casual y que hubo en Alfonso una motivación personal, relacionada con sus aspiraciones a la corona del sacro romano imperio [23]. Según el razonamiento de Fraker, le importaba mucho a Alfonso mostrar cómo él y España descendían directamente de la estirpe romana y cómo la corona imperial había pasado *(traslatio imperii)* a España tras la victoria de los godos, y que con Alfonso se unificaría y continuaría la tradición del imperio romano. La interrupción de la historia

---

[22] Cfr. José A. Maravall: «Nuestros reyes medievales no son reyes de un reino, sino de un espacio» *(El concepto de España en la Edad Media,* 2.ª ed., Madrid, Instituto de Estudios Políticos, 1964, pág. 358). Véase, también, Diego Catalán, «España en su historiografía: De objeto a sujeto de la historia», ensayo introductorio a Ramón Menéndez Pidal, *Los españoles en su historia,* Madrid, Espasa-Calpe, 1982, págs. 35 y ss.

[23] Charles F. Fraker, «Alfonso X, the Empire, and the *Primera crónica*», *Bulletin of Hispanic Studies,* 55 (1978), págs. 95-102.

se debería a la falta de interés por parte de Alfonso tras la pérdida de sus esperanzas de ser elegido emperador.

No cabe duda de que la tesis de Fraker es estimulante. Me parece, sin embargo, que la validez de la tesis se funda en la conjetura de que el propósito de Alfonso al mandar que se escribiese la *Estoria de España* fue más bien personal que cultural. Sin descartar las motivaciones personales de Alfonso[24], para que la tesis de Fraker resultara más convincente hubiera sido necesario demostrar la falta de validez de la idea expuesta por Solalinde, Menéndez Pidal, Francisco Rico[25], y otros, según la cual el abandono de la *Estoria de España* se debe principalmente a la atracción que tuvo para el rey y su escuela la compilación de una historia universal.

Si la *General Estoria* empezó a escribirse hacia 1272, según sugiere Solalinde (Intr., pág. xxiii), parece ser bastante razonable pensar que los compiladores de la *Estoria de España* se dieran cuenta de que hubiera sido repetitivo continuar con la obra, ya que la misma materia hubiera cabido en la *General Estoria* y de que el plan original se les «desbordada»[26].

También deberíase de explicar por qué Alfonso se de-

---

[24] No quisiera contribuir a las mistificaciones que ya existen en cuanto a la pureza de los ideales de los escritores. Siempre existen, claro está, motivaciones personales en cualquier autor. Pero el problema aquí es establecer convincentemente si las motivaciones personales de Alfonso se sobrepusieron totalmente, hasta el punto de distorsionar la historia, al interés cultural, «científico» —según lo entendía la escuela alfonsí—, de narrar los «fechos» de España desde Noé hasta sus días.

[25] A. Solalinde, en su introducción a la *General Estoria,* páginas x-xi; R. Menéndez Pidal en su introducción a la *Primera Crónica,* Madrid, Gredos, 1955, págs. xxiv-v; F. Rico, *Alfonso el Sabio y la 'General Estoria': tres lecciones,* Barcelona, Ariel, 1972, página 39.

[26] Es una pena que la Parte VI de la *General Estoria* no se completase, ya que con la inclusión allí de la misma materia tratada en la *Estoria de España* tendríamos una base de parangón para poder aclarar la cuestión de las motivaciones de Alfonso. Sin embargo, tenemos suficiente evidencia para poder afirmar que los mismos temas de la *Estoria de España* hubieran sido tratados de una forma más elaborada en la *General Estoria,* como se ve por los capítulos primeros de la Parte II (v. II), donde la legendaria llegada de Hércules a España o la fundación de España por Espan vuelven a ser descritas con más detalle y con mayor cuidado.

cidió tan sólo alrededor de 1270 a escribir la *Estoria de España,* mientras que sus aspiraciones a la corona imperial se remontaban a unos quince años antes. Por último, deberíase de demostrar el punto fundamental de que la fecha de interrupción de la *Estoria de España* coincide con la pérdida de las esperanzas de Alfonso de ser elegido emperador. La evidencia de que disponemos apunta a una discrepancia entre las dos fechas: 1274 se considera como el año de la interrupción de la *Estoria de España* y 1275 la pérdida definitiva por parte de Alfonso de sus aspiraciones a la corona imperial. Si se quiere establecer una relación de causa y efecto entre los dos hechos, sería imprescindible demostrar la conexión entre las fechas.

La tendencia universalista, «ecuménica», de Alfonso y de su escuela no es una invención de Menéndez Pidal o de Solalinde, sino que está comprobada por el texto de la obra más ambiciosa de la escuela alfonsí, la *General Estoria,* una obra extraordinaria en muchos sentidos, y muy difícil de resumir. Es a la vez historia y mito, enciclopedia del conocimiento y crónica, arte literario y ciencia, donde se borran los límites entre la fantasía y el pensamiento crítico. Podría definirse como historia poética, en que el compilador reacciona como un niño asombrado ante la lectura de los hechos fantásticos y no fantásticos que forman «la novela del mundo». Y el compilador recoge, traduce y elabora con aquella actitud que los románticos, Schiller en particular, definirían como característica de la poesía «ingenua» [27]. Se transparenta en la *General Estoria* la admiración, el profundo respeto por todo lo que ha hecho, pensado e imaginado el hombre a lo largo de su historia, sin distinción de culturas y religiones. El conocido aforismo de Terencio, «homo sum...» tiene una significación plena en la *General Estoria.*

La veneración de la palabra escrita es una característica de la tradición judeo-cristiana, ya que en el Antiguo Testamento la palabra de Dios se transcribe por Moisés y en el Nuevo la palabra de Cristo es recogida en los Evangelios, y se encuentra, por tanto, en la base de la tendencia de los compiladores de la *General Estoria* a valorar toda escritura (una tendencia ésta que, en la teoría al menos, es el polo opuesto al de la crítica contemporánea). Y puede decirse que en la *General Estoria* tal tendencia resulta aún más uni-

---

[27] Federico Schiller, *Poesía ingenua y poesía sentimental,* estudio preliminar por R. Leroux, Buenos Aires, Ed. Nova, 1963.

versal, más «católica», al abarcar en su valorización cualquier escritura, tanto de los hebreos, como de los gentiles, de los árabes, como de los cristianos. Siguiendo una trayectoria que desembocará más tarde en Giambattista Vico, los compiladores alfonsíes parecen subscribir, en la práctica, el concepto de éste, *verum ipsum factum,* que hubieran traducido aproximadamente así: «Cualquier cosa escrita es un hecho de valor histórico.» De ahí se deriva el entusiasmo con que se aceptan e incluyen en la *General Estoria* los escritos de los gentiles, Ovidio en particular, y que califiquen a éste de «muy sabio e muy cumplido poeta» (*GE,* I, página 156a); y también el deseo, ansia casi, de «descubrir» por medio de la interpretación alegórica la verdad encubierta en la poesía del «sabio» Ovidio. La veneración de la palabra escrita, la admiración por Ovidio explicarían quizás mejor que el *evemerismo*[28], la traducción y la glosa de las muchas metamorfosis y cartas de las *Heroidas* en la *General Estoria.* También explicarían el hecho de que las traducciones y glosas de Ovidio sean, a mi parecer, de las más logradas.

El «espinazo» de la *General Estoria* está constituido por los *Cánones crónicos,* o tablas cronológicas de San Eusebio (siglos III-IV), cuya segunda parte San Jerónimo tradujo del griego al latín y puso al día[29]. Los *Cánones críticos* fueron la base de muchas de las historias universales de la Edad Media (se calcula que antes de 1270, se escribieron 96 historias universales)[30].

---

[28] Véase la descripción de F. López Estrada: «Un autor griego, Evémero (alrededor del 300 a. J. C.), había dicho que los dioses antiguos no eran ficciones, sino el recuerdo que quedaba de seres reales que habían realizado grandes hechos en beneficio de los suyos, y a los que sus descendientes habían glorificado. Aunque la obra en que este autor exponía sus opiniones se perdió, y también su traducción latina, son abundantes las referencias a la misma, y Cicerón y Plutarco la rechazaron por impía y absurda» (*Introducción a la literatura medieval española,* 3.ª ed., Madrid, Gredos, 1966, pág. 90).

[29] Hay que observar que el modelo cronológico de los *Cánones* no siempre se sigue rígidamente. Según ha señalado L. Kasten, cuando los compiladores de la *General Estoria* quisieron introducir la historia de Geoffrey of Monmouth, que no se hallaba en las tablas cronológicas de los *Cánones,* entonces lo que hicieron fue ampliar esas tablas. Véase, «The Utilization of the *Historia regum Britanniae* by Alfonso X», *Hispanic Review,* 38 (1970), páginas 97-114.

[30] Véase T. H. Shoemaker, «Alfonso as Historian», tesis docto-

De acuerdo con esas tablas cronológicas, la historia del mundo se dividía en seis edades, que se describen, significativamente, en la *Estoria de España:*

> en el comienço de la primera, fue criado el mundo et Adam fecho; e en el de la segunda, fue el diluuio de Noe et la grand archa en que escapo; en el de la tercera, que se aparto yent a llamar un Dios et a circumcidar se, et esto en Abraam; en el de la quarta, que ouieron rey por ungimiento et consagrado, et este fue el rey Dauid; en el de la quinta, que fue catiuada toda una yente et la su tierra yerma et el regnado perdudo, et esto en el rey Sedechias; et en el comienço de la sexta, que pario Sancta Maria que fue uirgen ante que pariesse et pariendo et depues, que fue una de las mayores marauillas que pudiessen seer... (cap. 151, pág. 109a).

Hasta muy recientemente, se creía que el modelo de las tablas cronológicas de San Eusebio había sido Sexto Julio Africano (siglo III d. C.), pero en 1979 Alden A. Mosshammer publicó un estudio demostrando convincentemente que hay que eliminar a S. J. Africano como la fuente principal de San Eusebio, y señalaba, además, que el modelo más probable fue Casio Longino (siglo III d. C.), el mismo autor a quien tradicionalmente se había atribuido el tratado sobre *Lo sublime* [31]. Casio Longino fue también el autor de una obra en 18 libros, que se ha perdido, y que era una tabla cronológica de las Olimpiadas. Casio Longino u otro autor de una cronología similar (véase el resumen de Mosshammer en las págs. 166-168), habría sido el que influyó en San Eusebio. Este llegaría a conocer a Longino a través de un resumen que hizo Porfirio (siglos III-IV d. C.).

Aparte de la cuestión de los modelos directos, en la *General Estoria* se sigue el esquema de las seis edades del mundo, también por entrañar una analogía con los seis días de la Creación, según pone de relieve F. Rico:

---

ral Universidad Wisconsin, 1941, pág. 41, n. 29. Es una pena que el estudio de Shoemaker no se haya publicado. Quizá el Seminario de Estudios Medievales de la Universidad de Wisconsin publique en breve su tesis.

[31] Véase Alden A. Mosshammer, *The Chronicle of Eusebius and Greek Chronographic Tradition,* Londres, Associated University Press, 1979.

Puesto que el trabajo de la Creación se extendió a lo largo de seis días y la vida del hombre se escinde en seis etapas, ¿por qué no han de reconocerse también seis edades en la historia de la humanidad? (*Alfonso el Sabio*, pág. 18).

Con los acontecimientos del Antiguo Testamento como eje de la historia, y siempre siguiendo el orden cronológico, se alterna la narración bíblica con la de las otras civilizaciones antiguas: Babilonia, Asiria, Egipto, Persia, Grecia, Roma, etcétera. Si por un lado tal orden cronológico acarrea una cierta «inmovilidad metodológica»[32], por otro ofrece una visión de simultaneidad que ninguna enciclopedia moderna podría dar. La historia del hombre se nos presenta en todo su conjunto, y el resultado no es muy halagador. Tanto entre los hebreos como entre los egipcios, entre los romanos como entre los griegos, lo que se observa es una tendencia marcada hacia la violencia, la traición, el odio y el incesto. El Macondo de García Márquez tiene modelos muy antiguos, muy «consagrados». El Dios de Moisés es tan receloso y vengativo como la Juno pagana; y tan sediento de sangre como los dioses de la mitología o los desacreditados dioses aztecas. La relación entre lo sagrado y la violencia es una constante de la historia, según ha subrayado René Girard en su estudio de título homónimo.

A la vez que la estructura cronológica ofrece una visión totalizadora de la historia, se presta asimismo a posibilidades ilimitadas para incluir las materias más variadas. El método asociativo está íntimamente ligado a la estructura temporal, como en la composición de una novela. Y pueden mencionarse varios rasgos que hacen similar este método narrativo de la historia a la construcción de una novela moderna: el énfasis en la genealogía (o en el «carnaval genealógico», como diría Nietzsche); la interrupción de un cierto relato para pasar a describir lo que ocurría en el mismo tiempo en otra parte, dejando suspendido así el desenlace del relato y produciendo una estructura zigzagueante; el entrometimiento del traductor o compilador en medio de una descripción objetiva, lo que apunta a una visión muy personal. A pesar de que se trate de material traducido o glosado,

---

[32] Quizá porque los compiladores tuvieran consciencia de la monotonía de las tablas cronológicas introdujeran un cambio, a partir de la Parte IV, dividiendo la materia de acuerdo con los reinados y hazañas de famosos reyes gentiles, tales como Nabucodonosor, Artajerjes, Alejandro, etc.

hay partes de la *General Estoria* que se leen como si fueran novelas, especialmente las historias de Alejandro Magno en India, en la Parte IV, que tienen todos los rasgos de un «realismo mágico».

La mera mención de las fuentes de la *General Estoria* significaría llenar literalmente páginas y páginas de nombres, y requeriría mucho más espacio del que disponemos. Aunque falta todavía un examen detallado de las fuentes de la *General Estoria,* comparable al que hizo Menéndez Pidal con la *Estoria de España,* existen, sin embargo, estudios valiosos que resuelven los problemas principales [33]. Para solucionarlos todos, o casi todos, sería necesaria la constitución de un equipo parecido al que compiló la *General Estoria,* y con el mismo conocimiento del latín, hebreo, árabe, etc. Las fuentes del árabe constituyen hasta ahora el obstáculo más serio, ya que se han perdido o no se han editado algunas de las obras más importantes manejadas por la escuela alfonsí.

Como las selecciones de la presente antología ofrecen, creo yo, una buena ilustración de la variedad y heterogeneidad de las fuentes empleadas por los compiladores, es quizás oportuno presentar aquí el esquema de las principales agrupaciones:

1. Antiguo Testamento y comentarios, principalmente los de Pedro Coméstor y Josefo Flavio. Según los cálculos de T. H. Shoemaker, aproximadamente el 50 por 100 de la materia de la *General Estoria* proviene del Viejo Testamento.

2. Ovidio y los mitólogos. El «Libro Mayor», es decir, las *Metamorfosis* de Ovidio, y las *Heroidas* se emplean a lo largo de las Partes primeras y al comienzo de la Parte III (y no ya después).

3. Historias antiguas de Asiria y Babilonia, Egipto, Asia Menor; historia de Troya, de Tebas, de Alejandro Magno, etc.

4. Fuentes medievales y misceláneas, como la obra de Godofredo de Viterbo, el *Pantheon,* obras de retórica, diccionarios etimológicos, etc. Aunque parezca extraño, la obra muy mediocre de Godofredo de Viterbo se emplea a lo largo de las cinco Partes [34].

---

[33] Véanse en la bibliografía los artículos de A. Solalinde, María Rosa Lida de Malkiel, Lloyd A. Kasten, Daniel Eisenberg y las notas al texto de la presente antología.

[34] Un resumen general de la materia de la *General Estoria* puede leerse en el estudio citado de T. H. Shoemaker, págs. 52 y ss.

Incluso con este esquema tan general, podrá verse que las fuentes son tan variadas como su materia, la historia del mundo. Aunque se observa a veces cierta artificialidad en el empleo de las fuentes, que se deriva del deseo de querer incluirlas, el marco cronológico, según observamos antes, lo justifica todo. La distribución de las fuentes principales sigue un plan muy organizado, que seguramente debió haber sido materia de largas discusiones entre los distintos compiladores. Quedan, sin embargo, discrepancias, repeticiones, contradicciones incluso, algunas de las cuales Eisenberg en particular ha puesto de relieve [35]. Si reparamos, sin embargo, en la extensión de la obra, en el número de los colaboradores, en los medios de pesquisa, en el hecho de que la obra quedó incompleta y que no pudo ser sometida a una revisión final, sería difícil no quedar admirados frente a la organización de la *General Estoria*. Pero nuestra admiración no nos impide notar que hay en la obra partes muy prolijas, que existe en los compiladores una marcada tendencia a lucirse, acumulando con «ingenua» pedantería fuentes y autores que sólo conocían de oídas o de segunda o de tercera mano; y que, a pesar de que se revele a veces una cierta chispa de espíritu crítico, prevalece en general el principio de autoridad. Sin situarnos en ninguna postura de superioridad, que siempre resultaría anacrónica, podríamos decir, en resumen, que la *General Estoria* es etapa importante en ese proceso largo, interminable, que se deriva del deseo del hombre de buscar una estructura a su historia, a su mundo, para poder así controlarlo o hallar cierto sentido en él. Y es que «el mundo solamente puede ser llamado 'humano' en la medida que significa algo» [36].

---

[35] Daniel Eisenberg, «The *General Estoria:* Sources and Source Treatment», *Zeitschrift für Romanische Philologie,* 89 (1973), páginas 206-227.

[36] A. J. Greimas, *Semántica estructural: Investigación metodológica,* traducción de Alfredo de la Fuente, Madrid, Gredos, 1971, página 7.

Nota sobre la presente antología

Para las selecciones de la *Estoria de España* se sigue la edición de Ramón Menéndez Pidal, *Primera Crónica de España* (Madrid, Gredos, 1955); para las de la *General Estoria,* Parte I, la edición de Antonio G. Solalinde (Madrid, Centro de Estudios Históricos, 1930); para la Parte II, la edición en dos tomos de A. Solalinde, Lloyd A. Kasten y Victor R. B. Oelschläger (Madrid, C. S .I. C., 1957-1961). Para la Parte IV, la transcripción de Lloyd A. Kasten y John J. Nitti, asequible en microficha. Como se sabe, la I y IV Partes proceden de la cámara regia[37]. Para las Partes III y V, las transcripciones, aún inéditas, del profesor Lloyd A. Kasten[38].

Aunque R. Menéndez Pidal, por un lado, y A. Solalinde, Kasten y Oelschläger, por otro, siguen distintos criterios en la transcripción de textos medievales, no he considerado apro-

---

[37] Para una descripción detallada de los manuscritos de la *General Estoria,* I y II, son indispensables la introducción de Solalinde a la Parte I (que contiene también la lista de los manuscritos de las otras Partes) y la de A. Solalinde, L. A. Kasten y V. B. Oelschläger a la Parte II. Véase también el capítulo V de la tesis doctoral de T. H. Shoemaker.

[38] Las selecciones de las Partes III, IV y V corresponden a los manuscritos y folios siguientes, conforme al orden de la presente antología.

Parte III: ms. *R,* fols. 119*d*-120*d; S,* fols. 179*d*-180*a.*
Parte IV: ms. *U,* fols. 33v-34r; 36v-38r; 206v-207v; 208v-209r; 218r-218v; 222v-225v; 227r-227v; 230r-233r.
Parte V: ms. *Γ* fols. 174r-176v.

Quizá sería útil describir brevemente con la ayuda del profesor Kasten el estado actual de las ediciones de la *General Estoria* y la labor en progreso del Seminario de Estudios Medievales. El primer volumen de la Parte III está listo para la imprenta. El resto de la Parte III (que, como la Parte V, no es completa) se imprimirá en 1985, así como la Parte IV. La Parte V y el fragmento de la Parte VI están siendo editados por L. Kasten, J. Nitti y W. L. Jonxis-Henkemans, y se anticipa su publicación en 1985 ó 1986. Además, en el Seminario se está acabando la compilación del Diccionario de toda la prosa alfonsí, que se espera imprimir también en 1985.

piado revisar el texto de la *Estoria de España* de acuerdo con los criterios de transcripción de la *General Estoria*. Como nadie sabe en verdad cuáles son los criterios «correctos», ni son tan grandes las diferencias, según podrá observarse, he preferido presentar el texto de la *Estoria de España* respetando los criterios de transcripción de Menéndez Pidal.

Quiero aclarar también que la antología se dirige a cualquier tipo de lector que quisiera una muestra de la prosa historiográfica alfonsí y de su tradición cultural. El propósito principal de las notas es esclarecer el sentido inmediato de las palabras y construcciones que pudieran presentar una cierta dificultad, como también señalar las fuentes. Como no es siempre fácil anticipar el tipo de dificultad que pudiera tener cada lector, he anotado dentro del texto o en el Glosario, voces y formas del castellano medieval, aun cuando a veces haya tenido alguna duda sobre la necesidad de su inclusión.

Dada la enorme extensión y heterogeneidad de la materia de la *Estoria de España* y de la *General Estoria,* no ha sido siempre posible presentar selecciones que tuvieran conexión. Incluso resumir lo que precede o sigue a una selección, hubiera requerido mucho espacio. Pero dentro de lo posible, sin distorsionar la estructura de la obra, he tratado de seleccionar núcleos o pasajes que muestren una cierta coherencia.

Hay que subrayar asimismo la dificultad de seleccionar tan pocos trozos de obras tan amplias, y que los pasajes que se ofrecen deberían de ser considerados principalmente como incitación a lecturas y estudios más detenidos de la obra alfonsina.

Quiero expresar aquí mi profundo agradecimiento al profesor Lloyd A. Kasten por haberme ofrecido sus transcripciones inéditas y por su mucha generosidad y ayuda durante la preparación de la presente antología. Sin las facilidades del Seminario de Estudios Medievales de la Universidad de Wisconsin, sin la ayuda de John Nitti, de Charles Faulhaber y de Joe Cody, hubiera sido difícil para mí llevar a cabo esta obra. Que conste mi reconocimiento a todos ellos, y a Antonio Sánchez Barbudo, que ha sido como siempre tan afectuoso, generoso y alentador. Quiero agradecer también a la señorita Rosa Elena Maldonado su valiosa asistencia en la preparación de la antología y, finalmente, quisiera agradecer a Gustavo Domínguez su invitación a que preparase la presente antología, lo cual me ha permitido meterme a fondo en un campo tan estimulante como son los estudios alfonsíes.

Bibliografía

ALFONSO X EL SABIO, *General Estoria. Primera Parte,* edición de Antonio G. Solalinde, Centro de Estudios Históricos, Madrid, J. Molina, 1930.
— *General Estoria. Segunda Parte,* edición de Antonio G. Solalinde, Lloyd A. Kasten y Victor R. B. Oelschläger, 2 tomos, Madrid, CSIC, 1957-61.
— (Aly Aben Ragel), *El Libro conplido en los iudizios de las estrellas* (traducción hecha en la corte de Alfonso el Sabio), edición de G. Hilty y prólogo de A. Steiger, Madrid, RAE, 1954.
— *Libro de las cruzes,* edición de L. Kasten y L. B. Kiddle, Madrid, Madison, CSIC, 1961.
— *Libros del saber de astronomía,* edición de M. Rico y Sinobas, 5 tomos, Madrid, E. Aguado, 1863-67.
— *Primera Crónica General de España,* edición de Ramón Menéndez Pidal con la colaboración de A. G. Solalinde, M. Muñoz Cortés y J. Gómez Pérez, 2 tomos, Madrid, Gredos, 1955.
— *Setenario,* edición de K. H. Vanderford, Buenos Aires, Instituto de Filología, 1945.
— *Las Siete Partidas,* edición de la Real Academia de la Historia, 3 tomos, Madrid, 1807.
AMADOR DE LOS RÍOS, José, *Historia crítica de la literatura española,* vol. III, Madrid, J. Rodríguez, 1863.
ARNULFO D'ORLÉANS, véase Ghisalberti, Fausto.
AYERBE-CHAUX, Reinaldo, ed., *Antología, Alfonso X el Sabio: Estoria de España,* Madrid, Porrúa, 1982.
BABBITT, Theodore, *La Crónica de Veinte Reyes: A Comparison with the Text of the Primera Crónica General and a Study of the Principal Latin Sources,* New Haven, Yale University Press, 1936.
BADÍA MARGARIT, Antonio M., «Dos tipos de lengua, cara a cara», *Studia Philologica, Homenaje ofrecido a Dámaso Alonso,* vol. I, Madrid, Gredos, 1960, págs. 115-39.
BALLESTEROS Y BERETTA, Antonio, *Alfonso X el Sabio,* Barcelona, Salvat, 1963.

BORN, Lester K., «Ovid and Allegory», *Speculum,* 10 (1934), páginas 362-79.

BUSTOS DE TOVAR, José Jesús, *Contribución al estudio del cultismo léxico medieval,* anejo XXVIII del *Boletín de la RAE,* Madrid, Aguirre, 1974.

CÁRDENAS, Anthony J.; GILKISON, Jean; NITTI, John, y ANDERSON, Ellen, eds., *Bibliography of Old Spanish Texts,* 2.ª ed., Madison, Hispanic Seminary of Medieval Studies, 1977.

CARY, George, *The Medieval Alexander,* ed. de D. J. A. Ross, Cambridge, University Press, 1967.

CASTRO, Américo, «Acerca del castellano escrito en torno a Alfonso el Sabio», *Filologia Romanza,* 1 (1954), págs. 1-11.

CATALÁN, Diego, *De Alfonso X al Conde de Barcelos: Cuatro estudios sobre el nacimiento de la historiografía romance en Castilla y Portugal,* Madrid, Gredos, 1962.

— «El taller historiográfico alfonsí: Métodos y problemas en el trabajo compilatorio», *Romania,* 84 (1963), págs. 354-75.

— «España en su historiografía: De objeto a sujeto de la historia», ensayo introductorio a Ramón Menéndez Pidal, *Los españoles en la historia,* Madrid, Espasa-Calpe, 1982, págs. 9-67.

— «Poesía y novela en la historiografía castellana de los siglos XIII y XV», *Mélanges offerts à Rita Lejeune,* vol. I, edición de J. Ducolot, Gembloux, F. Pirot, 1968, págs. 423-41.

CATALÁN, Diego, y DE ANDRÉS, M. Soledad, con la colaboración de Margarita Estarellas, *et al.,* eds., *Crónica del Moro Rasis,* Seminario Menéndez Pidal, Madrid, Gredos, 1974.

COMÉSTOR, Pedro, *Historia Scholastica,* en Migne, *Patrologiae Latinae,* v. 198.

COMPARETTI, D., *Virgilio nel Medio Evo,* 2 tomos, Florencia, La Nuova Italia, 1946.

CONSTANS, L., ed., *Le Roman de Thèbes,* en *Société des Anciens Textes Français,* v. XXXI, 2 tomos, París, L. Didot, 1890; reimpresión, Nueva York, 1968.

COOKE, John Daniel, «Euhemerism: A Medieval Interpretation of Classical Paganism», *Speculum,* 2 (1927), págs. 396-410.

CURTIUS, Ernst Robert, *European Literature and the Latin Middle Ages,* traducción inglesa por W. R. Trask, Nueva York, Harper, 1953.

DEYERMOND, Alan, ed., *Historia y crítica de la literatura española: Edad Media,* edición general de Francisco Rico, v. 1, Barcelona, Grijalbo, 1980.

— *Historia de la literatura española: La Edad Media,* traducción de L. A. López, Barcelona, Ariel, 1973.

Diccionario de la Biblia, edición castellana de Serafín de Ausejo, Herbert Haag y V. D. Born, Barcelona, Herder, 1964.

DUBLER, C. E., «Fuentes árabes y bizantinas en la *Primera Crónica General*», *Vox romanica,* 12 (1951), págs. 120-80.

EISENBERG, Daniel, «The *General Estoria:* Sources and Source

Treatment», *Zeitschrift für Romanische Philologie,* 89 (1973), páginas 206-227.

ENGELS, Joseph, *Etudes sur l'Ovide Moralisé,* Groningen-Batavia, 1945.

FARAL, Edmond, *Les Arts poétique du XIIᵉ et du XIIIᵉ siècle: Recherches et documents sur la technique littéraire du Moyen Age,* París, H. Champion, 1962.

FABRICIUS, Joham Albert, *Bibliotheca Ecclesiastica,* Hamburgo, C. Liebezeit y T. Christph, 1718.

FAUL HABER, Charles, *Latin Rhetorical Theory in Thirteenth and Fourteenth Century Castile,* Berkeley, Los Angeles, Londres, University of California Publications in Modern Philology, 103, University of California Press, 1972.

FRAKER, Charles F., «Alfonso X, the Empire, and the *Primera Crónica*», *Bulletin of Hispanic Studies,* 55 (1978), págs. 95-102.

GALMÉS DE FUENTES, A., «Influencias lingüísticas del árabe en la prosa medieval castellana», *BRAE,* 35 (1955), págs. 213-75; 415-51; 36 (1956), págs. 65-131; 255-307.

GARCÍA DE DIEGO, Vicente, *Gramática histórica española,* 3.ª ed., Madrid, Gredos, 1970.

GARCÍA TURZA, Claudio, *La tradición manuscrita de Berceo con un estudio filológico particular del ms. 1533 de la Biblioteca Nacional de Madrid (BN),* Logroño, CSIC, 1979.

GEOFFREY DE MONMOUTH, *Historia regum Britanniae,* en E. Faral, ed., *La légende arthurienne: études et documents,* v. III, París, H. Champion, 1929.

GHISALBERTI, Fausto, «Arnolfo d'Orléans, un cultore di Ovidio nel secolo XII», en *Memorie del R. Istituto Lombardo di Scienze e Lettere: Classe di Lettere, Scienze morali e storiche,* 24 (15 della Serie III), fascículo 4 (1932), págs. 157-234.

— ed., Giovanni di Garlandia, *Integumenta Ovidii: Poemetto inedito del secolo XIII,* Messina-Milán, G. Principato, 1933.

GINZLER, John R., «The Role of Ovid's *Metamorphoses* in the *General Estoria* of Alfonso el Sabio», tesis doctoral, Universidad de Wisconsin, Madison, 1971.

GÓMEZ PÉREZ, José, «Elaboración de la *Primera Crónica General de España* y su trasmisión manuscrita», *Scriptorium,* 17 (1963), páginas 233-276.

— «Fuentes y cronología en la *Primera Crónica General de España*», *Revista de Archivos, Bibliotecas y Museos,* 67 (1959), páginas 615-34.

Gran conquista de Ultramar, edición crítica de Louis Cooper, 4 tomos, Bogotá, Instituto Caro y Cuervo, 1979.

HALM, Carolus, ed., *Rhetores latini minores,* Lipsia, Teubner, 1863.

HERMES TRISMEGISTUS, *Corpus Hermeticum,* edición de A. D. Nock, traducción de A. J. Festugière, 4 tomos, París, Société d'Edition «Les Belles Lettres», 1960.

HERRIOTT, James Homer, «A Spanish Translation of Recension

-J² of the *Historia de Preliis*», tesis doctoral, Universidad de Wisconsin, Madison, 1929.

HILKA, Alfons, *Der altfranzösische Prosa-Alexanderroman, nach der Berliner Bilderhanschrifnebst dem lateinischen Original Historia de Preliis (Rezension J²)*, Halle, M. Niemeyer, 1920.

IMPEY, Olga Tudorica, «Ovid, Alfonso X, and Juan Rodríguez del Padrón: Two Castilian Translations of the *Heroides* and the Beginnings of Spanish Sentimental Prose», *Bulletin of Hispanic Studies*, 57 (1980), págs. 283-97.

ISIDORO DE SEVILLA, *Etimologías*, traducción y edición de Luis Cortés y Góngora, introducción e índices científicos de S. Montero Díaz, Madrid, BAC, 1951.

— *Las historias de los godos, vándalos y suevos*, edición y traducción de C. Rodríguez Alonso, León, Centro de Estudios e Investigación «San Isidoro», 1975.

JERÓNIMO (San), *Liber Hebraicarum Quaestionum in Genesim*, en Migne, *Patrologiae latinae*, v. 23.

JIMÉNEZ DELGADO, J., «El 'Laus Hispaniae' en dos importantes códices españoles», *Helmántica*, 12 (1961), págs. 177-259.

JIMÉNEZ DE RADA, Rodrigo, *Historia Arabum*, edición crítica y anotada de José Lozano Sánchez, Sevilla, Publicaciones de la Universidad de Sevilla, 1974.

JOSEFO FLAVIO, *Jewish Antiquities*, traducción de H. St. J. Thackeray, 9 tomos, Cambridge, Loeb Library, Harvard University Press, 1967.

JUAN DE GARLANDIA, *Morale Scholarium*, edición de L. J. Paetow, *Memoirs of the University of California* (History), v. I, Berkeley, California, 1927.

KAHANE, Henry and Renée y PIETRANGELI, Angelina, «Hermetism in the Alfonsine Tradition», *Mélanges offerts à Rita Lejeune*, v. I., edición de J. Ducolot, Gembloux, F. Pirot, 1968, páginas 15-24.

— «*Picatrix* and the Talismans», *Romance Philology*, 19 (1966), páginas 574-93.

KASTEN, Lloyd, «*Poridat de las Poridades:* A Spanish Form of the Western Text of the *Secretum secretorum*», *Romance Philology*, 5 (1951-52), págs. 180-90.

— «The Utilization of the *Historia regum Britanniae* by Alfonso X», *Hispanic Review*, 38 (1970), págs. 97-114.

KELLER, John E., *Alfonso X, el Sabio*, Nueva York, Twayne, 1967.

KIDDLE, Lawrence B., «A Source of the *General Estoria:* The French Prose Redaction of the *Roman de Thèbes*», *Hispanic Review*, 4 (1936), págs. 264-271.

— «La *Estoria de Tebas:* The Version of the Siege and Destruction of Thebes Contained in the *General Estoria* of Alfonso X», tesis doctoral, Universidad de Wisconsin, Madison, 1935.

LÁZARO CARRETER, Fernando, «Sobre el 'modus interpretandi' alfonsí», *Ibérida: Revista de Filología, Homenagem a Marcel Bataillon,* II, Río de Janeiro, 6 (1961), págs. 97-114.

Libro de Alexandre, edición de J. Cañas Murillo, Madrid, Editora Nacional, 1978.

LIDA DE MALKIEL, María Rosa, «Datos para la leyenda de Alejandro en la Edad Media castellana», *Romance Philology,* 15 (1962), págs. 412-23.

— *Jerusalén: El tema literario de su cerco y destrucción por los romanos,* prefacio de Yakov Malkiel, Buenos Aires, Instituto de Filología y Literaturas Hispánicas, 1972.

— «Alejandro en Jerusalén», *Romance Philology,* 10 (1957), páginas 185-96.

— «La *General Estoria:* notas literarias y filológicas (I)», *Romance Philology,* 12 (1958), págs. 111-42.

— «La *General Estoria:* Notas literarias y filológicas (II)», *Romance Philology,* 13 (1959), págs. 1-30.

— «La leyenda de Alejandro en la literatura medieval», *Romance Philology,* 15 (1962), págs. 311-18.

LUCAS DE TUY, *Crónica de España,* edición de J. Puyol, Madrid, *Revista de Archivos, Bibliotecas y Museos,* 1926.

MALKIEL, Yakov, «La *F* inicial adventicia en español antiguo *(femençia, finchar, fenchir, fallar, finojo)»,* Revue de Linguistique Romane, 18 (1954), págs. 161-91.

— «Old Spanish *nadi(e), otri(e)»,* Hispanic Review, 13 (1945), páginas 204-30.

MARAVALL, José A., *Antiguos y modernos. La idea de progreso en el desarrollo inicial de una sociedad,* Madrid, Sociedad de Estudios y Publicaciones, 1966.

— *Estado moderno y mentalidad social, siglos XV a XVII,* 2 tomos, Madrid, Revista de Occidente, 1972.

MENÉNDEZ PIDAL, Gonzalo, «Cómo trabajaron las escuelas alfonsíes», *Nueva Revista de Filología Hispánica,* 5 (1951), páginas 363-80.

— «La escuela de traductores de Toledo», *Historia General de las Literaturas Hispánicas,* edición de G. Díaz-Plaja, introducción de R. Menéndez Pidal, Barcelona, Barna, 1949, páginas 277-89.

MENÉNDEZ PIDAL, Ramón, ed., *Cantar de Mio Cid: Texto, gramática y vocabulario,* 3 tomos, Madrid, Espasa-Calpe, 1954-56.

— *España y su historia,* ensayo introductorio de D. Catalán, Madrid, Espasa-Calpe, 1982.

— con la colaboración de A. Solalinde, M. Muñoz Cortés y J. Gómez Pérez, ed., *Primera Crónica General de España,* Madrid, Gredos, 1955.

MICHAEL, Ian, «Estado actual de los estudios sobre el *Libro de Alexandre»,* Anuario de Estudios Medievales, 2 (1965), páginas 581-95.

— *The Treatment of Classical Material in the 'Libro de Alexandre',* Manchester, University Press, 1970.

MILLÁS VALLICROSA, José María, *Las traducciones orientales en los manuscritos de la Biblioteca Catedral de Toledo,* Madrid, CSIC, 1942.

MOLHO, Mauricio, *Sistemática del verbo español: Aspectos, modos, tiempos,* 2 tomos, Madrid, Gredos, 1975.

MONDÉJAR, Gaspar Ibáñez de Segovia Peralta y Mendoza, Marqués de, *Memorias históricas del rey don Alfonso el Sabio y observaciones a su Chrónica,* Madrid, Ibarra, 1777.

MONTES, Eugenio, «Federico II de Sicilia y Alfonso X de Castilla», Anejo X, *Revista de Estudios Políticos,* Madrid, Aguirre, 1943, págs. 2-31.

MONTGOMERY, T.; BALDWIN, S. W., eds., *El Nuevo Testamento. Versión castellana hacia 1260,* Anejo XXII del *Boletín de la RAE,* Madrid, Aguirre, 1970.

MORREALE, Margherita, «Consideraciones acerca de *saber, sapiencia, sabencia, sabiduría,* en la elaboración automática y en el estudio histórico del castellano medieval», *Revista de Filología Española,* 60 (1978-80), págs. 1-22.

MOSSHAMMER, Alden A., *The Chronicle of Eusebius and Greek Chronographic Tradition,* Londres, Associated University Press, 1979.

NARBONA JIMÉNEZ, Antonio, *Las proposiciones consecutivas en español medieval,* Granada, Universidad de Granada, 1978.

NELSON, Dana A., «*El Libro de Alexandre:* A Reorientation», *Studies in Philology,* 65 (1968), págs. 723-52.

NIEDEREHE, Hans-Josef, *Die Sprachauffassung Alfons des Weisen: Studien zur Sprach-und Wissenschaftsgeschichte,* Tubinga, M. Niemeyer, 1975.

OROSIO, Paulo, *Historiarum adversum paganos libri VII,* edición de C. Zangemeister, *Corpus ecclesiasticorum latinorum,* v. V, Viena, 1882.

PLINIO (el Viejo), *Historia Natural,* edición de H. Racham, 10 tomos, Londres, Loeb Classical Library, Cambridge, R. MacLehose, 1958.

Poema de Mio Cid, edición de Colin Smith, Madrid, Cátedra, 1979.

PROCTER, E. S., *Alfonso X of Castile, Patron of Literature and Learning,* Oxford, Clarendon Press, 1951.

— «The Scientific Works of the Court of Alfonso X of Castile: The King and his Collaborators», *The Modern Language Review,* 40 (1945), págs. 12-29.

REMIGIO DE AUXERRE, *Commentum in Martianum Capellam,* edición Cora E. Lutz, 2 tomos, Leiden, E. J. Brill, 1962-65.

RICO, Francisco, *Alfonso el Sabio y la General Estoria: Tres lecciones,* Barcelona, Ariel, 1972.

— «Las letras latinas del siglo XII en Galicia, León y Castilla», *Ábaco,* 2 (1969), págs. 9-91.

RIVAROLA, José Luis, *Las conjunciones concesivas en español medieval y clásico,* Tubinga, M. Niemeyer, 1976.

Rodríguez de Castro, Joseph, *Biblioteca española,* vol. II, Madrid, Imprenta Real, 1786.

Romano, Davide, «Le opere scientifiche di Alfonso X e l'intervento degli ebrei», *Actas* del congreso internacional sobre el tema *Oriente e Occidente nel Medioevo: Filosofia e Scienze,* Roma, Accademia Nazionale dei Lincei, 1971, págs. 677-711.

Sánchez-Albornoz, Claudio, *Estudios sobre las instituciones medievales españolas,* México, Universidad Nacional Autónoma de México, Instituto de Investigaciones Históricas, 1965.

Sánchez Alonso, Benito, *Historia de la historiografía española: Ensayo de un examen de conjunto,* 2 tomos, Madrid, Sánchez de Ocaña, 1941.

Sarton, George, *Introduction to the History of Science,* 4 tomos, Baltimore, Williams y Wilkins, 1931-47.

Seznec, Jean, *Survival of the Pagan Gods: the Mythological Tradition and its Place in Renaissance Humanism and Art,* Nueva York, Bollingen Series, 38, Pantheon Books, 1953.

Shoemaker, Theodore, «Alfonse X as Historian», tesis doctoral, Universidad de Wisconsin, Madison, 1941.

Smalley, Beryl, *The Study of the Bible in the Middle Ages,* Nueva York, Philosophical Library, 1952.

Socarrás, Cayetano J., *Alfonso X of Castile: A Study on Imperialistic Frustration,* Barcelona, Hispam, 1976.

Solalinde, Antonio G., ed., *Antología de Alfonso X el Sabio,* 7.ª ed., Madrid, Espasa-Calpe, 1980.

— «El juicio de París en el *Alexandre* y en la *General Estoria*», *Revista de Filología Española,* 15 (1928), págs. 1-51.

— «Fuentes de la *General Estoria* de Alfonso el Sabio: I. *El Libro de las Provincias,* o sea, Isidoro, *Etimologías,* XIV-XV. II. Identificación de Ramiro con las *Interpretaciones Nominum Hebraicorum* atribuidas a Remigio de Auxerre», *Revista de Filología Española,* 21 (1934), págs. 1-28.

— «Fuentes de la *General Estoria* de Alfonso el Sabio: III. *Mirabilia Romae.* IV. Los Cómputos», *Revista de Filología Española,* 23 (1936), págs. 113-42.

— *General Estoria. Primera Parte,* Centro de Estudios Históricos, Madrid, J. Molina, 1930.

— «Intervención de Alfonso X en la redacción de sus obras», *Revista de Filología Española,* 2 (1915), págs. 283-88.

— «La expresión 'nuestsro latín' en la *General Estoria* de Alfonso el Sabio», *Homenatge a Antoni Rubió i Lluch,* I, Barcelona, 1936, págs. 133-40.

— «Las versiones españolas del *Roman de Troie*», *Revista de Filología Española,* 3 (1916), págs. 121-65.

Tate, Robert B., *Ensayos sobre la historiografía peninsular del siglo XV,* versión española de Jesús Díaz, Madrid, Gredos, 1970.

Thorndike, Lynn, *A History of Magic and Experimental Science,* 6 tomos, Nueva York, MacMillan, 1923-51.

Tuy, véase Lucas de Tuy.

Van Scoy, H. A., «Alfonso X as a Lexicographer», *Hispanic Review*, 8 (1940), págs. 277-84.

— «Spanish Words Defined in the Works of Alfonso X», tesis doctoral, Universidad de Wisconsin, Madison, 1939.

Valdeavellano, Luis G. de, *Curso de historia de las instituciones españolas, de los orígenes al final de la Edad Media*, Madrid, Revista de Occidente, 1968.

Vicente de Beauvais, *Speculum historiale*, vol. IV, Graz, Akademische Druck u. Verlagsanstalt, 1965.

Whinnon, Keith, *Spanish Literary Historiography: Three Forms of Distortion*, Exeter, University of Exeter, 1967.

Whitbread, Leslie G., *Fulgentius the Mythographer*, Ohio State University Press, 1971.

Willis, Raymond S., ed., *El libro de Alexandre. Texts of the Paris and the Madrid Manuscripts*, Elliott Monographs in the Romance Languages and Literatures, N. 32; reimpresión, Nueva York, Kraus, 1965.

Wright, John K., *The Geographical Lore of the Time of the Crusades: A Study in the History of Medieval Science and Tradition in Western Europe*, Nueva York, American Geographical Society, 1925.

Wright, Leavitt O., «The Indicative Function of the '-ra' Verb Form», *Hispania*, 12 (1929), págs. 259-78.

Ximénez de Rada, véase Jiménez de Rada, Rodrigo.

Prosa histórica

Estoria de Espanna

Aqui se comiença la *Estoria de Espanna* que fizo el muy noble rey don Alfonsso fijo del noble rey don Ffernando et de la reyna donna Beatriz

PROLOGO [1]

Los sabios antiguos, que fueron [2] en los tiempos primeros et fallaron los saberes et las otras cosas, touieron que menguarien en sos fechos [3] et en su lealtad si tan bien no lo quisiessen pora [4] los que auien de uenir [5] como pora si mis-

---

[1] Este prólogo está basado en el del Toledano, Rodrigo Ximénez de Rada (c. 1170-1247), a *De rebus Hispaniae*. Véase SS. PP. *Toletanorum quotquot extant opera,* edición de Francisco de Lorenzana, v. 3, Madrid, 1973, págs. 1-4. Compárese también con el Prólogo a la Parte I de la *General Estoria*.

Para las fuentes de la *EE* es indispensable la introducción de Menéndez Pidal a su edición de 1955. Véase, especialmente, «Notas Preliminares» y «Fuentes de cada capítulo en particular». De aquí en adelante se abreviará Menéndez Pidal por M. P.

Recuérdese también que en muchos casos (como arriba, «fizo», «fijo»), la *f* inicial corresponde a la *h* del castellano moderno.

[2] *fueron:* vivieron. Sobre la «imprecisa distribución de funciones» de *ser* y *estar* (y *auer* y *tener*), véase R. Lapesa, *Historia de la lengua española,* págs. 215-16 (y bibliografía).

[3] *touieron... fechos:* estimaron (pensaron) que faltarían a sus deberes. *Touieron:* Sobre el «estado caótico de la flexión arcaica», véase Lapesa, págs. 210-11; *menguarien:* La forma en *ie* del condicional (e imperfecto) en los verbos en *-er* e *-ir* era normal en esta época.

[4] *pora:* para.

[5] *auien de uenir:* perífrasis que equivale a «vendrían». Adviér-

mos o pora los otros que eran en so tiempo; e entendiendo por los fechos de Dios, que son espiritales, que los saberes se perderien muriendo aquellos que los sabien et no dexando remembrança, porque [6] no cayessen en oluido mostraron manera por que los sopiessen los que auien de uenir empos [7] ellos; et por buen entendimiento connoscieron las cosas que eran estonces, et buscando et escondrinnando con grand estudio, sopieron las que auien de uenir. Mas el desden de non querer los omnes saber las cosas, et la oluidança en que las echan depues que las saben, fazen perder malamientre lo que fue muy bien fallado et con grand estudio; et otrosi por la pereza, que es enemiga del saber et faz a los omnes que non [8] lleguen a el ni busquen las carreras por quel [9] connoscan, ouieron los entendudos [10], et quel preciaron sobre todas las otras cosas el [11] touieron por luz pora alumbrar los sos [12] entendimientos et de todos los otros que lo sopiessen, a buscar carreras por o [13] llegassen a el yl [14] apren-

---

tase también que *auer* auxiliar, seguido de *a* o *de* equivale a *tener que* (v. Glosario).

[6] *porque:* para que. Sobre el empleo y funciones de las conjunciones adverbiales, véase Gardiner H. London, «Conjunctive Adverbs in the Prose Texts of Alfonso X, the Learned», tesis doctoral, Universidad de Wisconsin, 1950.

[7] *empos:* después (de).

[8] *faz... que non:* impide que. Adviértase que *omne,* además de «hombre», puede también emplearse como adjetivo indefinido y como pronombre, «uno», «alguno» (y, en algunos casos, con valor de «nadie»).

[9] *quel:* que le. Sobre la fusión de pronombres y preposiciones o conjunciones, véase M. P., *Manual de gramática española,* páginas 249 y ss. (En estos primeros capítulos solamente se anotarán algunas contracciones que pudieran ofrecer una cierta dificultad.) Sobre el apócope de las vocales finales, véase V. García de Diego, *Gramática histórica española,* págs. 72-78; R. Lapesa, «La apócope de la vocal en castellano antiguo. Intento de explicación histórica», en *Estudios dedicados a M. P.,* II, Madrid, 1951, págs. 185-226.

[10] *entendudos.* Los participios pasados de la segunda conjugación latina dan en castellano la terminación en *udo. —ouieron...:* estimaron los sabios.

[11] *el:* y le.

[12] *los sos.* Los posesivos podían ser precedidos por el artículo.

[13] *por o:* por donde. Sobre la fusión de la preposición *por* y el locativo (con función de relativo) *o,* forma contracta de *ove,* derivada de *ubi,* véase M. P., *Gram.,* págs. 335 y 338; Vicente García de Diego, *Gramática histórica española,* págs. 389-90.

[14] *yl:* y le.

diessen, et despues quel ouiessen fallado, que nol [15] olui-
dassen. E en buscando aquesto, fallaron las figuras de las
letras; et ayuntando las, fizieron dellas sillabas, et de sillabas
ayuntadas fizieron dellas partes; e ayuntando otrossi las partes, fizieron razon [16], et por la razon que uiniessen a entender los saberes et se sopiessen ayudar dellos, et saber tan
bien contar lo que fuera en los tiempos dantes cuemo [17] si
fuesse en la su sazon [18]; et por que pudiessen saber otrosi
los que depues dellos uiniessen los fechos que ellos fizieran [19],
tan bien como si ellos se acertassen en ello; et por que
las artes de las sciencias et los otros saberes, que fueron
fallados pora pro de los omnes, fuessen guardados en escripto,
por que non cayessen en oluido et los sopiessen los que
auien de uenir; et por que pudiessen otrosi connoscer el
saber dell arte de geometria, que es de medir et los departimientos de los grados et las alonganças de los puntos de
lo que a [20] dell uno all otro, et sopiessen los curssos de las
estrellas et los mouimientos de las planetas et los ordena-
mientos de los signos et los fechos que fazen las estrellas,
que buscaron et sopieron los astronomianos con grand acucia
et cuydando mucho en ello; et por qual razon nos aparecen
el sol et la luna oscuros, et otrossi por qual escodrinnamiento
fallaron las naturas de las yeruas et de las piedras et de las
otras cosas en que a uirtud segund sus naturas. Ca [21] si por
las escripturas non fuesse ¿qual sabiduria o engenno de omne
se podrie menbrar de todas las cosas passadas, aun que no
las fallassen de nueuo que es cosa muy mas grieue? [22] Mas
por que los estudios de los fechos de los omnes se demudan
en muchas guisas, fueron sobresto apercebudos los sabios ancianos, et escriuieron los fechos tan bien de los locos cuemo

---

[15] *nol:* no le.

[16] *razon:* discurso.

[17] Sobre *cuomo, como* y *cuemo* (<*quomodo*), véase R. M. Dun-
can, «'Como' y 'cuemo' en la obra de Alfonso el Sabio», *RFE*, 34
(1950), págs. 248-58.

[18] *en la su sazon:* en su época.

[19] *fizieran:* habían hecho. Para las formas en *-ra* con función de
pluscuamperfecto, y a veces de pretérito indefinido o condicional,
véase Leavitt O. Wright, «The Indicative Function of the '-ra'
Verb Form», *Hispania,* 12 (1929), págs. 259-78.

[20] *a:* de *auer.*

[21] *ca:* pues, ya que, por que.

[22] *muy mas grieue:* mucho más difícil. Sobre el uso de estas
gradaciones, véase M. P., *Gram.,* págs. 220-222.

de los sabios, et otrossi daquellos que fueron fieles en la ley de Dios et de los que no, et las leys de los sanctuarios et las de los pueblos, et los derechos de las clerezias et los de los legos; et escriuieron otrossi las gestas de los principes, tan bien de los que fizieron mal cuemo de los que fizieron bien, por que los que despues uiniessen por los fechos de los buenos punnassen en fazer bien, et por los de los malos que se castigassen de fazer mal, et por esto fue endereçado el curso del mundo de cada una cosa en su orden. Onde si pararemos mientes al pro que nasce de las escripturas, connoscremos [23] que por ellas somos sabidores del criamiento del mundo, et otrosi de los patriarchas como uinieron unos en pos otros, et de la salida de Egipto, et de la ley que dio Dios a Moysen, et de los reys de la santa tierra de Iherusalem, et del desteramiento dellos, et dell annunciamiento et del nacimiento et de la passion et de la resurreccion et de la ascension de nuestro sennor Ihesu Cristo; ca de tod esto et dotras cosas muchas no sopieramos nada si, muriendo aquellos que eran a la sazon que fueron [24] estos fechos, non dexassen escripturas por que lo sopiessemos; et por ende somos nos adebdados [25] de amar a aquellos que lo fizieron por que sopiessemos por ellos lo que no sopieramos dotra manera. Et escriuieron otrosi las nobles batallas de los romanos et de las otras yentes que acaescieron en el mundo muchas et marauillosas, que se oluidaran si en escripto non fuessen puestas; e otrossi el fecho dEspanna, que passo por muchos sennorios et fue muy mal trecha, recibiendo muertes por muy crueles lides et batallas daquellos que la conquirien, et otrosi que fazien ellos en defendiendose; et desta guisa fueron perdudos los fechos della, por los libros que se perdieron et fueron destroydos en el mudamiento de los sennorios, assi que apenas puede seer sabudo el comienço de los que la poblaron.

E por end Nos don Alfonsso, por la gracia de Dios rey de Castiella, de Toledo, de Leon, de Gallizia, de Seuilla, de Cordoua, de Murcia, de Jahen et dell Algarue, ffijo del muy noble rey don Ffernando et de la reyna donna Beatriz, mandamos ayuntar quantos libros pudimos auer de istorias en

---

[23] *connoscremos.* Sobre la pérdida de la *e* o *i* en el condicional o futuro de los verbos en *-er* o *-ir,* véase M. P., *Gram.,* particularmente la pág. 325.

[24] *que fueron:* en que ocurrieron.

[25] *somos nos adebdados:* estamos en deuda, en obligación.

que alguna cosa contassen de los fechos dEspanna, et to-
mamos de la cronica dell Arçobispo don Rodrigo que fizo
por mandado del rey don Ffernando nuestro padre, et de la
de Maestre Luchas, Obispo de Tuy, et de Paulo Orosio,
et del Lucano, et de sant Esidro el primero, et de sant
Alffonsso, et de sant Esidro el mancebo, et de Idacio Obispo
de Gallizia, et de Sulpicio Obispo de Gasconna, et de los
otros escriptos de los Concilios de Toledo et de don Jordan,
chanceller del sancto palacio, et de Claudio Tholomeo, que
departio del cerco de la tierra mejor que otro sabio fasta la
su sazon, et de Dion que escriuio uerdadera la estoria de
los godos, et de Pompeyo Trogo, et dotras estorias de Roma
las que pudiemos auer que contassen algunas cosas del fecho
dEspanna, et compusiemos este libro de todos los fechos
que fallar se pudieron della, desdel tiempo de Noe fasta este
nuestro [26]. Et esto fiziemos por que fuesse sabudo el comienço

[26] Casi todas estas fuentes son las mismas que Rodrigo Ximénez
de Rada menciona en su Prólogo a *De rebus Hispaniae* (véase la
nota n. 1): «Itaque ea quae ex libris beatorum Isidori et Ildephon-
si, et Isidori iunioris, et Idacii Gallaeciae Episcopi, et Sulpicii Aqui-
tanici, et Conciliis Toletanis, et Iordanis sacri palatii Cancellarii,
et Claudii Ptolemaei orbis terrae descriptoris egregii, et Dionis
qui fuit historiae Gothicae scriptor verus, et Pompeii Trogi, qui
fuit historiarum orientalium sollicitus supputator, et aliis scriptu-
ris...» (pág. 3).
De acuerdo con Theodore H. Shoemaker, «Alfonso X as Historian», tesis doctoral, Universidad de Wisconsin, 1941, págs. 144
y ss., es difícil fiarse de aquella lista de fuentes, ya que algunos
de los autores mencionados —San Alfonso (Idelfonso), San Isidoro
el mancebo (Isidoro Pacense), Sulpicio— tienen escasa o ninguna
importancia para la *EE*; otros, Dión Casio, Trogo Pompeyo, Tolomeo, se citan muy pocas veces, casi siempre indirectamente;
otros, notablemente Pablo Diácono, Vicente de Beauvais, Justino,
Sigeberto, Eutropio, Eusebio, Jerónimo, Ovidio, etc., no se mencionan en el prólogo, a pesar de que en varios casos su empleo
es decisivo en la *EE* (véase la introducción de M. P. a su edición,
páginas XXXV y ss., y «Fuentes de la Crónica»). Según M. P., «el
prólogo alfonsí se escribió no teniendo presente el conjunto de la
Crónica» (pág. XXIII) y que «el prólogo y los 108 capítulos primeros... forman un primitivo núcleo de la Crónica» (pág. XXIV).
Quizá sería oportuno añadir unos breves datos sobre los autores
mencionados en el prólogo alfonsino.
Lucas de Tuy, el Tudense, siglos XII-XIII (murió en 1249), autor de *Chronicon mundi*. Fue romanceado con el título de *Crónica
de España*, y editado en 1926 por Julio Puyol. Según Puyol, la

de los espannoles, et de quales yentes fuera Espanna maltrecha; et que sopiessen las batallas que Hercoles de Grecia
fizo contra los espannoles, et las mortandades que los romanos fizieron en ellos, et los destruymientos que les fizieron
otrossi los vbandalos et los silingos et los alanos et los
sueuos que los aduxieron a seer pocos; et por mostrar la
nobleza de los godos et como fueron uiniendo de tierra en
tierra, uenciendo muchas batallas et conquiriendo muchas
tierras, fasta que llegaron a Espanna, et echaron ende a todas
las otras yentes, et fueron ellos sennores della; et como por

---

traducción es de mediados del siglo xv (págs. xxiii y ss.). Véase
también M. P., pág. xxxviii y nota 39.

Paulo Orosio (c. 385-420), autor de *Historiarum adversum paganos libri VII,* obra que influyó mucho en las historias universales que se escribieron en la Edad Media (se calcula que se escribieron unas 175 historias universales). «Paulo Orosio es... el
autor más explotado por los redactores de la historia romana en
la Crónica» (M. P., pág. xxxv).

La *Farsalia* de Lucano (39-65) es usada en la narración de las
guerras civiles entre César y Pompeyo (especialmente los capítulos 91-106).

San Isidoro (c. 560-636), uno de los autores más importantes
de la Edad Media, escribió numerosas obras, entre las cuales des-
tacan sus *Etimologías* (versión castellana de Luis Cortés y Góngora, introducción de Santiago Montero Díaz, Madrid, BAC, 1961);
Las historias de los Godos, Vándalos y Suevos, edición crítica y
traducción de Cristóbal Rodríguez Alonso, León, 1975.

San Alfonso (Ildefonso), obispo de Toledo, 657-667. Sus obras,
principalmente de carácter religioso, no parecen haber sido empleadas en *EE* (véase el primer volumen de *SS. PP. Toletanorum...
opera, op. cit.,* 1782).

San Esidro el mancebo. Como señaló D. Nicolás Antonio, y
luego J. Rodríguez de Castro, los redactores de la *EE* confundie-
ron aquí a San Isidoro (el autor de las *Etimologías)* con Isidoro
el Pacense, siglo VIII, autor de una *Crónica de España* (cfr. Flórez,
España Sagrada, v. VIII, págs. 274-317). A aquél se le llamaba
junior para distinguirlo de otro Isidoro (senior), obispo de Córdoba, anterior a él (siglo v). Véase Joseph Rodríguez de Castro,
Escritores españoles, v. II, págs. 428-429. Cabe añadir que en las
«Fuentes» de M. P. no se halla referencia alguna a Isidoro el
Pacense como fuente directa de la *EE.*

Idacio (395-470), natural y obispo de Galicia, autor de un
Chronicon. Véase Flórez, *España Sagrada,* v. IV, págs. 345-385;
414-427.

De los «escriptos de los Concilios de Toledo», varios se han
perdido. Algunos resúmenes están recogidos en el volumen III
de *SS. PP. Toletanorum... opera,* «Concilia Toletana in epitomen

el desacuerdo que ouieron los godos con so sennor el rey
Rodrigo et por la traycion que urdio el conde do Yllan et
ell arçobispo Oppa, passaron los dAffrica et ganaron todo
lo mas dEspanna; et como fueron los cristianos despues co-
brando la tierra; et del danno que uino en ella por partir
los regnos, por que se non pudo cobrar tan ayna; et despues
cuemo la ayunto Dios, et por quales maneras et en qual
tiempo, et quales reyes ganaron la tierra fasta en el mar
Mediterraneo; et que obras fizo cada uno, assi cuemo uinieron unos empos otros fastal nuestro tiempo.

6. *De cuemo Julio Cesar poblo Seuilla por las cosas*
   que y fallo que fiziera Hercules [1]

E puso alli seys pilares de piedra muy grandes, e puso
en somo una muy grand tabla de marmol escripta de grandes letras que dizien assi: «Aqui sera poblada la grand

---

redacta», págs. 325-344; Flórez, *España sagrada,* v. 23, páginas 381-423.

Jordanes, siglo VI, autor de *De origine actibusque getarum, De
summa temporum.* Véase T. Mommsen, *Monumenta Germaniae
historica, Auctorum antiquissimorum,* v. V, Berlín, 1882.

Claudio Tolomeo (138-180 d. C.), el famoso geógrafo, ma-
temático y astrónomo. Particularmente su *Sintaxis Matemática,*
traducida al árabe y luego del árabe al latín en 1160 y en 1175
(el *Almagesto),* tuvo mucha importancia en la Edad Media para
el desarrollo de las matemáticas y de la astronomía (véase Marshall
Clagett, *Greek Science in Antiquity,* Nueva York, Collier
Books, 1966, págs. 118-122, y *passim;* George Sarton, *Introduction
to the History of Science,* Parte I, v. II, Baltimore, Williams &
Wilkins Co., reimpresión, 1962, págs. 338-39).

Idacio Lemicense, siglo V, autor de un *Chronicon.* Véase
T. Mommsen, *Monumenta Germaniae historica, Auctorum antiquissimorum,* v. XI, *Chronica minora,* v. II, Berlín, 1894.

Sulpicio Severo (murió c. 420), autor de un *Chronicon* editado
por Carolus Halm en *Corpus scriptorum ecclesiasticorum latinorum,*
v. I, Viena, 1886.

Dión Casio, siglos II-III (d. C.), historiador griego, autor de
Historia de Roma (en Loeb, 9 vols., ed. E. Cary).

Pompeyo Trogo, historiador de la época de Augusto, autor de
Historiae Philippicae, que es, a pesar del título, una especie de
historia universal.

---

[1] Para las fuentes, véase M. P., pág. lxxiv. En el capítulo anterior se relata la llegada de Hércules a España.

cibdat»; y en somo puso una ymagen de piedra, e tenie la una mano contra orient, e tenie escripto en la palma: «Fasta aqui llego Hercules»; y ell otra mano tenie contrayuso mostrando con el dedo las letras de la tabla. Onde auino depues, que en tiempo de los romanos, quando fueron sennores del mundo, ouo desabenencia entre Julio Cesar e Pompeio, que eran suegro e yerno, e amos emperadores; e fue puesto[2] en Roma que enuiaron a Pompeio a parte dorient e Julio Cesar a occident pora conquerir aquello que no obedecie a Roma; e pusieron les plazo que fuessen tornados[3] a .V. annos a Roma, y el que no lo fiziesse que numqua iamas fuesse recebido por emperador. E Pompeio gano en aquellos .V. annos toda parte dorient, e Julio Cesar en estos .V. annos non pudo ganar sino fasta Lerida, que es una cibdat en Espanna en una tierra que llaman Catalonna. E segund cuenta Lucan, que escriuio est estoria, pues que se cumplieron los .V. annos[4], enuiaron le dezir los romanos ques[5] tornasse, e sino que nol recibrien mas por emperador. El con despecho que ouo no lo quiso fazer, mas dixo que pues que ell era emperador que tomaua otros .V. annos pora acabar aquello que començara; e depues en aquellos otros cinc annos que el tomo conquirio toda Espanna, e quando fue en aquel logar o primeramientre fue poblada la cibdat de Ythalica, semeiol[6] que no estaua poblada en buen logar e fue buscar o la assentasse de nueuo. E quando fue a aquel logar o estauan los pilares sobre que pusiera Hercules la imagen, cato la tabla de marmol que yazie por pieças[7] quebrada, e quando uio las letras, fizo las ayuntar en uno e leyo en ellas que alli auie a seer poblada la grand cibdat; estonce fizo la mudar daquel logar, e poblola alli o agora es, e pusol nombre Yspalis, assi como ouiera primeramientre nombre quando fue poblada sobre estacas de palos en un logar que llaman Almedina, que es cabo Caliz. E cuenta Lucan[8] que desque la ouo

---

[2] *puesto:* acordado, decretado.

[3] *fuessen tornados:* regresaran. «Muchos verbos intransitivos se auxiliaban de ordinario con *ser*» (Lapesa, pág. 212).

[4] Como señaló Solalinde (a quien cita M. P.), el detalle del plazo de cinco años no se halla en la *Farsalia* de Lucano. Véase A. G. Solalinde, «Una fuente de la *Primera Crónica General:* ·Lucano», *Hispanic Review,* 9 (1941), 235-242.

[5] *ques:* que se.

[6] *semeiol:* le pareció.

[7] *por pieças:* en pedazos.

[8] La anécdota que sigue no se halla en Lucano —según seña-

alli poblada[9], que fue a Caliz o auie grand cibdat, e fallo y
un grand templo que fizieran los gentiles por onra de Hercules, y entre otras muchas ymagenes que y auie, fallo una
del rey Alexandre, e dizien todos que fuera fecha a semeiança del, de grandez e de fayçon; e quando Cesar la uio,
estudo la catando grand pieça cuydando[10], e depues dixo que
si Alexandre tan pequenno fuera de cuerpo e tan feo e tan
grandes fechos e tan buenos fiziera, el, que era tan fermoso
e tan grand, por que no farie tan grandes fechos o mayores.
E cuydando esto fuesse[11] pora su posada, e sonno essa noche
que emprennaua a su madre; e otro dia llamo a un so
estrellero muy bueno que traye, e dixol lo que cuydara[12] y
el suenno que sonnara. Ell estrellero soltol[13] el suenno e
dixol que la madre era la tierra; e assi cuemo la metie
so si ys[14] apoderaua della, bien assi metrie toda la tierra
en so poder e serie sennor de todo. Desdalli mouio e tornos
pora Roma e fue depues sennor de tod el mundo assi cuemo
la su estoria lo cuenta. Mas agora tornamos a fablar de Hercules por contar los fechos que fizo en Espanna.

7. *De cuemo Hercules lidio con el Rey Gerion yl mato*[1]

Hercules, de que ya oyestes dezir, desque ouo fechas aquellas dos ymagenes de Caliz e de Seuilla, ouo sabor de ueer

ló M. P.— sino en Suetonio, *Doce Césares,* de quien se sirvió
Vicente de Beauvais (Belovacense), *Speculum historiale,* lib. VI,
capítulo 36 (pág. 186 en la reimpresión facsimilar de 1965). El
Belovacense fue la fuente directa para la *EE.* Véase Dorothy
Donald, «Suetonius in the *Primera Crónica General* through the
Speculum Historiale», *Hispanic Review,* II (1943), 95-115.
   [9] *poblada.* Sobre la concordancia del participio pasado con el
complemento directo, véase Lapesa, pág. 212; Ian R. MacPherson,
«Past Participle Agreement in Old Spanish: Transitive Verbs»,
Bulletin of Hispanic Studies, 44 (1967), 241-254; Maurice Molho,
Sistemática del verbo español, v. I, Madrid, Gredos, 1975, páginas 128 y ss.
   [10] *estudo... cuydando:* la estuvo mirando, meditando un largo
rato.
   [11] *fuesse:* se fue.
   [12] *cuydara:* había pensado.
   [13] *soltol:* le descifró.
   [14] *ys:* y se.

   [1] Sobre las fuentes —El Toledano (I, 4-6), El Tudense («De la
tercera edad», XIII, pág. 44)—, véase M. P., págs. lxxiv-lxxv.

toda la tierra que era llamada Esperia, e metios por la costera de la mar fasta que llego a un logar o es agora poblada Lixbona, e fue depues poblada que Troya fue destroida la segunda uez; e començara la a poblar un nieto dUlixes que auie aquel mismo nombre, e por que el no la uuio[2] acabar ante de su muert, mando a una su fija, que auie nombre Buena, que la acabasse, y ella fizo lo assi, e ayunto el nombre de so padre y el suyo, e pusol nombre Lixbona. E cuando Hercules llego a aquel logar, sopo como un rey muy poderoso auie en Esperia que tenie la tierra desde Taio fasta en Duero, e por que auie siete prouincias en su sennorio fue dicho en las fabliellas antiguas que auie siete cabeças; y este fue Gerion, y era gigante muy fuerte e muy liger, de guisa que[3] por fuerça derecha auie conquista[4] la tierra e auien le por fuerça a dar los omnes la meatad de quanto auien, tan bien de los fijos e de las fijas cuemo de lo al[5], e a los que no lo querien fazer mataualos. E por esto era muy mal quisto de todas las gentes, mas no osauan yr contra el por que no auie y qui los deffender; et cuando sopieron que Hercules uinie, enuiaron le dezir, que el, que tantos buenos fechos fiziera e tantos omnes sacara de premia e de mal sennorio, que acorriesse a ellos, e quel darien toda la tierra. Quando esto oyo Hercules, plogol mucho e fuesse pora alla; ca maguer[6] ell era del linage de los gigantes e muy fuerte, no era por esso omne cruo ni de mala sennoria, ante era muy piadoso a[7] los buenos e muy brauo e fuert a los malos; e quando oyo las querellas daquellas yentes, doliosse dellas e fuesse pora ellos. E quando Gerion lo sopo, fuesse con sus huestes pora aquel logar o fue depues poblada la cibdat que dizen Crunna, que era estonce yermo. Hercules enuio dezir a Gerion que las yentes no auien por que matarse ni por que lazrar, mas que lidiassen ellos amos un por[8] otro; y el que uenciesse, que fuesse toda la tierra suya. E Gerion

---

[2] *no la uuio:* no la logró.

[3] *de guisa que:* de manera que.

[4] *conquista:* conquistado. Sobre la concordancia del participio pasado con el complemento directo, véase la nota 9 del capítulo 6.

[5] *de lo al:* del resto.

[6] *maguer:* aunque. Sobre *maguer(a)* y las conjunciones concesivas en general, véase José Luis Rivarola, *Las conjunciones concesivas en el español medieval y clásico,* Tübingen, Max Niemeyer, 1976.

[7] *a:* con, hacia.

[8] *por:* con.

atreuiendose en su ualentia, e demas que era mayor que el, dixo quel plazie. E lidiaron tres dias que nos podien uencer; en cabo [9] uencio Hercules, e cortol la cabeça. E mando en aquel logar fazer una torre muy grand, e fizo meter la cabeça de Gerion en el cimiento, e mando poblar y una grand cibdat, e fazie escreuir los nombres de los omnes e de las mugeres que y uinien poblar, y el primero poblador que y uino fue una muger que auie nombre Crunna, e por essol puso assi nombre a la cibdat. E una gran partida de la gente que el traye fueron de Galacia, e mandolos poblar alli, e por esso fue llamada aquella tierra Galizia. Depues que Hercules ouo poblado Galizia, uinosse contra parte de mediodia, ribera de la mar, fasta un rio que dizen Ana, que quier dezir en griego tanto cuemo topo, por que ua a logares escondido so tierra e depues sale, e aquel nombre numqual fue camiado, antel [10] llaman agora Guadiana. E por quel semeio la tierra buena pora criar ganados e otrossi pora caça, moro y una grand sazon [11] e fizo y sos iuegos e mostro hy grandes alegrias por que uenciera a Gerion e ganara toda la tierra de que ell era sennor. E por aquellos iuegos que el fizo alli dizen algunos que puso a aquella tierra nombre Lusitanna, que quier dezir en romanz tanto como iuegos de Ana. E depues que esto ouo fecho, fuesse pora Guadalquiuir, al logar o mandara fazer la ymagen, e fallola erzida e plogol mucho. Desi fue adelant, alli o mandara fazer la uilla sobre los palos, e pusol nombre Hyspalis, e mandola cercar de muro e de torres. E depues fue assi yendo ribera de la mar, poblando los logares quel semeiaron que eran de poblar, fasta que llego a Carthagena, que ouo este nombre de Cartago la grand, que es en Affrica, que poblo la reyna Dido; e algunos dizen que, por despecho que fizieron los daquella tierra, que passo aquend mar en Espanna e poblo otro uilla que dizen Carthagena, e solien le llamar antiguamientre Carthagena Espartera, por que toda la tierra o es ell esparto, que llaman agora Montaragon, obedecie a ella. E dalli era rey un omne muy grand e muy fuerte que llamauan Caco, e auie otrossi en so poder las tierras que llamauan Celtiberia e Carpentanna, e quando oyo dezir que uinie Hercules, nol quiso obedecer cuemo los otros, mas saco su hueste e fue lidiar con el, e fue uençudo Caco, e fuxo a un monte much

---

[9] *en cabo:* por fin.
[10] *antel:* más bien le.
[11] *una gran sazon:* mucho tiempo.

alto que es en Celtiberia a que puso el nombre dessi mismo, ca por que dizien a el Caco pusol nombre Moncayo, y era logar o auie el grand sabor de morar por que era logar muy sano, e tenie cabo dessi sos ganados, e por esso fuxo a aquel logar cuydando se amparar y. Mas quando sopo que Hercules yua enpos el, nol oso y atender, e fuxo pora tierra de Roma a un monte que llaman Auentino, que es cerca la cibdat que llaman Lauina; e aun alli nos trouo guarecer [12], e metios dentro en una cueua muy fonda, e cerrola con una grand piedra molar, e pusol de parte de dentro grandes cadenas de fierro, e quand era de noche salie e fazie el mal que podie por la tierra, desi tornauas alli e cerraua la puerta de la cueua; e por que era liger e corredor mas que otro omne, e tomaua las cabeças de los omnes e de las bestias que mataua, e colgaualas a la puerta de parte de fuera, cuydauan que comie los cuerpos de los omnes tan bien cuemo de las bestias, e por esso dizien que era medio omne e media bestia. En aquella cueua estudo una grand sazon fasta que uino Hercules, yl mato alli, segund cuenta la su estoria. Mas por que esto non conuiene a los fechos dEspanna, dexamos de fablar dello, e tornamos a contar dErcules e de las cosas que fizo en Espanna depues que uencio a Caco.

8. De las uillas que poblo Hercules en Espanna [1]

Ya oyestes desuso cuemo Caco fue uençudo y Hercules seguidol fasta Moncayo o el solie morar, e andandol buscando por aquella tierra, semeiol muy buena, e por end poblo una cibdat, al pie de Moncayo, dunas yentes que uinieran con el de Grecia: los unos eran duna tierra que dizien Tiro, los otros dotra que dizien Ausona, e por esso pusso nombre a la uilla Tirasona, e oy en dia le llaman Taraçona. E pues que esto ouo fecho, começo dir conquiriendo tod aquella tierra, fasta que llego a un logar quel semeio que deuie poblar, e fizo y una fortaleza e pusol nombre Urgel, que quier dezir en latin tanto cuemo apremiamiento, ca sin falla tod aquella tierra mas la gano el por premia que por amor. E desque ouo esto fecho, de las diez naues que el troxiera, dexara la una de comienço en Caliz, e leuara las nueve consigo a Galizia; e desi mando que fincassen las

---

[12] nos trouo guarecer: no se atrevió a ampararse, esconderse.

---

[1] Fuente: El Toledano, I, cap. 5, pág. 10 (cfr. M. P., pág. lxxv).

ocho alli e quel aduxiessen la nouena; e al logar o ella arribo semeiol que auie y buen logar de poblar, e mando fazer y una uilla, e pusol nombre Barca nona, que quier dezir tanto cuemo la nouena barca; e agora llaman le Barcilona. Desque Hercules ouo conquista toda Esperia e tornada en su sennorio, ouo sabor dir andar por el mundo por las otras tierras e prouar los grandes fechos que y fallasse; empero non quiso que fincasse la tierra sin omnes de so linage, en manera que por los que el y dexasse, fuesse sabudo que el la ganara; e por esso la poblo daquellas yentes que troxiera consigo que eran de Grecia, e puso en cada logar omnes de so linage. E sobre todos fizo sennor un so sobrino, que criara de pequenno, que auie nombre Espan; y esto fizo el por quel prouara por much esforçado e de buen seso; e por amor del camio el nombre a la tierra que ante dizien Esperia e pusol nombre Espanna.

9. De los fechos que fizo el rey Espan en Espanna e de cuemo poblo la ysla de Caliz [1]

Espan, sobrino dErcules, que finco por sennor en Espanna, anduo por la tierra e fizo la poblar y endereçar, ca era muy maltrecha y destroyda por la grand guerra que fiziera Hercules; e com era omne sabio y entendudo, sopose apoderar della, e poblo los puertos de la mar e otrossi logares en las montannas, por o entendio que podrie uenir danno dotras yentes a la tierra; e poblo muy grandes uillas e buenas, e fizo y lauores marauillosas. E la una dellas es la cibdat a que agora llaman Segouia, e pusol este nombre por que fue poblada cab una penna que dizien Gouia, e alli fizo muy marauillosa obra pora adozir ell agua a la cibdat, assi cuemo oy dia parece. E acabo la torre del Faro que començara Hercules, que es cabo la Crunna; e com era omne muy sabidor, fizo fazer por grand sabiduria un grand espeio, que ueyen en el uenir las naues por el mar de muy luenne, e pusol en somo daquella torre; y esto fizo el por aguardar se dotras yentes sil uiniessen guerrear por mar [2].

---

[1] Fuentes: El Toledano, I, cap. 7 (págs. 11-12), y otras desconocidas (cfr. M. P., pág. lxxv).

[2] Como anota R. Ayerbe-Chaux en su edición de *EE*, «este espejo del faro de La Coruña es la versión española del faro de Alejandría, una de las siete maravillas del mundo antiguo» (página 45). Para las fuentes de esta creencia, véase toda la nota 7 en la misma página.

E por que ell era omne que amaua iusticia e derecho e fazie
bien a los omnes, amauan le todos tanto, que assi cuemo
Hercules se apoderaua de la tierra por fuerça, assi este se
apoderaua della por amor. E desque toda la ouo poblada
e assessegada, escoio pora su morada Caliz, la ysla de Hercules; y esto fizo el menbrandosse de la criança e del bien
que Hercules le fiziera. E por que en el logar no auie po-
blança ninguna sino la torre que Hercules fiziera, ouo de
morar en tiendas fasta que fizo y una uilla pequenna en
que moraua.

66. *Cuemo Carthago fue destroida la postremera uez de guisa que numqua cobro* [1]

Paulo Orosio [2] cuenta en sos estorias que los romanos
fueron siempre tan bolliciosos, que numqua souieron en paz
que no ouiessen guerra o con los enemigos o entressi, e
siempre punnaron de onrar e de acrecentar el nombre de
so cibdat, e por esso gano Roma el grand sennorio que ouo,
e gano la grand nombradia de que tod el mundo fabla.
E quando los romanos uieron que los de Cartago los auien
maltrechos, assi cuemo de suso es contado [3], cuemo quier
que mucho les pesasse del danno que recibieran, mayor pesar
auien por el nombre que ganauan los de Carthago e que
se fazien eguales con ellos; assi que quand algunos alabassen
a Roma, otrossi podrien alabar a Carthago; e por esta egualeza les pesaua a ellos tanto que no podrie mas, por que
egual sobre egual no a sennorio. E por end pusieron en
sus uoluntades de destroyr Carthago en todas maneras, ca
dixieron que si aquella [4] fincasse, todo lo al que auien fecho
no serie nada; antes ficauan perdidosos de los parientes y
del auer; e donde cuydauan sacar ondra, fincauan desonra-
dos. E por ende pusieron en todas guisas de tornar a ella
e destroylla. E catando quales consules fueran meiores en
las otras guerras que ouieran con ella, touieron que fuera
meior Cipion, fijo dell otro Cipion ell Affricano, por que

---

[1] Sobre las fuentes —Orosio, Eutropio, el Toledano, Floro—,
véase M. P., LXXX.
[2] Véase especialmente el final del libro IV y el comienzo del
libro V de Orosio, *Historiarum adversum paganos Libri VII.*
[3] Véase especialmente los capítulos 22 y ss.
[4] *aquella*: M. P.: «aquello».

aquel destruyera una uegada Çamora, e tenienle por much
esforçado e de buen seso; e aun aquel mismo Cipion, non
seyendo consul, guareciera⁵ a los romanos que non fueran
desbaratados cuando los de Carthago leuauan cuemo por
uençudos a los consules Censorino e Manilio. E sobresto
tod el senado de Roma trauaron⁶ con el que recibiesse consulado, e fuesse sobre Carthago e la destruxiesse. Y el respuso les que era muy grieue cosa de yr sobre tan noble
cibdat de fortaleza e de poderio, demas que era tan luenne
daquella tierra; mas por onrrar a ellos e por que enten-
diessen que les auie sabor de fazer grand seruicio sennalado,
otorgo que lo farie, e tomo el consulado. E ellos luego agui-
saron le muy bien de quanto ouo mester, de guisa que saco
grandes huestes por mar e por tierra. E esto fue andados
de la puebla de Roma seyscientos e dos annos; e ouo de la
segunda guerra fasta esta tercera cinquaenta annos; y eran
estonce consules en Roma Gneo Cornelio Lentulo e Lucio
Mumio. E auino assi, por so malauentura de los de Carthago, que bien cuemo los de Roma eran acuciosos de uenir
sobrellos e de destroyllos, assi ellos eran uagarosos e descuy-
dados de fazer ninguna cosa por que se pudiessen guardar
ni deffender. E Cipion que sabie tod esto muy bien, uino
sobrellos a soora, e cerco la cibdat por mar e por tierra.
E cuando los de Carthago lo uieron, salieron a ellos cuydando que les yrie com ella otra uegada, e ouieron grand batalla,
assi que duro bien seys dias e VI noches que muy poco
folgauan que siempre non se firiessen o non se matassen.
E a la postremeria, los de Carthago —cuemo no estauan
apercebudos ni guisados pora deffenderse darmas ni de las
otras cosas que auien mester, ni acorro no les uinie otrossi
de ninguna parte, ni ayuda de las que les solie uenir por
que non gelo uuiaran fazer⁷ saber, e otrossi por que murieran y muchos de los meiores omnes que entrellos auie,
e ueyendosse en tod estas malandanças— ouieron se de
uencer e de encerrar en la cibdat, cuydando otrosi que los
de Roma querien traer alguna pleytesia con ellos, como las
otras uezes fizieran. Mas Cipion el consul, que non tenie

---

⁵ *guareciera:* había impedido (protegido) que... (para que...).
⁶ *trauaron:* (acordaron) acordó. «Un nombre colectivo o partitivo singular puede llevar normalmente el verbo en singular; pero
lo puede llevar también en plural» (V. García de Diego, *Gram.
hist. esp.,* pág. 307).
⁷ *non... fazer:* no habían logrado (informarles).

en coraçon fueras de destroyllos, numqua les daua uagar dia ni noche fueras de combatellos, ni dizie otrosi [8] que los querie destroyr por que no tomassen mayor esfuerço de se deffender, mas yua los leuando por palabra, y entre tanto tomauales las fortalezas e mandaua matar quantos dellos alcançaua. E quando los de Carthago esto uieron, enuiaron le dezir ques les darien por suyos a qual guisa [9] el quisiesse. En quanto esta pleytesia andaua, los de Carthago non querien fazer ninguna cosa contra los romanos por cuidar auellos mas [10] pagados. Mas Cipion fazie el contrallo desto; ca numqua quedaua [11] de los matar e de los destroyr. A la postremeria fue assi [12] que los de la cibdat cogieron tamanna flaqueza en sos coraçones, que enuiaron dezir al consul ques le darien por sieruos ental que los dexas [13] uiuir. Mas el respuso les que non querie otra pleytesia con ellos si no que saliessen todos de la cibdat, uarones e mugieres, assi cuemo les mandara la otra uez quando lo non quisieran fazer. Los de Carthago, tanto eran ya caidos en grand desmayamiento, e ueyen que al non podien fazer, que lo otorgaron, cuidando que por aquello escaparien de muert; e ouieron otrossi feuza que depues alguna pleytesia les cabrien meior desta. E luego començaron a salir las mugieres, e salieron de las mas onradas XXV mil, y estas maltrechas e muy coytadas e mal uestidas e todas las caras rascadas e mal paradas; y enpos ellas salieron de los mas onrados omnes treynta mil, y estos los unos mal llagados e los otros enfermos e todos tan maltrechos que peor non podrien. E de los dos que llamauan Asdrubales, que fizieran emperadores assi cuemo de suso oyestes [14], auien ellos mismos ell uno matado a trayçion, e diz que fue por conseio de los romanos; y ell otro que fincara, quando uio el mal que uinie sobraquella cibdat y entendio que el non podrie guarecer por ninguna manera, metios en poder de Cipion el e toda su companna; e assi fizieron todos los otros que auie en la uilla grandes e pequennos. Mas una grand companna que auie y de los romanos que se partieran de Cipion quando

---

[8] *otrosi:* aquí, «tampoco».

[9] *a qual guisa:* bajo cualquier condición, de la forma que quisiera.

[10] *mas:* bien (o, comparación sobreentendida).

[11] *quedaua de:* desistía.

[12] *fue assi:* se llegó a tal punto.

[13] *en tal que los dexas:* con tal que los dejase.

[14] Véase el capítulo 62.

la otra uegada uinieran sobre Carthago e se metieran en la cibdat, no quisieron salir a los romanos cuemo los otros, por uerguença que auien dellos por el yerro que fizieran, nin se quisieron dar a prision; mas metieron se en un templo que auie y dEscolapio dentro en la cibdat, que era muy fuerte, cuydandosse alli deffender. Mas los romanos, luego que entraron la uilla, cercaron tod el templo en derredor e dieron les fuego. E ellos cuando se uieron coytados dexaron se dentro caer, e quisieron ante seer quemados que morir a manos de los romanos. La reyna muger del rey Asdrubal ficara con dos fijos pequennos en la torre que fiziera la otra reyna Dido, ca non quiso salir con las otras duennas nin dar se a prision; e los romanos quand entraron dieron fuego a aquella torre, y ella cuydando que non podrie guarir, subio en somo de la torre con aquellos dos sos fijos, e parosse entre las amenas, e dio grandes bozes, e dixo contra los romanos: «Yo reyna so desta cibdat, e assi cuemo la primera reyna[15] que ouo en este logar se mato en fuego, assi quiero yo morir que so la postremera.» E quando esto ouo dicho, dexosse caer en el fuego con amos ados[16] aquellos fijos; y el pueblo de los romanos que estauan en derredor corrieron por sacallos, mas tan ayna non pudieron llegar que ante ellos muertos non fuessen. E Scipion, que grand sabor auie de destroyr aquel logar por crecer el poder de los romanos e por uengarse de los grandes dannos que alli recibieran, mando acender la cibdat a todas partes; e duro ardiendo xvii dias, ueyendo lo los romanos que fablauan en ello mucho, departiendo e mostrando muchas razones sobrello de como las cosas se camian dun estado a otro, e otrossi de quand grieues son de fazer e que ayna se destruyen, assi cuemo auino a Carthago que fue tan noble uilla e tan fuert e tan rica. E cuemo quier que los romanos la destruyen, algunos auie y dellos a qui pesaua por que tenien que dalli adelant no aurien con qui guerrear tan afficadamientre cuemo fizieran con los de Carthago. E otrossi departien mucho de la natura de los omnes, cuemo era grieue dacordar a lo meior, e que por esso se destruyen e se camiauan los sos fechos. E maguer que ellos esto dizien e departien entre sipse[17], non quedauan de destroyr la cibdat quanto podien: lo uno derribando, lo al quemando lo en fuego, fasta que

---

[15] Dido (véase el cap. 25).
[16] *con amos ados:* con ambos dos (pleonástico).
[17] *sipse:* sí mismos (lat. *se ipse*).

lo torno todo en ceniza. Mucho oro e plata e piedras preciosas que estauan por los templos y en los palacios de
los emperadores e de los omnes onrados, todo fue destroydo
e perdudo. Las compannas que salieran de la cibdat dombres
e de mugieres, assi cuemo de suso oyestes, quisieron los
matar los romanos; mas Scipion, por fazer les mercet e por
que salieran por so palabra, no lo touo por bien, e mando
los atodos uender, fueras ende los mayorales que non quiso
egualallos con los otros; e destos los unos dexo y en tierra
dAffrica, que torno prouincia de Roma, e los otros leuo
consigo por fazer les algo e por onrarse dellos.

113. *Este nombre Cesar de que palauras es tomado et por*
quales razones, et a quien le llamaron primeramientre
et a quales despues, et que quier dezir [1]

Cinco razones ponen los sabios por que fue dicho este
nombre Cesar et llamado a Julio que fue el primero quel
ouo: la primera razon fue que quando la madre de Julio
estaua de parto del, cuentan cuemo no podie encaescer et
muriesse; et los qui la guardauan, ueyendo cuemo se murie
de tod en todo [2], fendieron la et sacaron le del uientre por
alli uiuo este ninno. Et en latin dizen *cedere* por taiar o por
ferir o bater con uerga o con alguna otra cosa tal, et por
que fue sacado aquel ninno del uientre de su madre fen-
diendola, cuenta Hugutio [3] que por esso le llamaron Cesar.
La segunda razon dizen que este ninno salio de luego con
cabellos et con una uedija apartadamientre mas luenga que
todos los otros cabellos; et en latin dizen *cesaries* por uedija
o por cabelladura o por cerda de cabellos, onde fue tomado
desta palaura *cesaries* este nombre Cesar, et llamado a aquel
ninno por aquella cerda con que nascio. E segund esto Cesar
tanto quiere dezir cuemo el de la uedija o el de la cerda o
el de la crin, ca por tod esto es dicho *cesaries*. La tercera
razon es que del comienço de los omnes fasta aquella sazon
auien todos en costumbre de dexar los cabellos crecer et
fazer se luengos quanto se mas podien alongar; et fue este

---

[1] Para las fuentes, véase M. P., pág. lxxxvii.
[2] *de tod en todo:* segura y rápidamente.
[3] Hugucio de Pisa, siglos XII-XIII, autor de la obra aún inédita
Liber derivationum seu Etymologicum latinum. La etimología de
«César» es falsa, como señaló H. A. Van Scoy, «Alfonso X», tesis
citada, pág. xxx.

Julio el primero que los fizo cercenar; et por que dizen en latin *cesaries* cuemo es dicho por cabelladura, et aun de cabellos luengos, llamaronle otrossi por este fecho Cesar, por que fue ell ell primero que cabellos se cerceno. La quarta razon cuenta la estoria que este Julio en comienço de su mancebia que lidio solo con un elephant et quel uencio yl mato, que fue mucho, ca es animalia muy grand et muy braua; et por que en griego dizen *ceson* por elephant, tomaron los sabios desta palabra Cesar, et llamaronlo a Julio por que fizo el solo sin ayuda dotri lo que no sabien a otro omne fazer fasta aquella sazon, de matar ninguno en so cabo [4] elephant. La quinta razon es esta: que departen, et aun cuentan lo las estorias, que el princep que fasta aquel tiempo mas brauamientre combatiera et firiera a sos enemigos en batalla por sus manos, et qui mas lides campales fizo por si, que este fue; et por que dizen en latin cuemo oyestes *cedere* por bater o por ferir, tomaron segund esto desta palabra *cedere* Cesar, et llamaron lo a este Julio; et segund esto semeia que Cesar tanto quiere dezir cuemo quebrantador de sos enemigos o aun campeador. Onde por cada una destas cinco razones, et mayormientre por todas en uno [5], llamaron a Julio este nombre Cesar. Et por que acrecento siempre en ell imperio llamaron le Augusto, que quier tanto dezir cuemo acrecentador. Et este Julio Cesar fue emperador de Roma et sennor del mundo, por que todas estas razones que son aqui dichas del pueden seer uerdaderas. Et deste nombre Cesar que llamaron a Julio, dixieron dalli adelant «cesares» a todos los otros que regnaron empos el en ell imperio de Roma; cuemo despues «augustos» por acrecentadores, de Octauiano Cesar Augusto, sobrino de Julio Cesar, fijo de su hermana, que regno luego empos el et fue dicho el primero acrescentador dell imperio.

118. *De como Julio Cesar puso nombre del suyo al mes de julio, e de las razones porque son los otros meses nombrados daquellos nombres que an cada unos* [1]

Pues que Julio Cesar fue emperador et sennor de toda la

---

[4] *en so cabo:* solo, por sí mismo.
[5] *todas en uno:* todas juntas.

---

[1] Para las fuentes, M. P., pág. lxxxviii.

tierra, veyendo como auie ya ganado grand prez et grand
nombradia por tod el mundo por tantas batallas et tan
grandes como auie fechas et uençudas por muchas tierras,
quiso que fincasse el su nombre en remembrança por siempre, et fuesse puesto en escripto, et lo leyessen por los
templos; por ende, por que nasciera ell en el mes que
auie nombre «quintil», e uenciera en ell a Ponpeyo en los
campos de Thessalia, e a Gneyo Ponpeyo et a Sexto Ponpeyo, fijos de Ponpeyo el grand, en Espanna en aquel mismo mes otrossi, llamolo «julio» del su nombre. Ca maguera
que los meses fueron ordenados segund los XII signos [2],
non ouieron los nombres dellos, assi como los dias de las planetas;
ca los gentiles el domingo, que era el primer dia de la
sedmana, dieronlo al Sol et llamauanlo «dia del sennor»
aquellos que al Sol aorauan; e los otros que aorauan la
Luna pusieron nombre all otro dia que es cabol domingo
«lunes», por onrra della, e al tercero dia «martes» por Mars
los que lo aorauan; e al otro «miercoles» por Mercurio; e
otrossi «yueues» por Juppiter; e «uiernes» por Uenus, e
«sabbado» por Saturno. Mas aquellos que creyeron la ley
uerdadera, como el mundo ouiera comiençamiento et qual
fiziera Dios, pusieron al primer dia en que el començo a
obrar nombre «domingo», por que el Sennor uerdadero començara en el sus obras; et a los nombres de los otros
llamaron «ferias», que quiere tanto dezir como dias de lauor,
por las otras obras que fiziera Nuestro Sennor en ellos; e
al postremero dixieron «sabbado», que quiere tanto dezir
como dia de folgura, por que dizen que en aquel dia folgara
el Nuestro Sennor de las obras que fiziera en los otros seys.
Mas lo de los meses fue dotra manera, ca los sabios que
fizieron el mes de quatro sedmanas, compusieron ell anno
los unos de diez meses, et los otros de doze segund los
XII signos; e los que lo fizieron de diez començaron lo en
março quando entra el sol en el signo de los Aries, por que
entonce se parte el tiempo de la grand friura dell iuierno et
entra en la grand calentura del uerano. E Numma Ponpilio,
el segundo rey de los romanos, et los otros que acordaron
con ell et lo partieron en doze meses a manera de los doze
signos, fizieron el comienço del en el mes de enero, por
que entonce se parte el tiempo del tempramiento dell uerano
et entra en el grand frio dell yuierno. E tan bien los unos

_____

[2] Los signos del Zodíaco.

como los otros nombraron los a los unos de los nombres de los reyes, et a los otros por cuenta[3]. E los que lo començaron en enero llamaron lo a aquel mes assi del nombre de Jano, que fue un rey much onrado et muy poderoso[4], et pintaron lo con dos cabeças por que en ell se comiença ell un anno et se acaba ell otro, et con la una cara cata las cosas dell anno passado et con la otra lo que es por uenir. E all segundo mes pusieron nombre «febrero», de *februa* que dizen en latin por «alimpiamiento», por que en aquel mes fazien sus offrendas los gentiles et sus sacrificios por si et por los suyos que eran en las huestes, tan bien por los que murieran alla como por los que fincaran en la tierra: por los uiuos que los ayudassen los dios[5] contra sus enemigos, et por los muertos que les ouiessen merced a las almas. E a março los que començaron ell anno en ell pusieron le assi nombre de Mars que aorauan los gentiles por dios de la batalla. E all otro que era luego depues de março pusieron le nombre «abril» por que comiença la tierra en esse tiempo a abrirse et a mostrar las cosas que tiene encerradas en si de que se a el mundo a aprouechar, e aqueste contauan ellos por segundo mes dell anno, por que era tras março, que auien ellos por comienço. E al tercero et al quarto que uinien luego de pos este pusieron les nombre all uno «mayo» et all otro «junio», por que los principes quando yuan en hueste, partien sus gentes et apartauan los mayores a una parte et los mas mancebos a otra, et mandauan a los mayores tener hueste et guerrear en el tercero mes en su cabo alli o entendien que era mester, e a los mancebos en el quarto; e por que lidiauan los mayorales en aquel mes tercero tomaron desta palabra «mayores» et pusieron nombre a aquel mes «mayo»; e por que dizen en latin *juniores* por mas mancebos, tomaron otrossi desta palaura *juniores* et llamaron «junio» al quarto mes en que los mancebos lidiauan. E este Julio Cesar, de que fablo la estoria, por acrecentamiento de su onra llamo «julio» del su nombre al quinto mes que llamauan «quintil», segund que auedes dessuso oydo. E al sexto, que era llamado «sestil»,

---

[3] *por cuenta:* según la numeración.
[4] Se halla en más de una obra la alusión a Jano como rey y no dios. Véase, por ejemplo, Lucas de Tuy, *Crónica,* pág. 44; Eusebio, *Chronici Canones,* pág. 101; Godofredo de Viterbo, *Pantheon* (ed. Pistorius), pág. 100a.
[5] *dios:* dioses.

65

3

Octauiano Cesar llamolo «agosto» del su nombre, segund que
adelante cuenta la estoria. E all otro llamaron lo «setiembre»
por que era seteno del mes de março. E all otro «ochubre»
por que era VIII daquel mes. E all otro «nouiembre» por que
era IX. E al postremero «deziembre» por que era X de março,
pero que es dozeno de enero que es agora comienço dell
anno. E aqui dexa la estoria de fablar desto [...].

125. *De los fechos del quarto anno dell imperio
dOctauiano Cesar* [1]

En el quarto anno dell emperio de Octauiano, que fue a
sietecientos et treze annos de quando Roma fuera poblada,
auino assi que el seyendo en Roma, et teniendo que auie
ya assessegada tierra de oriente et quel obedecie toda tierra
de occidente, otrossi quiso saber de todas las tierras que so
ell imperio de Roma eran, cuemo se mantenien et estauan
en sos fueros, et que reconnosciessen so sennorio a Roma,
et que fuesse ell ende cadanno cierto et leuasse algo de las
tierras por razon deste reconnocimiento; e fallo por ende
esta sabiduria [2]: et fizo contar et escreuir quantos regnos et
quantas prouincias auie en todo el mundo et en cada regno,
et en cada prouincia quantas cibdades et quantas uillas, et
cada una cibdat et cada una uilla quantas aldeas auie, e en
cada un logar destos quantos omnes auie que mantouiessen
casa o uiuiessen por si. E mando por sus cartas et por sus
mandaderos que enuio por todas las tierras que uiniessen
todos de las pueblas menores a las cibdades o las uillas onde
eran, et se mostrassen y, et dixiesse cada uno su nombre
et onde era natural et de qual linage et o moraua, et se
fiziesse escreuir. Et fizieron lo todos assi; e desque fueron
escriptos et sopieron la cuenta dellos, los que recabauan
aquel fecho demandaron les con las cartas de Octauiano
Cesar, que por el reconnocimiento del sennorio, que pe-
chasen cadanno a Roma, quando se uiniessen escreuir, cada
uno por su cabeça un dinero de plata o de oro, que ualiesse
diez de los de la moneda usada que corrie aquella sazon
por la tierra et con que mercauan las gentes sus cosas. E por
que auie de ualer diez, por endel pusieron nombre «dinero»,
que quiere tanto dezir cuemo dezeno; e dalli se començo
ell uso de llamar dinero a toda moneda que corre por la

[1] Para las fuentes, véase M. P., pág. lxxxix.
[2] *sabiduria:* artificio, manera.

tierra pora mercar las cosas menudas de qualquier metal que sea, ca antes «numos» les dizien, del nombre de Numma Pompilio que fuera el segundo rey de Roma depues de Romulo, que fue el primero segund que uos dessuso auemos contado en esta estoria³, e fuera este rey Numma el primero princep que moneda fiziera. Et si no por que corrompen los omnes las palabras et las mudan, lo que dizen moneda, «numeda» deuien dezir, del sobre nombre; e en latin *numisma* dizen por las letras que estan en el dinero, del nombre de Numma otrossi. Et los dineros que Numma Ponpilio fizo eran unos grandes de cobre, et fallan aun agora los omnes algunos dellos et llaman los dineros de Cesar, et corrompiendo la palaura dizen les «momos», ca «nomos» les deuien dezir del nombre de Numa. E ante deste rey no auien las yentes moneda ninguna que fuesse de ninguna sennal; et las cosas que mester auien, mercauan las unas por otras. Despues desto a luengo tiempo fueron los regnos saliendo de so el sennorio de Roma, et fizieron los reyes sus monedas, et amenguaron los dineros, et mandaron les fazer cada unos sus sennales, et pusieron sus nombres departidos⁴, a los unos de los sennores que los fizieran, a los otros de las cibdades en que los fazien; bien cuemo dizen agora en Castiella el morauedi «alfonsi» del nombre del rey don Alfonso, que gano Toledo de moros, quel fizo fazer primero; e «burgaleses» a los de la cibdat de Burgos, por que los fizieron y ante que en otro logar; e a los de la cibdat de Leon «leoneses»; et assi a los de las otras tierras. E los dineros daquel pecho de Roma mandauan los dar de plata o de oro, por que la plata serie pora seruir en casa de los cesares, et ell oro para condesar por tesoro que despendiessen los sennores o les grand mester fuesse pora guardar et parar bien ell estado dell imperio et assoldadar sus cauallerias. E mando Octauiano que recudiessen cada unos con aquellos dineros all adelantado de su tierra que estaua y por el Cesar, e los adelantados que los enuiassen con recabdo a Roma. E por que ell oro et la plata et los otros metales son llamados *era* en latin, et los que no tenien oro o plata que dar a los cogedores daquel pecho dauan de qualquier de los otros metales tanto que ualiesse aquel dinero de diez; e por ende daqueste nombre *era* que es por «metales», pusieron nombre a aquel anno en que fue fallado primeramientre este

³ En el capítulo 118.
⁴ *departidos:* distintos.

pecho «ell anno de la era». E alli dexaron los sennores et todas las otras yentes la cuenta de los annos de las Olimpias et de la puebla de Roma por que contauan fasta alli, et tomaron la deste anno de la era, et contaron dalli adelante sus fechos por ella los emperadores et los reyes et todos los otros omnes. E est escreuir de las yentes es llamado en latin *description,* que quier tanto dezir cuemo «escreuimiento complido», por que escriuen de cada uno el nombre et onde era et de qual linage et o moraua. Et mando Cesar Octauiano que fiziessen esta description todos los adelantados por las tierras, et fizola primeramientre Cirino adelantado de Siria en la cibdat de Jherusalem; et fazien la cadanno, et enuiauan los aueres a Roma cuemo les era mandado. E segund cuenta ell Euangelio, treynta et ocho annos depues que la era fue leuantada fueron Joseph et Sancta Maria a Belleem a escreuirse et a pagar este pecho [...].

151. *De los fechos que contecieron a los quaraenta et dos annos* [1]

A los quaraenta et dos annos en que se cumplieron sietecientos et cinquaenta et uno de la puebla de Roma, e que andaua la era en treynta et nueue, et el regno de Herodes en treynta et dos, ouo ell emperador Octauiano Cesar Augusto assessegadas en paz et paradas [2] de su parte et so el so sennorio quantas yentes auie de orient a occident et de septentrion a mediodia, et cuemo tiene a derredor todo el cerco del mar Occeano que cerca toda la tierra, et uiuien todas al fuero et a las leyes que les el diera. E mando entonce Octauiano cerrar en la cibdat de Roma las puertas de Jano, que estauan siempre abiertas en las guerras et cerradas en las pazes, cuemo es dessuso dicho [3]. En aquella sazon fue el mundo mas en paz et mas assessegado so un sennor que numqua fuera ante, ni fue depues; e duraron estas pazes a Cesar Augusto catorze annos, que se le no aluoroço yente ninguna por leuantar guerra ni otra desabenencia contra Roma, si no tarde ya en su ueiez que se le leuantaron los de Atenas et los de Dacia. Et estando desta guisa toda la tierra en paz, compuso ell emperador Octauiano muchas leyes por que se mantouiessen las tierras et uisquiessen las

---

[1] Para las fuentes, M. P., pág. xcii.
[2] *paradas:* aseguradas, dispuestas.
[3] En el capítulo 135.

yentes en paz, et cobdiciasse todo el linage de los omnes aprender los saberes et onrar ell ensennamiento et seer ellos onrados por el. E sabet otrossi que aquel anno mismo encaecio Helisabet, ocho dias por andar [4] de junio, et nascio sant Johan Babtista bien cuemo dixiera ell angel a Zacharias su padre, et cobro Zacharias la fabla que perdiera. Et alli quedo el uieio testamento et entro el nueuo. E aquel anno uino ell angel Gabriel, ocho dias por andar de março, a la Uirgen sancta Maria, et traxol las nueuas [5] del su concebimiento, et concibio de Spirito Santo. E a nueue meses depues daquesto, e a seys derechamientre depues de la nascencia de San Johan, nascio della el Nuestro Sennor Ihesu Cristo, ocho dias por andar del mes de deziembre, fincando ella uirgen bien cuemo lo ante era. E sabet que a la sazon que el Nuestro Sennor Ihesu Cristo nascio, aparescieron por el mundo muchas sennales et muchas marauillas; ca luego aquella noche, segund cuenta ell Euangelio, uieron unos pastores en el monte grandes compannas dangeles que cantauan la loor de la nascencia del Nuestro Sennor, e a aquella sazon aparescio sobre Judea a tod el mundo en ell ayre, tan bien de dia cuemo de noche, una muy grand estrella et muy clara, et esta guio los tres Reyes Magos, cuemo adelante oyredes. E entonce, por que pario uirgen, cayo en Roma el grand templo que fizieran a la deessa Paz de las pazes, bien cuemo les dixiera el mal espirito que yazie en ell ydolo de cerca de Delos la ysla. Otrossi fallamos en las estorias que a aquella ora que Ihesu Cristo nascio, seyendo media noche, apparescio una nuue sobre Espanna que dio tamanna claridat et tan grand resplandor et tamanna calentura cuemo el sol en medio dia quando ua mas apoderado sobre la tierra. E departen sobresto los sabios et dizen que se entiende por aquello que, depues de Ihesu Cristo, uernie su mandadero a Espanna a predigar a los gentiles en la ceguedat en que estauan, et que los alumbrarie con la fe de Cristo; et aqueste fue sant Paulo. Otros departen que en Espanna auie de nacer un princep cristiano que serie sennor de tod el mundo, et ualdrie mas por el tod el linage de los omnes, bien cuemo esclarecio toda la tierra por la claridat daquella nuue en quanto ella duro. E sabet que en este anno en que el Nuestro Sennor Ihesu Cristo nascio, fue acabada la quinta edat et se començo la sexta. Mas por

---

[4] *por andar:* antes del fin.
[5] *traxol las nueuas:* le anunció.

que fasta aqui no auino razon en este libro de fablar de las edades, por ende cuenta aqui la estoria dellas, et muestra que cosa es edat, et quantas son. Los sanctos padres et los reyes et los grandes sabios, quando acaescie en el mundo algun grand fecho et estranno et que numqua aun acaesciera, fazien en el departimiento de tiempo, et llamauan edat al tiempo passado et edat a lo por uenir; e a aquellos tiempos tales assi departidos, no los llamauan edades por que sean eguales dannos, ca lo no son, ca en unos a mas et en otros menos, mas por que duraua cada una grand tiempo, et por los grandes fechos et sennalados que contescien en el departimiento dellas. E de tales acaescimientos granados auinieran ya cinco ante dest anno en que el Nuestro Sennor nascio, et por ende eran passadas cinco edades; ca en el comienço de la primera, fue criado el mundo et Adam fecho; e en el de la segunda, fue el diluuio de Noe et la grand archa en que escapo; en el de la tercera, que se aparto yent a llamar un Dios et a circumcidar se, et esto en Abraam; en el de la quarta, que ouieron rey por ungimiento et consagrado, et este fue el rey Dauid; en el de la quinta, que fue catiuada toda una yente et la su tierra yerma et el regnado perdudo, et esto en el rey Sedechias; et en el comienço de la sexta, que pario Sancta Maria que fue uirgen ante que pariesse et pariendo et depues, que fue una de las mayores marauillas que pudiessen seer. Mas del comienço desta sexta edat departen en muchas maneras los que fizieron las estorias et algunos de los otros sabios; ca los unos dizen que se començo el dia que Nuestro Sennor nascio; otros, el dia que fue bateado, et esto por la fuerça que el puso entonce en las aguas quando se bateo en ellas, que les dio poder de fazer a nos nascer otra uegada et de destroyr el peccado original con que todos nascemos, que heredamos de Adam, et perdemos lo en el baptismo; otros, que se començo en el dia de la su passion por que entonce fue abierta la puerta del cielo pora los que meresciessen yr alla. Mas cuemo quier que digan los unos et los otros, todos los mas acuerdan que se començo esta sexta edat en el dia de la nascencia de Nuestro Sennor, et dalli conto siempre la eglesia depues aca todos los fechos granados et las cosas que de contar ouo; e otrossi esta estoria daqui adelante todauia pone este cuento en los fechos de cada anno dessouno [6] con los otros que de suso oyestes. E sabet que

---

[6] *dessouno:* juntamente.

aqueste anno en que Nuestro Sennor Ihesu Cristo nascio et en que se començo la sexta edat, fue a cinco mil et nouaenta et nueue annos que el mundo fue criado et Adam fecho et se començo la primera edat, e a dos mil et dozientos et cinquaenta et cinco que fuera el diluuio et escapara Noe en ell archa, e a mil et nueuecientos et ochaenta et tres dell apartamiento de la ley que se començo en la circumcision de Abraham, e a nueuecientos et quarenta et tres que el rey Dauid començo a regnar, e a quatrocientos et sessaenta et nueue que el rey Sedechias fue leuado catiuo a Babilonna con todo el pueblo de Israel et se començo la quinta edat, e del regno de Octauiano et de Herodes et de la era a [7] tantos cuemo dessuso oyestes en el comienço deste capitulo.

157. Dell imperio de Tiberio Cesar et luego de los fechos que acaecieron en el primer anno [1]

A aquella misma sazon que murio Octauiano Augusto, finco Tiberio Cesar sin toda contienda por sennor de tod el mundo; e esto por dos razones: la una, por que era su sobrino, fijo de su hermana; et lo auie el porfijado et fecho heredero; la otra, por que regnara ya con el doze annos dessouno et estaua cuemo apoderado de los sennorios de todas las tierras. E regno Tiberio ueynt et tres annos; e ell primer anno del su emperio fue a sietecientos et sessaenta et sex annos de la puebla de Roma, quando andaua la era en cinquaenta et quatro, e ell anno de Nuestro Sennor en dizeseys, e el regno de Herodes Tetrarcha en uno. E auino assi aquell anno, que est emperador Tiberio luego en començo del su regno mostrosse por muy mesurado, assi que non se mostraua mas por sennor que qualquier de los otros omnes, e de muchas onras quel querien fazer las yentes, no recibie si no muy pocas et muy pequennas: no querie quel llamassen emperador; llamauan lo los omnes «padre de la tierra», et deffendiege lo [2] el; no querie traer corona en la cabeça cuemo emperador, ni querie oir losenias en ninguna

---

[7] a: de auer.

---

[1] Para las fuentes, véase M. P., págs. xcii-iii; la antología de EE de Reinaldo Ayerbe-Chaux, notas 25 y 26, págs. 102-103.
[2] deffendiege lo: se lo prohibía.

guisa. Faziel un dia emienda de yaque [3] yerro un cauallero del linage de los consules, et por que finco los inoios ant el por le rogar quel perdonasse, fuxo contra tras [4] Tiberio tan espantado por la onra quel fazie aquel cauallero, que cayo despaldas en tierra. E sil uoluien algun falago en la razon quel dizien, no dubdaua de lo contradezir luego et de meter otra razon en medio. E quando algunos en la cibdat dizien mal del ol assacauan [5] algunas nueuas malas o fazien alguna mala cantiga del o de los suyos, no auie el cuydado ninguno ni les fazie mal por ende; ante dizie que en la cibdat liure, liures deuien seer las lenguas et las uoluntades de los omnes pora dezir lo que quisiessen. En llamar et onrar a todos passaua manera domne, tanto los llamaua onradamientre. Numqua entraua en la corte sino sennero; et si dauan sentencia contra su uoluntad, numqua se querellaua ende. Siempre se leuantaua a los consules quando uinien, et quando los encontraua daua les la carrera [6]. E quando algunos adelantados le enuiauan dezir que echasse mayores pechos en las sus prouincias, respondieles el que el buen pastor tresquilar deuie el ganado, ca no comello. Amengo las espesas que fazien las yentes en los juegos et en los presentes que dauan, e mandoles que lo pusiessen todo en parar buenas cosas. A un senador, que era questor, tolliol aquella dignidat por que caso et desecho su mugier a tercer dia. Echo de la cibdat de Roma todos los adeuinos et los encantadores; et desi pidieronle mercet que los perdonasse, et prometieron le que numqua usassen daquellas artes, et perdonolos luego, et coio los [7] en la cibdat. En las batallas era muy fuerte cauallero. E por que amaua mucho el uino llamauan lo los joglares por escarnio por Tiberio Nero, «biberio mero», que quier dezir beuedor de uino. En uez de castigar los otros, cuemo princep deuie fazer, souo una uez dos dias et una noche encerrado con Ponpeyo Flaco et con Lucio Pison, que numqua al fizo sino comer y beuer con ellos; et estando alli, dio all uno la prouincia de Siria, et all otro fizo adelantado de Roma; e la dignidat de los questores diola una uegada a un estranno, et no la quiso dar a los que la merecien por linage. Auie siempre en costumbre de fazer a la cena sus questiones a sus maestros

[3] *yaque:* algún, un cierto.
[4] *contra tras:* hacia atrás.
[5] *ol assacauan:* o le achacaban.
[6] *daua les la carrera:* les daba la precedencia.
[7] *coio los:* los acogió.

de la licion que leye de dia; et Seleuco el gramatico sossa-
caua los priuados dell emperador, et dizien le en quales
libros leye cada dia, et cataua las questiones en ellos, et
respondiel much ayna por esta razon a lo quel el demandaua; e sopolo Tiberio, et echolo de su companna, et al
cabo fizol morir por ello. Mato un cauallero del linage de
los pretores porque leuo un pauon de su huerta. En quanto
el regno no passo dia ninguno, por fiesta que fuesse, en
que no matasse algun omne; deffendie que no llorassen los
parientes ni los amigos a los que el mataua. Quequier quel
dixiesse cada uno, todo lo creye; por qual yerro de palaura
que omne dixiesse, maguer fuesse muy pequenno, luego lo
iudgaua el de muerte. Un gramatigo leyo un dictado 'en que
dizie mal de Agamennon, et un escreuidor de estorias leyo
una estoria en que dizie que Bruto et Cassio fueran los
peores de todos los romanos, et fueron por ello acusados
ant el; et maguer que mostrauan que no fizieran ellos
aquellos escriptos, mas que auie dias que fueran fechos et
leydos ante Octauiano Agusto, no les ualio nada; ante los
metio en prision, et deffendio les que numqua estudiassen,
et que numqua fablassen. Una uez fizo llamar ante si a
pleyto una grand compañna de omnes; et una partida dellos,
por que sabien que morrien, mataron se en sus casas; e
los otros por tal de desfoyr [8] la desonra et ell enxeco [9] del
pleyto, beuieron poçon por tal de se matar. E Tiberio que
lo sopo, fizo atar las llagas a los feridos, et tales [10], medio
muertos, mando los echar todos en la carcel. A los que
querien morir no les dexaua, ca tenie que era muy ligero
tormiento la muerte; onde auino una uegada que quisiera
el matar a uno que auie nombre Carnullo, et matosse el
ante; e Tiberio que lo sopo, dixo con grand pesar: «Carnullo
me escapo.» Otra uez auino que uno que mandaua matar,
pidiol mercet que lo fiziesse matar ayna; e el respondiol:
«No eres aun mi amigo que te yo aquesso faga.» E sabet
que era Tiberio ancho de cuerpo, et muy ualiente, et era
luengo mas de quanto conuinie, et auie grand anchura en
los ombros et en los pechos, et de todos los otros miembros era egual et qual conuinie fasta en los pies. Auie mas
ligera et mas ualiente la mano siniestra que la diestra, e los
arteios de las manos muy firmes, assi que tomaua una grand

---

[8] *por tal de desfoyr:* con tal de evitar.

[9] *enxeco:* molestia.

[10] *tales:* así, tales como estaban.

maçana sana et uerde, et daual con la punta del dedo, et passaua la de part a part. Los oios auie muy grandes, et lo que es grand marauilla, auie los tan claros que ueye de noch a lo lobrego[11], mas no mucho. Traye siempre la ceruiz rezia et yerta, et auie la cara luenga et sonducha[12]. Las mas uezes siempre estaua callando, por que auie la fabla muy uagarosa, et por ende fablaua muy poco aun con sus amigos, et en fablando, fazie un gesto uagaroso con los dedos todo lleno de desden. No adolescio mas de una uez en todo so emperio. Trabaiauasse[13] mucho de aguero por que asmaua que todas las cosas uinien por auentura. Auie del trueno grand miedo sin mesura; cada que uey[14] el cielo annublado, numqua estarie sin corona de laurer en la cabeça, et esto por quel fazien entender que numqua el rayo firie en ramo de laurer. Estudiaua mucho en las siet artes; e era muy cobdicioso dauer, et con la grand cobdicia que auie de llegar tesoro, enuio por muchos reyes de muchas tierras, et fizo los uenir a Roma, et no los dexo yr ende[15] fasta quel dieron todo quanto sel quiso. E por que tolliera el regno de Judea a Archelao, en remembrança daquel fecho, mudo el nombre a Mazaca, que era la mas noble cibdat dalli, et llamola Cesarea del, que era llamado Cesar.

Desdel primer anno dell imperio de Tiberio Cesar fastal quinzeno no fallamos que ouiesse el de fazer ningunos fechos granados, tan assessegadol dexara su tio el sennorio del mundo; e por ende no cuentan las estorias ningunas cosas que conteciessen en aquellos annos, si no tanto[16] que fallamos que en aquel tiempo fue Josipo obispo de Judea, et est es el que llaman los euangelistas Cayphas. E entonce fizo Tiberio a Poncio Pilato adelantado de toda tierra de Judea; e aquella sazon poblo alli Herodes Tetrarcha una cibdat, et pusol nombre Tiberia del nombre de Tiberio por onra del. En aquel tiempo fue otrossi Lucillo un orebze muy sabio en su arte et muy sotil a grand marauilla, et ando tanto prouando las naturas de las cosas, que lauro el uidrio a martiello, assi cuemo se laura la plata o qualquiere otro metal,

---

[11] *a lo lobrego:* a oscuras.
[12] *sonducha:* hundida. Cfr. Vicente de Beauvais: «Incedebat ceruice rigida et obstipa abducto fere uulto» (*Speculum historiale,* libro VII, cap. III, pág. 222 del facsimilar de 1965).
[13] *trabaiauasse:* se interesaba.
[14] *cada que uey:* cada vez que veía.
[15] *ende:* de allí.
[16] *si no tanto:* excepto.

et fizo ende un uaso muy fremoso et muy sotil, et leuolo
all emperador Tiberio cuydando quel farie grand algo [17] por
tan noble arte cuemo sabie. Mas cuemo era Tiberio muy
cobdicioso et auie llegado muy grand tesoro, asmo entressi
mismo que si aquel metal tan noble et tan estranno aproue-
ciesse por el mundo, no ualdrie nada el su oro ni la su
plata, et perder sie [18] por esta razon el su grand tesoro; e
por ende llamo aquel maestro, et preguntol si fiziera numqua
otro uaso tal cuemo aquel, o si sabie en el mundo otro
maestro que sopiesse aquella obra; e el dixol que no. Entonce Tiberio mandol que desfizies el uaso et que lo fundiesse,
et desi fizo matar al maestro. A aquella sazon contescio
otrossi en Roma ell escarnio de Paulina, una duenna de
muy grand linage, que era muy fermosa a grand marauilla,
et enamorosse della un sennor de caualleros que auie nombre
Mundo; et no la podie auer por falagos ni por algo ni por
cosa quel prometiesse; e tanto andaua perdudo et coytado
por ende, que ouo assacar [19] un fecho much estranno; et
fuesse pora los sacerdotes del templo de Ysis et dioles tanto
de su auer quel otorgaron que farien quanto el quisiesse;
e el dixo les que fuessen a Paulina, et quel dixiessen que
el dios Anubis la uiera en el templo de Ysis, et mandaua
que fuesse uelar y aquella noche; ca tanto se pagara de la
su castidat, quel auie y a dezir en poridat algunas cosas.
E los sacerdotes fueron gelo dezir; et ella, quando lo oyo,
fue muy alegre, et dixo lo luego a su marido, mostrandol
que no podie seer que no obedeciesse al mandamiento de
dios; et el marido touo lo por bien. Et fue a uelar aquella
noche al templo de Ysis; e los sacerdotes guisaron que no
fincasse ninguno en el templo; e metieron a Mundo tras
ell altar; e Paulina enuio [20] a toda su companna, et ella
echosse en su cama muy buena que mandara fazer atendiendo
que uernie en suennos el dios a ella. E Mundo dexo passar
grand pieça de la noche por que se adormeciesse ella, ca
tenie que la engannarie ante [21] quando souiesse buelta en
suenno [22], et desi uistiosse las uestiduras del dios Anubis
et guisosse de lo semeiar lo mas que pudo, et fuesse pora

[17] *grand algo:* una gran recompensa.
[18] *perder sie:* se perdería. Para las perífrasis del futuro y del
condicional, véase M. P., *Gram.,* págs. 268 y 324-26.
[19] *ouo assacar:* tuvo que inventar, tramar.
[20] *enuio:* mandó a otra parte.
[21] *ante:* más bien, mejor.
[22] *souiesse buelta en suenno:* estuviera dormida.

o yazie Paulina, et fallola adormida, et començo la a abraçar et a besar; et despertosse luego, et preguntol quien era; et el dixol que Anubis. Ella touosse por bien auenturada por que la dennara uisitar, et pidiol merced quel dixiesse si se podien ayuntar dios et muger terrenal; e el diol exiemplo de cuemo Jupiter yogo con Almena, et de muchas otras que parieron dios, et della otrossi que dios auie de nascer. Entonce Paulina suffriel de fazer quanto sel quiso, et otro dia uinosse much alegre pora su marido, et dixol de cuemo yoguiera el dios con ella, et quel dixiera que auie a parir dios; et fue grand ell alegria del marido en el yerro que a su mugier contesciera. E desi auino assi un dia, que se fizo Mundo encontradizo a la duenna, et dixol: «Paulina, la bien auenturada, que merecist de yazer el dios Anubis contigo, aprende de dar tu cuerpo a los omnes cuemo fezist a los dios, ca los dios les dan lo que les tu neguest, et no tienen en desden de les dar sus figuras et sus nombres, bien cuemo fizo el dios Anubis que llamo a Mundo que yoguiesse contigo, et fizo te perder ueynte mil morauedis que te yo daua.» E quando aquello oyo Paulina, touosse por engannada et por escarnida, et dixolo a su marido; et el querellos all emperador. Et Tiberio, por uengar el escarnio de tan onrado cauallero, fizo prender todos los sacerdotes, et dalles penas fasta que dixieron la uerdat; et desi mandolos todos matar; e ell ydolo de Ysis fizolo echar en Tybre; et a Mundo diol uagar [23] tanto que fuxo de la tierra por que ell amor de la grand fremosura de la duenna ge lo fiziera fazer, et no era mucho de culpar [24]. E en quanto aquestas cosas contescien, ell emperador Tiberio con la gran cobdicia que en si auie, despechaua mucho las tierras; et por esta razon alçaron se muchas prouincias all imperio de Roma, de guisa que numqua despues fueron suyas [25].

---

[23] *diol uagar:* le dio el tiempo suficiente.

[24] Además de la fuente directa, Vicente de Beauvais, *Speculum historiale*, lib. VII, cap. 4, señalada por M. P. y por Ayerbe-Chaux (n. 1), cabe añadir el paralelismo entre el engaño de Mundo y el del «padre» de Alejandro, Neptanabo, con la reina Olimpias (véase en esta misma antología, *General Estoria*, Parte IV). Muy probablemente de la anécdota de Neptanabo se sirvió Josefo, quien relata el engaño de Mundo en *Antigüedades judaicas,* lib. XVIII, cap. 4 (Loeb, vol. IX, págs. 51-59).

[25] La descripción de Tiberio, bastante contradictoria, casi esquizofrénica, debe de atribuirse a la falta de amalgamación de las distintas fuentes.

183. *De los fechos del segundo anno* [1]

En el segundo anno, que fue a ochocientos et tres annos de la puebla de Roma, quando andaua la era en cient et diez, e ell anno de Nuestro Sennor en setaenta et dos, et el regno de Agripa en veynt et seys, auino assi que, Tito Cesar teniendo cercada a la cibdat de Iherusalem, destruyesse toda tierra de Judea: lo uno por los romanos, lo otro por guerras et por desauenencias que auien los de la tierra entressi. E los que estauan en Iherusalem encerrados eran partidos en tres uandos, et matauan se sin mesura los unos a los otros, lidiando de dia et de noche, et los romanos otrossi guerreauan los muy fuerte, assi que nunqua auien una ora de folgura los mezquinos; et matauan se ellos mismos entressi, et matauan los los estrannos, et eran muchos ademas los muertos, et grandes los arroyos de la sangre que corrien, tanto que finchien todos los logares, et andauan por las salidas mas ascondidas del templo. Et desta guisa murien todos los defendedores de la cibdat a fuego et a fierro et a fambre: no auie y ningun logar o periglo no ouiesse: no era ninguno poderoso [2] de foyr: a cada part auie grand miedo et grand roydo: emien los que estauan a muerte [3] et desesperauan los uiuos; assi que a derecho podrie omne llamar mezquinos a los que fincaran, et bien andantes los que murieran, et dezir contra Iherusalem: «¡Cuemo eres engannada, cibdat llena de pueblos, en te combater con tus armas mismas! a tu solies uencer sin armas, solies ferir sin lid todos los tus enemigos; los angeles lidiauan por ti, et las ondas del mar, la tierra que se abrie et soruie tus malquerientes, et los rayos del cielo que uinien et los matauan. Agora as fallado, catiua, lo que demandeste: sentiras que es uiuo Barabas et muerto Ihesu Cristo, ca en ti regna la desauenencia et es soterrada la paz por tal que [4] perezcas mas cruamientre que

---

[1] Para las fuentes, véase M. P., pág. xcvi. Y ahora la obra póstuma de María Rosa Lida de Malkiel, con comentarios muy atinados, *Jerusalén: El tema literario de su cerco y destrucción por los romanos*. Prefacio de Yakov Malkiel, Buenos Aires, Instituto de Filología y Literaturas Hispánicas, 1972, especialmente páginas 112-126.

[2] *poderoso*: capaz.

[3] *estauan a muerte*: estaban a punto de morir.

[4] *por tal que*: para que.

si te destruyessen los estrannos.» E sin falla assi era; ca por
los unquentos de los buenos olores et por ell encienço et
por las otras especias marauillosas et por las flores de muchas guisas que solien seer en el templo, estauan y los cuerpos de los omnes muertos por soterrar que desfiziera [5] ya la
lluuia et quemara el fuego, et escalentara et denegreciera
el sol; ca no auien ningunos uagar de los soterrar [6], et mayormientre a los que murien en el templo et por las plaças;
ca por la guerra que auien entressi, mayor cuydado auien de
matar et de ferir que no de soterrar. Pero auie entrellos
una grand companna de ladrones que firien muy de rezio
a los de las otras partes, et suffrien el fedor de los muertos
mas sin usgo [7] que toda la otra gente; et aquellos tomauan
los cuerpos et despennauan los de los adarues ayuso. E Tito,
el fijo de Vespasiano, que uio todas las cueuas et las car-
cauas de aderredor de la uilla llenas de muertos, et la sangre
que andaua a dessuso corriendo a todas partes, començo a
emer muy fuerte et a sospirar, et alço las manos contral
cielo, et dixo: «Sennor Dios, no deues tu a mi culpar por
este tan cruo fecho, ca yo de grado les quis todauia perdonar,
solamientre que [8] ellos no se matassen et me rogassen por
paz, e yo presto estaua por los guardar sanos et saluos, tanto
que [9] ellos dexassen la batalla.» Quando Tito esto dizie, estaua con el un judio que auie nombre Manneo, fijo de
Lazaro, et fuxiera de la uilla et uiniera se pora los romanos, et yuraua que por una puerta quel dieran a el en
guarda echaran fuera de la uilla quinze uezes mil muertos
et ochocientos et ochaenta mas; et estos de los que fueran
soterrados dell auer del comun, ca no entraua en esta cuenta
ninguno de los que soterrauan sus parientes. E este soterrar,
segun cuenta Egesipo [10], no era si no echar los cuerpos fuera
de la uilla por somo de los adarues. E muchos otros iudios
de grand logar [11], que fuxieran otrossi de la uilla et se
fueran pora Tito, dizien que sexcientas uezes mil iudios

---

[5] *desfiziera:* había deshecho.
[6] *no auien ningunos uagar de los soterrar:* no había nadie que
tuviera el tiempo (o la posibilidad) de soterrarlos.
[7] *usgo:* asco, repugnancia.
[8] *solamientre que:* con tal que.
[9] *tanto que:* con tal que.
[10] La fuente directa es Vicente de Beauvais, quien cita a Egesipo en *Speculum historiale,* lib. X, cap. 3 (y ss.): «Quae autem
sepultura nisi vt de muro deijcerentur cadauera?» (pág. 370).
[11] *de grand logar:* de alto linaje.

muertos fueran todos contados que echaran por las puertas de la cibdat; e los otros, que por la grand muchedumbre non pudieran seer echados, que eran tantos que no auien cuenta ninguna. E sabet que tan grand era el robo que fazien los malos en la cibdat et la fambre que suffrien, que todos quantos podien foyr, todos se passauan a los romanos. Et Tito Cesar mandara por todas sus huestes que les uendiessen quanto mester ouiessen, et que ninguno no fuesse osado de les fazer mal. E ningun judio en la uilla no era osado de tener oro ni auer ninguno sino los ladrones et los robadores, que andauan escodrinnando a todos, si gelo fallauan, matauan los por ello; e por ende los que fuyen a los romanos comien ell oro a pedaços, por tal que gelo no fallassen; et desque [12] fallauan que comer en la hueste, buscauan aquell oro entrell estiercol, et sacauan lo ende. E entendio aqueste fecho un assiriano, et desi duno en otro fueron sabiendo todos que aquel linage dombres presto era pora toda cobdiçia et apareiado pora todo enganno; et no auie cosa ninguna tan crua ni tan suzia que ouiessen uerguenna de la fazer por cobdicia dauer. E de los assirianos fueron lo sabiendo todos los de Arauia, que son gentes no menos cobdiciosas que los judios, et demas muy cruas et sin toda piadat; et dizien unos a otros: «Estos judios que salen de la uilla fartos estan de oro.» E contra derecho et contra ley et contra mandamiento del Cesar, que deffendiera que ninguno no les fiziesse mal, matauan dellos quantos podien auer; et no seyendo bien muertos, abrien los et catauan les si tenien oro en los uientres; assi que por esta razon mataron en una noche dos mil dellos. E otra malandança a menos desta [13] contescie a los judios que fuxieran a los romanos por que murien fascas [14] todos; e era esta: que ellos estando en la uilla, no auien ya que comer ninguna cosa, et auien ensangostadas las uenas et los logares por o an a yr las uiandas en los cuerpos, et ell uso del comer perdudo, et las quexadas enflaquecidas que no podien mascar, et la fambre crecie les todauia mas, et allegauan se todos sobre las uiandas tan rebatosamientre cuemo bestias fambrientas et sin entendimiento; e muchos y auie que, ueyendo los comeres, de gran alegria murien; los otros comien tanto, que gelo non podien soffrir los estomagos, et finchauan a manera de ydropigos,

---

[12] *desque:* tan pronto como, en cuanto, cuando.
[13] *a menos desta:* además de ésta.
[14] *fascas:* casi.

et murien. E algunos dellos escapauan por que comien poc
a poco fasta que eran tornados en ell uso del comer. Tan
fuert era la guerra de todas partes, que destruyeron los romanos una partida de las casas que estauan cercal templo,
et los judios destruyeron lo al guerreando entressi; et derri-
baron los portales, de guisa que se descubrio la faz del
templo. E fue la fambre tan esquiua, que se assechauan unos
a otros por se rebatar alguna cosa de comer; o era sospecha
que auie uianda, alli era la guerra, ca se matauan sobrello
los parientes et los amigos, escodrinnauan los muertos por
ueer si tenien escondido entre si algo que de comer fuesse,
andauan todos bocabiertos cuemo canes rauiosos dun logar
en otro con el grand quexo de la fambre; et quando no
fallauan otro conseio, tomauan los cueros et comien los, et
comien el calçado, et no auien uerguenna de lo toller de
los pies et lo leuar a la boca; e las paias uiejas que fueran
echadas en los muladares [15] grand tiempo auie [16], buscauan
las et cogien las con grand acucia; et los que las fallauan
tenien las por comer muy preciado. E sabet que auie aquella
sazon en la uilla una duenna de grand guisa [17], que auie
nombre Maria, et era de la tierra dallende del rio Jordan;
et al començamiento de la guerra uinierasse con todo lo suyo
pora Iherusalem por seer y mas segura, et como era muy
rica, troxiera grand algo; mas todo gelo auien robado aquellos cabdiellos de la nemiga, e si alguna cosa de comer auie
comprada por sus dineros, toda gela auien robada de las
manos; assi que todol auie fallecido et no tenie que comiesse,
et cuemo era mugier que fuera criada a grand uicio, no
podie comer las paias ni los cueros cruos et duros; et fuel
creciendo la fambre muy fuerte, de manera que perdie el
sentido. Et auie un fijo pequenno que mamaua; et ella,
cuemo no comie, no auie leche quel dar; et lloraua el ninno
por comer; e Maria, quando lo oye, quebraual el coraçon,
et non sabie que fiziesse de si ni del; e veyendo las grandes cruezas et las maldades que fazien los robadores, et
quexando la la gran rauia de la fambre, perdio el natural
amor que madre deuie auer contra fijo, et tornosse contral
ninno, et dixo: «¿Que te fare?, pequennuelo, ¿que te fare?
Todas las cosas de que estas cercado, todas son cruas: cer-

---

[15] *muladar:* «El lugar fuera de los muros de la villa o ciudad,
adonde se echa el estiércol y la basura» (Covarrubias).

[16] *grand tiempo auie:* desde hacía mucho tiempo.

[17] *grand guisa:* de alto linaje, rica.

cante la guerra et la fambre, el fuego et los ladrones et
otros muchos periglos; e pues que yo e de morir ¿a quien
te acomendare o cuemo te dexare a uida, cosa tan pequenna?
Yo atendia que creçries et gouernaries a mi cuemo a madre,
et que me soterraries quando muriesse; mas ¿que fare agora, mezquina? ca no ueo ningun ayuda por que yo ni tu
ueuir podemos ¿pora quien te guardare, o en que sepulcro
te escondre que te no coman los canes ni las aues ni las
bestias fieras; mas, dulces entrannas et miembros tan alegres,
ante que uos destruya la fambre de tod en todo, tornat me
lo que recibiestes de mi, et tornat uos en aquella camara
escondida en que recibiestes espirito de uida, ca en ella uos
esta guisada sepultura. Fijo, besar tê [18], et pues que te non
puedo mantener pora amor, auer tê pora lo que eres mester,
et combre [19] yo misma los mis miembros, et no por enfinta
mas con muessos de uerdat. Fiziemos fasta aqui lo que fue
de piedat, fagamos agora lo que nos conseia la fambre. E pero
el tu fecho es meior et mas de piadat que el mio, ca yo
deuia te criar cuemo madre et no matarte ni comerte como
bestia fiera; et tu que deuies seer criado, gouernaras [20] la tu
madre.» Depues que esto ouo dicho Maria, uoluio la cara a
otra parte, et degollo lo; et desque lo ouo degollado, fizo
lo puestas et metio lo al fuego a assar; et comio una partida
del et escondio lo al por que non gelo fallassen si sobreui-
niessen algunos. Mas la olor de la assadura llego a los cabdiellos que guardauan la uilla, et fueron por ell olor fasta
que llegaron a la casa, et entraron dentro, et amenazaron a
Maria de la matar por que fuera osada de comer, ellos estando ayunos, et por que les no fiziera parte del maniar
que auie fallado. E ella dixo les: «De lo que yo comi,
uuestra parte uos alce [21], no lo tengades en desden ca de
mis entrannas uos guise yo comer; et seed [22], ca luego uos
parare la mesa.» Desque ouo dicho esto, descubrio los miembros que tenie assados, et puso gelos delante que los co-
miessen, et dixo les: «Esta es la mi yantar, et he aqui uuestra
parte; parat bien mientes si uos enganne; he aqui ell
una mano del ninno, et he aqui ell un pie et la meatad de
tod ell otro cuerpo; et por que no cuydedes que es ageno,

---

[18] *besar tê:* besar te he (te besaré).
[19] *combre:* comeré.
[20] *gouernaras:* sostendrás.
[21] *alce:* aquí, «guardé».
[22] *seed:* sentaos (de *seer*).

ciertos seet que es mio fijo. Numqua me fuste, fijo, mas dulce. A ti he de gradecer por que so yo aun uiua; la tu dulçor mantouo la mi alma, et alongo a la tu madre mezquina el dia de la su muerte. Vinieron los que me querien matar, et oue de que[23] los conuidasse; et auer tan[24] ellos otrossi que gradecer, pues que comieron su parte.» Ella uio cuemo estauan espantados los iudios por aquel fecho tan estranno, et dixoles: «¿Que tardades o por que aborrecedes en uuestros coraçones tan sabroso maniar, o por que no comedes lo que comi yo, que era madre? Gostad, et ueredes que dulce es el mi fijo; no querades seer mas piadosos que la madre ni mas flacos que la mugier. Tales comeres guise yo cuemo estos, mas uos me fiziestes por que yo de tal guisa yantasse. Duelo auia yo, mas uenciome la coyta.» Desque ella ouo esto dicho, fueron se luego aquellos que y uinieran; et fue assoora llena toda la uilla de las nueuas daquel peccado et daquella nemiga tamanna; e espantauanse todos et aborrecien de oyr fablar de tan estranno comer. E no se tardo mucho que lo sopieron los romanos, por razon que se fueron pora ellos muchos de los judios con espanto daquel fecho; e Tito Cesar que lo oyo, maldiziendo ell ensuziamiento daquella tierra malauenturada, alço las manos contra cielo, et començo a dezir: «A guerra uiniemos nos, et no lidiamos con omnes, mas con bestias fieras; e pero las bestias fieras aman sus fijos, et gouiernan los auiendo ellas grand fambre, et gouiernan se de las bestias estrannas, mas de las que son de su natura numqua quieren comer; e por ende aquesto es sobre toda crueldat de destroyr la madre et comer los miembros que ella pario. Limpio so yo daquest ensuziamiento, et por esso a ti me abaldono[25], cualquier Dios poderoso que en el cielo eres; ca, Sennor, bien sabes tu que mucho dessee yo la paz, e lo que no e uerguenna de dezir: yo, que era uencedor, los rogue muchas uezes que los queria perdonar. Mas ¿que faria a los que lidiauan contra mi et fazien grandes crueldades en los suyos?; ca muchas uezes nos rogaron ellos de somo de los adarues que los guerreassemos por que los no matassen los suyos tan cruamientre. E dexe yo muchas uezes las armas por les no fazer mal, et oue las luego a tomar con duelo dellos por los liurar de mucho mal que se fazien los unos a los otros, ca tanto que[26] yo

---

[23] *oue de que:* tuve de qué.

[24] *et auer tan* («te han»): y te tendrán.

[25] *abaldono:* encomiendo.

[26] *tanto que:* en cuanto; cuando.

llegaua con mis huestes a la uilla, auien ellos por fuerça a dexar la guerra que auien entre si, et a uenir contra nos.» E desque Tito ouo aquesto dicho, fizo llegar al muro que estaua antel templo los engennos que son llamados en latin *arietes,* que quier tanto dezir cuemo «carneros» —por que topan con el muro en la manera que los carneros suelen topar; et en espannol llaman los «bozones» por que los maderos con que fieren el muro son ferrados en somo una grand pieça et uan ferir muy de rezio a manera de madrazos— e desi fizo meter fuego al templo; et los judios, que lo uieron arder, fuxieron ende todos; et el Cesar mando poner las sennas de los romanos aderredor dell; et fizieron su sacrificio contra la puerta oriental, et llamauan todos a Tito a grandes uozes emperador. E los sacerdotes que morauan acerca del templo, con mengua que auien dagua et con la grand calentura del fuego que les ardie acerca, querien se perder de sed, et pidien mercet a los romanos que los dexassen a uida; e Tito Cesar mandolos todos matar, diziendo que de uil coraçon eran los sacerdotes que querien ueuir mas que su templo et su Dios. E a Johan et a Simon et a los otros cabdiellos de la guerra quel pidien mercet que los perdonasse, respondioles assi: «Omnes malos, tarde es ya este tiempo pora perdonar pues que no a fincado en la cibdat ninguna cosa que de guardar sea. Yo me uos offrecia con paz, et uos no la recibiestes: queria uos perdonar, et uos no me dexastes: yo alongaua la guerra, et uos me cometiestes della. E agora ya es el pueblo muerto, et el templo arde, pues uos ¿por que estades armados? Dexat las armas et dat uos por uencidos, et yo dexar uos e [27] uiuir; si no todos morredes.» E Tito Cesar, maguer que les era muy sannoso, no quebranto lo que auie puesto en su coraçon de les perdonar, parando mientes a la piadat et a la grand nobleza que el rey deue auer en si; et recibie todos quantos fuyen a el. E los romanos, tanto eran cansados de matar et enoiados de uender catiuos, que les plazie mucho de los dexar a uida. Muchos auie y de uender, mas pocos eran los compradores; et esto era por que los romanos no querien auer sieruos judios, tanto los tenien por uiles; e dellos no auien escapado ningunos que los pudiessen quitar. Pero algunos ouo y que los comprauan treynta por un dinero; et a este precio fueron uendidos muchos dellos. E segund cuentan

---

[27] *dexar uos e:* os dejaré.

Josepho et Egesippo [28] fueron por todos los que murieron en toda aquella cerca de la cibdat de Iherusalem mil uezes cient mil, e los catiuos fueron nouaenta et siete uezes mil. E estauan a aquella sazon tantos iudios ayuntados en Iherusalem por que uinieran a la fiesta de los panes cencennos; et auien por ley a ayuntar se y entonce todas las gentes de tierra de Judea. E fizo Thito quemar toda la cibdat en ell ochauo dia del mes de abril, et desi destruyola toda. E el Nuestro Sennor Dios quiso que fuesse este destruimiento en los dias daquella fiesta, por que en aquella sazon misma que ellos crucifigaran a Ihesu Cristo saluador del mundo, en essa fuessen destroydos: et cuemo el fuera uendido por treynta dineros, que assi diessen treynta dellos por un dinero. E alli fallecio por siempre el regno de los iudios segund prophetaran muchos de los sus prophetas et dixiera el Nuestro Sennor Ihesu Cristo en los sus euangelios.

366. *Del sennorio que los vuandalos et los silingos et los alanos et los sueuos ouieron en Espanna et del astragamiento que fizieron en ella* [1]

En la era de quatrocientos et cinquaenta et tres annos, quando andaua el regno de Gunderico, rey de los vuandalos, en dos, e el de Hermerico, rey de los sueuos, en ocho, e ell imperio de Honorio en diziocho, e el de Theodosio en cinco, regnando Resplendial en los alanos, entraron los vuandalos et los silingos et los alanos et los sueuos en Espanna. E segund cuentan Sant Esidro, arçobispo de Seuilla [2], et otros muchos sabios antigos en sus estorias, cuemo eran los barbaros gentes muy cruas et muy esquiuas, començaron a destroyr toda la tierra, et a matar todos los omnes et las mugieres que y fallauan, et a quemar las uillas et los castiellos et todas las aldeas, et a partir entre si muy cruamientre los aueres que podien auer daquellos que mataua; e a tan grand cueyta de fambre aduxieron a los moradores de la tierra,

[28] La fuente directa es Vicente de Beauvais, *Speculum historiale,* libro X, cap. 6, pág. 371.

[1] Para las fuentes, véase M. P., pág. cxvi; también, Ayerbe-Chaux, *EE,* nota 32, págs. 119-122.
[2] Véase *Las historias de los godos, vándalos y suevos de Isidoro de Sevilla,* edición de C. Rodríguez Alonso, León, 1975.

que prouauan ya de se comer unos a otros. E no abondaua aquesto a la crueza de los barbaros, et tomauan los canes et las otras bestias brauas que son duechas de comer los cuerpos muertos, et echauan las a los uiuos, et fazien ge los matar; e desta guisa era tormentada la mesquina de Espanna, et destroida de quatro maneras: la una a llagas de bestias fieras, la otra a fambre, la tercera a pestilencia, que murien los uiuos de la fedor de los muertos; la quarta a fierro, que los matauan los barbaros. E los vuandalos et los otros que uieron que toda la tierra enfermaua por la mortandat de los naturales, et que ya no se labraua ni leuaua pan ni otros fruytos ningunos, et que esto todo era su danno, ca adolecien bien cuemo los otros, et no auien que comer, ouieron duelo de si, pues que lo no auien de los de la tierra. E sobresto allegaron todos los naturales, et partieron las prouincias con ellos desta guisa: que los barbaros que fuessen sennores, et los otros que labrassen las tierras et que diessen sus pechos a los reyes. E desque esto fue assi auenido, partieron ellos entressi los sennorios de las prouincias. E tomaron los alanos porassi la prouincia de Luzenna, que es ell Algarue, et la de Carthagena. E los vuandalos que eran llamados silingos, tomaron la prouincia Betica, que es toda la ribera de Guadalqueuir, ca Betis llamauan entonce a aquel rio, et dende ouo nombre Baeça; e daquella sazon adelante fue aquella prouincia Betica llamada del nombre daquellos vuandalos, que la ouieron por suerte, *Vuandalia* en latin, que quiere tanto dezir cuemo Andaluzia en el lenguage castellano; e aun agora a un rio en aquella tierra que es llamado Silingo en latin del nombre daquellos vuandalos: en arauigo *Guadaxenil,* que quiere dezir tanto cuemo ell agua de los silingos. E los otros vuandalos ouieron tierra de Galizia. E los sueuos las marismas et la ribera del grand mar de occidente, et ouieron la una partida de Celtiberia, que es la prouincia de la ribera de Ebro que ua por las montannas fasta en la grand mar; e la otra partida de Celtiberia finco tan solamientre en poder de los romanos, et manteniela Costancio, patricio de qui a de suso fablado la estoria [3]. E desta guisa fue menuzado el sennorio dEspanna et partido entre gentes estrannas et crueles. E Gunderico, rey de los vuandalos, puso la siella del su regno en Gallizia, et regno y diziseys annos con uno que auie ya regnado. E Hermerico, rey de los sueuos, puso la suya en las maris-

---

[3] En los capítulos 364 y 365.

mas, et regno y treynta et dos annos con siete que auie ya regnados. E Resplendial, rey de los alanos, puso la suya en Carthagena et en Luzenna, et murio luego e alçaron ellos por rey otro que auie nombre Ataço. E los sueuos et los vuandalos biuien en paz et auien su regno cuemo en uno. Mas los alanos, que eran mas braua gente et mas esquiua, sennoreauan los a todos; e no les abondaua esto, ante començaron a guerrear et a correr muy de rezio la prouincia de ribera dEbro que mantenie Costancio patricio, porque aquella sola fincara en Espanna en poder de los romanos.

Desdel segundo anno del regno de Gunderico, rey de los vuandalos, fastall ochauo, e desdell ochauo de Hermerico, rey de los sueuos, fastal catorzeno, no fallamos que contesciesse en Espanna ninguna cosa granada que de contar sea, si no tanto [4] que guerreaua Ataço, el rey de los alanos, todauia quanto podie con Costancio patricio por ganar del la prouincia de ribera dEbro, et que apremiaua los vuandalos et los sueuos.

478. *De como Mahomat caso con la reyna Cadiga et de como torno muchas yentes a su ley por su predicacion* [1]

En aquel quinzeno anno en que el rey Recaredo murio, era ya Mahomat de edad de ueynticinco annos, et tomo por muger una que auie nombre Hadiga. Este Mahomat era omne fermoso et rezio et muy sabidor en las artes a que llaman magicas, e en aqueste tiempo era el ya uno de los mas sabios de Arauia et de Affrica. Este Mahomat otrossi uinie del linage de Ysmael, fijo de Abraham, assi como lo auemos ya contado ante desto en esta estoria [2], e començo de seer mercador, ca era omne pobre et lazrado, e yua muy amenudo con sus camellos a tierra de Egipto et de Palestina; et moraua alla con los judios et los cristianos que y auie una sazon dell anno, e mayormientre con un monge natural de Anthiochia, que auie nombre Johan, que tenie el por su amigo et era herege; e daquel monge malo aprendio el muchas cosas tan bien de la nueua ley como de la uieia pora deffender se contra los iudios et los cristiannos quando con

_____

[4] *si no tanto:* excepto.

_____

[1] Para las fuentes, véase M. P., pág. cxxvi.
[2] En el capítulo 466.

ellos departiesse, ca todo lo que aquel monge le demostraua, todo era contra Dios et contra la ley, et todo a manera de heregia. Ell andando con sus camellos, assi como dexiemos, de la una part a la otra cargados de especias et dotras cosas pora ganar y su cabdal et su logro, auinol assi una uez que ouo de entrar en la prouincia que dizien Corrozante. Desta prouincia era sennora una duenna que auie nombre Cadiga; esta Cadiga quandol uio mancebo tan grand et tan aguisado et fremoso et bien fablant, fue toda enamorada dell; e por auer razon de allegarse a ell et de fablar con el, fazie enfinta que cataua et ueye aquellas cosas que traye. Mohamat, quando aquello uio, começo de coytar la mucho et de costrennir la por sus coniuraciones et sus espiramientos que se el sabie, de guisa que lo non entendiesse ella, diziendol con tod esto que ell era Messias, el que los judios atendien que auie de uenir. Los judios, quando oyron et supieron aquello que el dizie, uinien se pora ell a compannas de cada logar, et aguardauan lo et creyen le de quanto les el dizie; otrossi los ysmaelitas et los alaraues uinien se pora ell, et acompannauan le et aguardauan le, ca tenien por marauilla lo quell oyen dezir et fazer. E el començaua les de predigar et de fazer enfintosamientre nueuas leys, e traye los en aquellas malas et descomulgadas leys otoridades de la uieia ley et de la nueua, e destruye el por esta guisa la ley de Nuestro Sennor Dios, assi que muchas uezes auien razon los cristianos et los iudios de desputar con los moros. E dio aquel Mahomat tal ley et tal mandamiento a aquellos que creyen lo que les dizie: que tod aquel que otra cosa predicasse nin dixiesse, si non aquello que el dizie, que luego le descabeçassen. A estos mandamientos descomulgados llaman oy en dia los moros por su arauigo *zoharas,* que quiere dezir «leys de Dios», e dizen et creen ellos por cierto que fue Mahomat mandadero de Dios, et que ge le enuio el pora demostrar les aquella su ley. Quando la reyna Cadiga uio que assil onrrauan yl aguardauan todos, cuedo ella en su coraçon que yazie en el escondido el poder de Dios, e por quel auie muy grand amor casssose con ell et tomol por marido; e dalli adelant fue Mahomat rico et poderoso et rey et sennor de tierra. Este Mahomat era mal dolient[3] duna emfermedad a que dizien *caduco morbo* et de epilesia, e acaescio assi un dia quel tomo aquella emfermedad et quel derribo en tierra. La reyna Cadiga quando lo uio ouo ende muy grand pesar;

---

[3] *era mal dolient:* sufría.

e pues que uio la emfermedad partida del, preguntol que dolencia era aquella tan mala et tan lixosa; e dixol Mahomat: «Amiga, non es emfermedad, mas el angel sant Gabriel es que uien a mi et fabla comigo demientre que yago en tierra; e por que nol puedo catar en derecho nin puedo sofrir su uista, tanto es claro et fremoso, por que so omne carnal, fallesce me ell spirito et cayo assi como ueedes por muerto en tierra.» Luego que estol ouo dicho trabaiosse por sus encantamientos et sus artes magicas, et con la ayuda del diablo por quien se el guiaua, de fazer antella assi como sennales et miraglos, e por que a las uezes se torna el diablo assi como diz la Escriptura en figura de angel de lux, entraua el diablo en ell a las uezes et faziel dezir algunas cosas daquellas que auien de uenir, e por esta manera le auien de creer las yentes de lo que les dizie. Despues desto passo ell a Espanna et fuesse pora Cordoua, et predigo y aquella su mala secta; e dizie les en su predicacion que Nuestro Sennor Ihesu Cristo que nasciera de uirgen por obra dell Spiritu Sancto, mas non que fuesse el Dios. Quando esto sopo el buen padre sant Esidro, que llegara estonces de la corte de Roma, enuio luego sus omnes a Cordoua quel prisiessen et ge le leuassen; mas el diablo apparescio a Mahomat, et dixol que se partiesse daquel logar; ell estonces saliosse de Cordoua et fuxo et passo allend mar, e predigo en Arauia et en Affrica, et enganno y et coffondio muchos pueblos ademas, assi como oy en dia ueedes, et tornolos a su creencia por que les prouaua et les afirmaua aquello que les dizie por la ley de los judios et de los cristianos. E aun dizie les, et fazie ge lo creer, que tod aquel que mata a su enemigo et aun aquell a que matan sus enemigos, que luego se ua derechamientre a parayso; e dizie les que el parayso era logar muy sabroso et muy delectoso de comer et de beuer, et que corrien por y tres rios: vno de uino, otro de miel, e otro de leche; e que auran los que y fueren mugeres escosas [4], non destas que son agora en este mundo, mas dotras que uernan despues, e auran otrossi complidamientre todas las cosas que cobdiciaren en sus coraçones. Mas agora dexamos aqui de fablar de Mahomat [...].

---

[4] *escosas:* vírgenes.

554. *De la fuerça que fue fecha a la fija o a la muger del cuende Julian, et de como se coniuro por ende con los moros* [1]

Costumbre era a aquella sazon de criar se los donzelles et las donzellas fijos de los altos omnes en el palacio del rey; e auie estonces entre las donzellas de la camara del rey una fija del cuende Julian, que era muy fremosa ademas. E el cuende Julian era un grand fidalgo, et uinie de grand linnage de partes de los godos, et era omne muy preciado en el palacio et bien prouado en armas; demas era cuende de los esparteros [2] et fuera parient et priuado del rey Vitiza, et era rico et bien heredero en el castiello de Consuegra et en la tierra de los marismas. Auino assi que ouo de yr este cuende Julian de que dezimos a tierra de Africa en mandaderia del rey Rodrigo; e ell estando alla en el mandado, tomol el rey Rodrigo aca la fija por fuerça, et yogol con ella; e ante desto fuera ya fablado que auie el de casar con ella, mas non casara aun. Algunos dizen que fue la muger et que ge la forço; mas pero destas dos qualquier que fuesse, desto se leuanto destroymiento de Espanna et de la Gallia Gothica. E el cuende Julian torno con el mandado en que fuera, et sopo luego aquella desonrra de la fija o de la muger, ca ella misma se ge lo descrubio; e maguer que ouo grand pesar, como era omne cuerdo et encubierto, fizo enfinta que non metie y mientes et que non daua por ello nada, et demostraua a las yentes semeiança de alegria; mas despues que ouo dicho todo su mandado en que fuera al rey, tomo su muger et fuesse sin espedirse, et desi en medio dell yuierno passo la mar et fuesse a Çepta, et dexo y la muger et ell auer, et fablo con los moros. Desi tornosse a Espanna et uinosse poral rey, et pidiol la fija, cal dixo que era la madre emferma et que auie sabor de ueerla et que aurie solaz con ella. El cuende tomo estonces la fija, et leuola et diola a la madre. En aquel tiempo tenie el cuende Julian por tierra la Ysla uerde, a la que dizen agora en arauigo Algeziratalhadra, e dalli fazie ell a los bar-

---

[1] Sobre las fuentes, véase M. P., pág. cxxi.
[2] *cuende de los esparteros*. M. P. en su edición reproduce una nota que indica que le llamaban así porque había mucho esparto en aquella tierra (cfr. *M. P.*, pág. 307, n.).

baros de Affrica grand guerra et grand danno en guissa
que auien del grand miedo. Esse anno salio Carlos Martel
de la prison en quel echara su madrastra, de noche por el
plazer de Dios, e trabaios luego de sacar de poder et mano
de Raginfredo su principado quel auie tomado por fuerça.
Esse anno otrossi fue Theodosio contrall emperador Anas-
tasio, et lidio con ell, et uenciol e tomol ell imperio por
fuerça, et fizo a ell ordenar clerigo de missa mal su grado;
et regno ell empos ell un anno [...].

555. *De la primera entrada que los moros*
      fizieron en Espanna [1]

Andados dos annos del regnado del rey Rodrigo, que fue
en la era de sietecientos et cinquaenta et un anno, quando
andaua ell anno de la Encarnacion en sietecientos et treze [2],
e el dell imperio de Theodosio en uno, a esta sazon auie
en Affrica un princep a que dizien Muça que tenie aquella
tierra de mano de Vlid amiramomelin [3]. Con este Muça ouo
el cuende Julian su aleuosia fablada, et prometiol quel darie
toda Espanna sil quisiesse creer. Este Muça era llamado por
sobrenombre Abenozayr; e quando oyo aquello que el cuende
Julian le dizie, ouo ende grand plazer, e fue muy alegre, ca
auie ya prouada la fortaleza del cuende en las contiendas
et en las faziendas que sus yentes ouieran con el. E Muça
enuio luego esto dezir a Vlit, que era amiramomelin de
Arauia. Vlit quando lo oyo, enuio deffender que solamientre [4] non passasse a Espanna, ca se temie quel podrie ende
uenir periglo; mas que enuiasse de su yente algunos pocos
por prouar si era uerdad lo que el cuende le dizie. Muça
enuio estonces con ell cuende uno que auie nombre Tarif, et
por sobrenombre Auenzarca, e diol cient caualleros et tre-
zientos peones; et passaron todos en quatro meses. Et esto
fue en el mes que dizen en arauigo *ramadan;* mas por que
los moros cuentan los meses por la luna por ende non podemos nos dezir el mes segund nuestro lenguage ciertamientre qual es. E esta fue la primera entrada que los moros
fizieron en Espanna, e aportaron aquen mar en la ysla que

---

[1] Para las fuentes, véase M. P., pág. cxxxi.
[2] La era española equivale a treinta y ocho años antes del nacimiento de Cristo.
[3] *amiramomelin:* emir.
[4] *solamientre:* en absoluto.

despues a aca ouo nombre Algezira Tharif del nombre daquel
Tarif. E alli estido el cuende Julian con aquellos moros fasta
quel uinieron sus parientes et sus amigos et sus ayudadores
por que enuiara; e la primera corredura que fizieron fue en
Algeziratalhadra, et leuaron ende grand prea et grand robo,
et destroyronla et aun otros logares en las marismas. La mezquina de Espanna que desdel tiempo del rey Leouegildo estidiera en paz bien cient et cinquaenta annos, assi como
dixiemos, començosse estonces a destroyr et a sentir las pesti-
lencias que ouiera ya otra uez en el tiempo de los romanos.
El cuende Julian fizo estonces gran danno et gran mortandad
en la prouincia Bethica, que es tierra de Guadalquiuil, et en
la prouincia de Luzenna; et tornosse pora Muça con los
moros [...].

557. *De como los moros entraron en Espanna la tercera
      uez et de como fue perdudo el rey Rodrigo*[1]

Muça, fiandosse ya en el cuende, dio a Tharif et a ell una
hueste muy mayor que la primera, et enuiolos de cabo a
Espanna. E retouo estonces Muça consigo al cuende Riccila
de Taniar, et nol quiso enuiar con ellos, ca se temie del que
si uiniesse y que farie alguna cosa que non deuie, por que
era omne artero et reboltoso. Tarif et el cuende Julian arri-
baron en Espanna et começaron de destroyr la prouincia
Bethica, esta es Guadalquiuil, et la de Luzenna. El rey Rodrigo quando lo sopo, ayunto todos los godos que con ell
eran; et fue mucho atreuudamientre contra ellos, et fallolos
en el rio que dizen Guadalet, que es acerca de la cibdad de
Assidonna, la que agora dizen Xerez. E los cristianos estauan aquend el rio et los moros allende, pero algunos dizen
que fue esta batalla en el campo de Sangonera, que es entre
Murcia et Lorca. El rey Rodrigo andaua con su corona doro
en la cabeça et uestido de pannos de peso et en un lecho
de marfil que leuauan dos mulos, ca assi era estonces costumbre de andar los reys de los godos. Desi començaron la
fazienda et duro ocho dias que nunqua fizieron fin de lidiar
dell un domingo fastal otro; e moriron y de la hueste de
Tharif bien seze mil omnes; mas el cuende Julian et los
godos que andauan con el lidiaron tan fieramientre que
crebantaron las azes de los cristianos. E los cristianos por

---

[1] Para las fuentes, *M. P.*, pág. cxxxii.

que estauan folgados et desacostumbrados darmas por la
grand paz que ouieran, tornaron todos flacos et uiles et non
pudieron sofrir la batalla, et tornaron les las espaldas et
fuxieron. E esto fue onze dias del mes que dizen en arauigo
xauel. Los dos fijos de Vitiza que se yuraran con el cuende
Julian estidieron estonces con el rey Rodrigo en aquella batalla, ell uno de la parte diestra, et ell otro de la siniestra,
et acabdellauan las azes; e dizen que la noche dantes que fa-
blaran ellos con Tarif et que ouieron con el su conseio et
pusieron [2] con el que non lidiassen nin ayudassen a los cristianos; e luego que ellos non lidiassen que se uençrien los
cristianos, et que el rey Rodrigo, como era omne coraioso,
que se dexarie antes matar que foyr; ca ellos asmauan que
pues que el rey fuesse muerto que podrien ellos cobrar el
regno de su padre que auien perdudo, ca non cuedauan que
los moros pudiessen retener la tierra aunque quisiessen; e por
ende desque la batalla fue mezclada [3], dieron se ellos a foyr,
ca assi lo pusieran con Tarif, et prometiera les el que les
farie cobrar quanto fuera de su padre. Dizen que en la hueste
de los cristianos que fueron mas de cient mill omnes darmas,
mas eran lassos et flacos, ca dos annos auien passados en
grand pestilencia de fambre et de mortandad, e la gracia de
Dios auie se arredrada et alongada [4] dellos et auie tollido el
su poder et el su deffendimiento de los omnes de Espanna,
assi que la yente de los godos que siempre fue uencedor et
noble et que conquerira toda Asia et Europa et uenciera a los
vuandalos et los echara de tierra et les fiziera passar la mar
quando ellos conqueriron toda Africa, assi como dixiemos
ya, aquella yente tan poderosa et tan onrrada fue essora to-
ruada et crebantada por poder de los alaraues. El rey Rodrigo
estaua muy fuert et sufrie bien la batalla; mas las manos de
los godos que solien seer fuertes et poderosas, eran encoruadas [5] alli et encogidas; e los godos que solien uerter la sangre
de los otros, perdieron ellos alli la suya, en poder de sus
enemigos. El cuende Julian esforçaua los godos que con ell
andauan, et los moros otrossi, et que lidiassen todos bien de
rezio; e la batalla seyendo ya como desbaratada, et yaziendo
muchos muertos de la una parte et de la otra, et las azes de
los cristianos otrossi bueltas et esparzudas, e el rey Rodrigo

[2] *pusieron*: acordaron.
[3] *mezclada*: iniciada.
[4] *auie se arredrada et alongada*: se había apartado y alejado.
[5] *encoruadas*: dobladas (por haber perdido su habilidad usual).

a las uezes fuyendo a las uezes tornando, sufrio alli grand tiempo la batalla; mas los cristianos lidiando, et seyendo ya los mas dellos muertos et los otros fuydos e dellos fuyendo, non sabe omne que fue de fecho del rey Rodrigo en este medio; pero la corona et los uestidos et la nobleza real et los çapatos de oro et de piedras preciosas et el su cauallo a que dizien Orella fueron fallados en un tremedal cabo del rio Guadalet sin el cuerpo. Pero diz aqui don Lucas de Thuy [6] que cueda que murio alli lidiando mas non que ciertamientre lo sopiesse el, et por ende lo pon en dubda. E dalli adelante nunqua sopieron mas que se fizo, si non que despues a tiempo en la cibdad de Viseo en tierra de Portogal fue fallado un luziello en que seye escripto: «aqui yaze el rey Rodrigo, el postrimero rey de los godos» [7]. Maldita sea la sanna del traydor Julian, ca mucho fue perseuerada; maldita sea la su yra, ca mucho fue dura et mala, ca sandio fue el con su rauia et coraioso con su incha, antuuiado con su locura, oblidado de lealdad, desacordado de la ley, despreciador de Dios, cruel en si mismo, matador de su sennor, enemigo de su casa, destroydor de su tierra, culpado et aleuoso et traydor contra todos los suyos; amargo es el su nombre en la boca de quil nombra; duelo et pesar faze la su remenbrança en el coraçon daquel quel emienta, e el su nombre siempre sera maldito de quantos del fablaren.

558.   *Del loor de Espanna como es complida de todos bienes* [1]

Pues que el rey Rodrigo et los cristianos fueron uençudos et muertos, la muy noble yente de los godos que muchas ba-

---

[6] Lucas de Tuy, *Crónica de España,* pág. 269.
[7] Cfr. Lucas de Tuy, pág. 269; Ximénez de Rada, vol. III, capítulo 20, pág. 67.

---

[1] Sobre el tópico de la alabanza de España existe mucha literatura. Además del Toledano, citado por M. P. (pág. cxxxii), véase San Isidoro, *Historia Gothorum* en la edición crítica y traducción de Cristóbal Rodríguez Alonso, *Las historias de los Godos, Vándalos y Suevos de Isidoro de Sevilla,* León, 1975, págs. 168-171; Lucas de Tuy, *Crónica de España,* edición de Julio Puyol; José Antonio Maravall, *El concepto de España en la Edad Media,* Madrid, 1964, págs. 17-27 (y notas bibliográficas); la nota 60 de Ayerbe-Chaux (pág. 202 de su antología de *EE); José Jiménez Delgado, «El *Laus Hispaniae* en dos importantes códices españoles», *Helmantica* (Salamanca), 12 (1961), 227-259.

tallas crebantara et abaxara muchos regnos fue estonces crebantada et abaxada, et las sus preciadas sennas abatidas. Los
godos que conqueriran Scicia, Ponto, Asia, Grecia, Macedonia, Illirico et las robaron et las desgastaron, e aun las sus
mugieres dellos, que uencieron et metieron so el su sennorio
toda tierra de orient e prisieron en batalla a aquel grand
Ciro rey de Babilonna, de Siria, de Media et de Yrcania [2], yl
mataron en un odre lleno de sangre; aquella yente a la que
los de Roma que eran sennores de toda la tierra fincaron
los ynoios connosciendo se les por uençudos, e la de quien
ell emperador Valent fue quemado en un fuego, e a la que
aquel grand Athila rey de los vgnos connoscio sennorio en la
batalla de los campos Cathalanos, e a quien los alanos fuyendo tierra de Ongria, e a quien dessampararon los vuandalos las Gallias fuyendo; la yente que con sus batallas espan-
tara tod el mundo assi como el grand tronido espanta los
omnes; aquella yente de los godos tan briosa et tan preciada
estonces, la aterro en una batalla el poder de Mahomat el
reuellado que se alçara aun tanto como ell otro dia. Todos
deuen por esto aprender que no se deua ninguno preciar:
nin el rico en riqueza, nin el poderoso en su poderio, nin el
fuert en su fortaleza, nin el sabio en su saber, nin ell alto
en su alteza, nin en su bien; mas quien se quisiere preciar,
preciese en seruir a Dios, ca el fiere et pon melezina, ell
llaga et el sanna, ca toda la tierra suya es; e todos pueblos
et todas las yentes, los regnos, los lenguages, todos se mudan et se camian, mas Dios criador de todo siempre dura et
esta en un estado. E cada una tierra de las del mundo et a
cada prouincia onrro Dios en sennas guisas [3], et dio su don;
mas entre todas las tierras que ell onrro mas, Espanna la de
occidente fue; ca a esta abasto el de todas aquellas cosas que
omne suel cobdiciar. Ca desde que los godos andidieron por
las tierras de la una part et de la otra prouandolas por guerras
et por batallas et conquiriendo muchos logares en las prouincias de Asia et de Europa, assi como dixiemos, prouando muchas moradas en cada logar et catando bien et escogiendo
entre todas las tierras el mas prouechoso logar, fallaron que
Espanna era el meior de todos, et muchol preciaron mas que
a ninguno de los otros, ca entre todas las tierras del mundo

---

[2] *Yrcania:* «Región del Asia antigua en la costa sudeste del mar
Caspio» (E. Zerolo, *Diccionario Enciclopédico de la lengua castellana*).

[3] *en sennas guisas:* a cada una según su conveniencia.

Espanna a una estremança de abondamiento et de bondad
mas que otra tierra ninguna. Demas es cerrada toda en derredor: dell un cabo de los montes Pireneos que llegan fasta la
mar, de la otra parte del mar Occeano, de la otra del mar
Tirreno. Demas es en esta Espanna la Gallia Gothica que es
la prouincia de Narbona dessouno con las cibdades Rodes,
Albia et Beders [4], que en el tiempo de los godos pertenescien
a esta misma prouincia. Otrossi en Affrica auie una prouincia
sennora de diez cibdades que fue llamada Tingintana [5], que
era so el sennorio de los godos assi como todas estas otras.
Pues esta Espanna que dezimos tal es como el parayso de
Dios, ca riega se con cinco rios cabdales que son Ebro, Duero, Taio, Guadalquiuil, Guadiana; e cada uno dellos tiene
entre si et ell otro grandes montannas et tierras; e los ualles
et los llanos son grandes et anchos, et por la bondad de la
tierra et ell humor de los rios lieuan muchos fructos et son
abondados. Espanna la mayor parte della se riega de arroyos
et de fuentes, et nunqual minguan poços cada logar o los a
mester. Espanna es abondada de miesses, deleytosa de fructas,
viciosa de pescados, sabrosa de leche et de todas las cosas
que se della fazen; lena de uenados et de caça, cubierta de
ganados, loçana de cauallos, prouechosa de mulos, segura et
bastida de castiellos, alegre por buenos uinos, ffolgada de
abondamiento de pan; rica de metales, de plomo, de estan-
no, de argent uiuo [6], de fierro, de arambre, de plata, de oro,
de piedras preciosas, de toda manera de piedra marmol, de
sales de mar et de salinas de tierra et de sal en pennas, et
dotros mineros muchos: azul [7], almagra, greda [8], alumbre [9] et
otros muchos de quantos se fallan en otras tierras; briosa de
sirgo [10] et de quanto se faze del, dulce de miel et de açucar,
alumbrada de cera, complida de olio, alegre de açafran. Espanna sobre todas es engennosa, atreuuda et mucho esforçada

---

[4] *Rodes, Albia, Beders:* Rodez, Albí, Beziers.
[5] *Tingintana:* Tingitania, «parte occidental de la Mauritania,
llamada así de Tingis, su capital, hoy imperio de Marruecos» (E. Zerolo, *Dicc. encicl. lengua cast.*).
[6] *argent uiuo:* mercurio.
[7] *azul:* «piedra así llamada de color azul» («Dicc. Med.», Universidad de Wisconsin).
[8] *greda:* «arcilla arenosa, por lo común de color blanco azula-
do» *(Dicc. Ac.).*
[9] *alumbre:* «sal que resulta de la combinación del ácido sulfú-
rico con la alúmina y la potasa» («Dicc. Med.», Univ. Wisconsin).
[10] *sirgo:* seda.

en lid, ligera en affan, leal al sennor, affincada en estudio, palaciana en palabra, complida de todo bien; non a tierra en el mundo que la semeie en abondança, nin se eguale ninguna a ella en fortalezas et pocas a en el mundo tan grandes como ella. Espanna sobre todas es adelantada en grandez et mas que todas preciada por lealdad. ¡Ay Espanna! non a lengua nin engenno que pueda contar tu bien. Sin los rios cabdales que dixiemos de suso, muchos otros ay que en su cabo entran en la mar non perdiendo el nombre, que son otrossi rios cabdales, assi como es Minno, que nasce et corre por Gallizia et entra en la mar; e deste rio lieua nombre aquella prouincia Minnea; e muchos otros rios que a en Gallizia et en Asturias et en Portogal et en ell Andaluzia et en Aragon et en Catalonna et en las otras partidas de Espanna que entran en su cabo en la mar. Otrossi Aluarrezen et Segura que nascen en essa misma sierra de Segura, que es en la prouincia de Toledo, et entran en el mar Tirreno, et Mondego en Portogal que non son nombrados aqui. Pues este regno tan noble, tan rico, tan poderoso, tan onrrado, fue derramado et astragado en una arremessa por desabenencia de los de la tierra que tornaron sus espadas en si mismos unos contra otros, assi como si les minguassen enemigos; et perdieron y todos, ca todas las cibdades de Espanna fueron presas de los moros et crebantadas et destroydas de mano de sus enemigos.

559. Del duello de los godos de Espanna et de la razon porque ella fue destroyda [1]

Pues que la batalla fue acabada desauenturadamientre et fueron todos muertos los unos et los otros —ca en uerdad non fincara ninguno de los cristianos en la tierra que a la batalla non uiniesse, que dell un cabo que dell otro, dellos en ayuda del rey Rodrigo, dellos del cuende Julian— finco toda la tierra uazia del pueblo, lena de sangre, bannada de lagrimas, conplida de appellidos, huespeda de los estrannos, enagenada de los uezinos, desamparada de los moradores, bibda et dessolada de sus fijos, coffonduda de los barbaros, esmedrida por la llaga, ffallida de fortaleza, filaca de fuerça, menguada de conort, et desolada de solaz de los suyos. Alli se renouaron

---

[1] Para la fuente, Toledano, III, cap. 22, págs. 69-71; cfr. M. P., página cxxii.

las mortandades del tiempo de Hercules, alli se refrescaron et podrescieron las llagas del tiempo de los vuandalos, de los alanos et de los sueuos que començaran ya a sanar. Espanna que en ell otro tiempo fuera llagada por la espada de los romanos, pues que guaresciera et cobrara por la melezina et la bondad de los godos, estonces era crebantada, pues que eran muertos et aterrados quantos ella criara. Oblidados le son los sus cantares, et el su lenguage ya tornado es en ageno et en palabra estranna. Los moros de la hueste todos uestidos del sirgo et de los pannos de color que ganaran, las riendas de los sus cauallos tales eran como de fuego, las sus caras dellos negras como la pez, el mas fremoso dellos era negro como la olla, assi luzien sus oios como candelas; el su cauallo dellos ligero como leopardo, e el su cauallero mucho mas cruel et mas dannoso que es el lobo en la grey de las oueias en la noche. La uil yente de los affricanos que se non solie preciar de fuerça nin de bondad, et todos sus fechos fazie con art et a enganno, et non se solien amparar si non pechando grandes riquezas et grand auer, essora era exaltada, ca crebanto en una ora mas ayna la nobleza de los godos que lo non podrie omne dezir por lengua. ¡Espanna mezquina! tanto fue la su muert coytada que solamientre non finco y ninguno qui la llante; laman la dolorida, ya mas muerta que uiua, et suena su uoz assi como dell otro sieglo, e sal la su palabra assi como de so tierra, e diz con la grand cueta: «Vos, omnes, que passades por la carrera, parad mientes et veed si a cueta nin dolor que se semeie con el mio.» Doloroso es el llanto, llorosos los alaridos, ca Espanna llora los sus fijos et non se puede conortar porque ya non son. Las sus casas et las sus moradas todas fincaron yermas et despobladas; la su onrra et el su prez tornado es en confusion, ca los sus fijos et los sus criados todos moriron a espada, los nobles et fijos dalgo cayeron en catiuo, los principes et los altos omnes ydos son en fonta et en denosto, e los buenos conbatientes perdieron se en estremo. Los que antes estauan libres, estonces eran tornados en sieruos; los que se preciauan de cauallleria, coruos andauan a labrar con reias et açadas; los uiciosos del comer non se abondauan de uil maniar; los que fueran criados en pannos de seda, non auien de que se crobir nin de tan uil uestidura en que ante non pornien ellos sus pies. Tan assoora fue la su cueta et el su destroymiento que non a toruellinno nin lluuia nin tempestad de mar a que lo omne pudiesse asmar. ¿Qual mal o qual tempestad non passo Espanna? Con los ninnos chicos de teta dieron a las paredes, a los moços mayores desfizieron con feridas, a los mancebos grandes metieronlos a espada, los ancianos et uieios de dias moriron en las batallas, et fueron todos acabados por guerra; los que eran ya pora onrrar et en cabo de sus dias echolos a mala fonta la crueleza de los moros; a las mezquinas de las mugieres guardauan las pora desonrrar las, e la su fermosura dellas era guardada pora su denosto. El que fue fuert et coraioso murio en batalla; el corredor et ligero de pies non guarescio a las saetas; las espadas et las otras armas de los godos perdonaron a los enemigos et tornaron se en sus parientes et en si mismos, ca non auie y ninguno qui los acorriesse nin departiesse unos dotros. ¿Quien me darie agua que toda mi cabeça fuesse ende bannada, e a mios oios fuentes que siempre manassen llagrimas por que llorasse et llanniesse² la perdida et la muerte de los de Espanna et la mezquindad et ell aterramiento de los godos? Aqui se remato la santidad et la religion de los obispos et de los sacerdotes; aqui quedo et minguo ell abondamiento de los clerigos que siruien las eglesias; aqui perescio ell entendimiento de los prelados et de los omnes de orden; aqui fallescio ell ensennamiento de la ley et de la sancta fe. Los padres et los sennores todos perescieron en uno; los santuarios fueron destroydos, las eglesias crebantadas; los logares que loauan a Dios con alegria, essora le denostauan yl maltrayen; las cruzes et los altares echaron de las eglesias; la crisma et los libros et las cosas que eran pora onrra de la cristiandat todo fue esparzudo et echado a mala part; las fiestas et las sollempnias, todas fueron oblidadas; la onrra de los santos et la beldad de la eglesia toda fue tornada en laydeza et en uiltança; las eglesias et las torres o solien loar a Dios, essora confessauan en ellas et llamauan a Mahomat; las uestimentas et los calzes et los otros uasos de los santuarios eran tornados en uso de mal, et enlixados de los descreydos. Toda la tierra desgastaron los enemigos, las casas hermaron, los omnes mataron, las cibdades quemaron, los arbores, las uinnas et quanto fallaron uerde cortaron. Tanto puio esta pestilencia et esta cueta que non finco en toda Espanna buena uilla nin cibdad o obispo ouiesse que non fuesse o quemada o derribada o retenida de moros; ca las cibdades que los alaraues non pudieron conquerir, engannaron las et conquiriron las por falsas pleytesias. Oppa, fijo del rey Egica, arçobispo que fue de Seuilla, andaua predigando a los cristianos

---

² llanniesse: de llañer, plañir.

que se tornassen con los moros et uisquiessen so ellos et les diessen tributo; e si por uentura ouiesse Dios dellos merced et acorriesse a la tierra, que darien ellos ayuda a los que acorriessen. Et por tal encubierta fueron los omnes engannados, e dieron los castiellos et las fortalezas de las uillas; et fincaron los cristianos mezclados con los alaraues, et aquellos ouieron nombre dalli adelante moçaraues por que uiuien de buelta con [3] ellos, e este nombre et el linnage dura oy en dia entre los toledanos. Los moros por este enganno prisieron toda la tierra; et pues que la ouieron en su poder, crebantaron toda la pleytesia et robaron las eglesias et los omnes, et leuaron todos los tesoros dellos et tod ell auer de la tierra, que non finco y nada sinon los obispos que fuxieron con las reliquias et se acogieron a las Asturias. Quanto mal sufrio aquella grand Babilonna, que fue la primera et la mayoral en todos los regnos del mundo, quando fue destroyda del rey Ciro et del rey Dario, si non tanto que el destroymiento de Babilonna dura por siempre et non moran y sinon bestias brauas et sierpes; e quanto mal sufrio Roma, que era sennora de todas las tierras, quando la priso et la destruxo Alarigo et despues Adaulpho reys de los godos, desi Genserico rey de los vuandalos; e quanto mal sufrio Iherusalem que segund la prophecia de Nuestro Sennor Ihesu Cristo fue derribada et quemada que non finco en ella piedra sobre piedra; e quanto mal sufrio aquella noble Cartago quando la priso et la quemo Scipion consul de Roma, dos tanto mal et mas que aqueste sufrio la mezquina de Espanna, ca en ella se ayuntaron todas estas cuitas et estas tribulaciones et aun mas desto, en guisa que non finco y ninguno que della ouiesse duelo. E digamos agora onde le uino esta cueta et este mal et por qual razon: Todos los omnes del mundo se forman et se assemeian a manera de su rey, e por ende los que fueron en tiempo del rey Vitiza et del rey Rodrigo, que fue el postrimero rey de los godos, et de los otros reys que fueron ante dellos et de quales algunos fueron alçados reys por aleue, algunos por traycion de muerte de sus hermanos o de sus parientes, non guardando la uerdad nin el derecho que deuieran y guardar por quexa de ganar el sennorio mal et torticieramientre como non deuien, por ende los otros omnes que fueron otrossi en sus tiempos dellos formaron se con ellos et semeiaron les en los peccados; e por esta razon auiuose la yra de Dios sobrellos, et desamparoles la tierra que les mantouiera et guardara

---

[3] *de buelta con:* en compañía de.

fasta alli, et tollio dellos la su gracia. E pero que Dios les sofrira en la heregia arriana desdel tiempo dell emperador Valent fastal tiempo del rey Recaredo, como dixiemos ya ante desto en la estoria [4], essora fue ya yrado por las nemigas de Vitiza et por las auolezas de los otros reys, et non les quiso mas sofrir nin los quiso mantener [...].

[4] Véase el capítulo 403.

General Estoria, Parte I

Aqui se comiença la General e Grand Estoria que el muy noble rey don Alfon, fijo del noble rey don Fernando e dela reyna donna Beatriz, mando fazer

PROLOGO

Natural cosa es de cobdiciar los om*n*es saber los fechos que acahescen en todos los tie*m*pos [1], tan bien enel tie*m*po que es passado, como en aquel en que estan, como enel otro que ha de uenir. Pero destos tres tie*m*pos non puede om*n*e seer cierto fueras da quel que es passado; ca si es del tie*m*po que ha de uenir, non pueden los om*n*es saber el comienço nin la fin delas cosas que y auernan, e por ende nonlo saben çierta mientre; et si es del tie*m*po en que estan, ma- guer saben los comienços delos fechos que enel se fazen, por que non pueden saber la fin qual sera tenemos que non lo saben *com*plida mientre.

Mas del tie*m*po passado, por que saben los comienços *e* los acabamientos delos fechos que y se fizieron, dezimos que al- cançan los om*n*es por este tie*m*po cierta mientre el saber delas cosas que fueron; onde por que el saber del tie*m*po que fue es cierto *e* no*n* delos otros dos tie*m*pos, assi como dixiemos, trabaiaron se los sabios om*n*es de meter en escripto los fe- chos que son passados pora auer reme*m*brança dellos, como si estonçes fuessen *e* quelo sopiessen los que auien de uenir assi como ellos. Et fizieron desto muchos libros, que son lla- mados estorias *e* gestas, en que contaron delos fechos de Dios, *e* delos prophetas, *e* delos sanctos, et otrosi delos reyes,

---

[1] Obsérvese cómo la *General Estoria* comienza con la famosa sentencia de Aristóteles (*Met.*, 980a, 21).

e delos altos om*n*es, *e* delas cauallerias [2], *e* delos pueblos; *e* dixieron la uerdat de todas las cosas *e* non quisieron nada encobrir, tan bien delos que fueron buenos como delos que fueron malos. Et esto fizieron, por que delos fechos delos buenos tomassen los om*n*es exe*m*plo pora fazer bien, et delos fechos delos malos que reçibiessen castigo por se saber guardar delo non fazer.

Onde por todas estas cosas yo don Alfonsso, por la gr*aci*a de Dios rey de Castiella, de Toledo, de Leon, de Gallizia, de Seuilla, de Cordoua, de Murcia, de Iahen *e* del Algarbe, fijo del muy noble rey don Fernando *e* dela muy noble reyna donna Beatriz, despues que oue fecho ayuntar muchos escriptos *e* muchas estorias delos fechos antiguos, escogi dellos los mas uerdaderos *e* los meiores que y sope; *e* fiz ende fazer este libro, *e* mande y poner todos los fechos sennalados tan bien delas estorias dela Biblia, como delas otras grandes cosas que acahesçieron por el mundo, desde que fue començado fastal nuestro tiempo [3].

[*Génesis,* Lib. I], XVI.   *Delos fechos dela musica*

Ivbal, ell otro fijo de Adda, hermano de padre *e* de madre deste Iabel, sallio om*n*e de natura de pagar se de sones *e* delas concordanças *e* delas dulçedu*m*bres dellos mas que de otra cosa; onde le llama Moysen enel quarto capitulo del Genesis [1] padre delos cantadores, ca este fallo primera mente la mahestria de la musica, que es ell arte del cantar *e* de fazer sones [2]. Onde fue ell primero que assaco çitolas, *e* uiyuelas, *e* farpas, e muchos otros estrumentos pora esto; *e* primera

---

[2] *caualleria:* de la clase de los caballeros.
[3] El plan aquí indicado no se realizó, ya que el fragmento inicial de la Parte VI de la *GE* sólo llega a la descripción de los padres de la Virgen.

---

[1] Cfr. *Gén.,* IV: 21.
[2] Solalinde observa en una nota al margen (en su ejemplar conservado en el Seminario de Estudios Medievales de la Universidad de Wisconsin, Madison): «Todo el capítulo parece deducido de estas palabras de Coméstor en [*Hist. Schol.*] *Gén.,* 28: 'Non instrumentorum quidem, quae longe post inventa fuerunt, sed inventor fuit musicae, id est consonatiarum, ut labor pastoralis quasi in delicias verteretur'» (Migne, v. 198, col. 1079a).
Pedro Coméstor, autor de *Historia Scholastica,* nació c. 1100 y murió c. 1169. Véase B. Smalley, *The Study of the Bible in the Middle Ages,* Nueva York, 1952, pág. 197.

mente guarniolos con sedas de bestias, fasta que buscando
mas en este saber fallo la manera delas cuerdas de los ganados, que se tiran mas e meior quelas sedas delas bestias, e
non crieban[3] tan ayna como ellas, e fazen mayores uozes e
meiores sones. Desi, los que uinieron despues trabaiaron se
ya mas, e assacaron las maneras delas cuerdas dela seda, que
son la flor delas uozes e delos sones enlos estrumentos que
con cuerdas de ganados se tannen; et despues, por esta razon, fueron fallados el salterio e los organos e otros estrumentos muchos.

Et Iabel, su hermano, quando uinie de sos ganados ala
puebla dela uilla e oye a Iubal, su hermano, tanner aquellos
estrumentos, auie ende grand sabor, e mesuro que algunas
alegrias de tales como aquellas, que buenas serien pora
toller tristeza alos sos pastores en los montes o andauan
conlos ganados, e que les darien alguna solaz e alegria, por
que sufriessen meior las lazerias que alli leuauan. Et rogo
asu hermano quel fiziesse algunos estrumentos donde[4] aquellos pora sos pastores, e diol de sos ganados carneros e
uacas; e Iubal prometiogelo e cumplio lo, e fizol pora ellos
albogues e albogones e mandurrias[5]. Desi, los pastores que
uinieron despues assacaron las pipas e otras cosas que fizieron de las cosas que los sos ganados criauan en las cabeças, que tannen e suenan muy bien por los montes; et
esto assi lo fazen aun agora.

[Lib. I], XVIII. *Delas ferrerias e delas orebzias
e pinturas de Tubalcaym*

Thubalcaym —hermano de Jabel e deste Iubal, fiios de
Sella, ell otra mugier de Lamec, segund cuenta Moysen
enel quarto capitulo del Genesis[1] e otros con el—, fue ferre-
ro en todas obras de cobre e de fierro e que labro muy
bien de martiello en todo metal. Onde, como dize assi
mahestre Pedro enla estoria[2] sobre este logar e otrossi Iose-

---

[3] *crieban* (inf. *crebar*): quiebran.
[4] En el ms. *B,* se lee la variante «como», que parece más apro-
piada aquí.
[5] *albogue:* instrumento musical de viento; *albogon:* albogue grande; *mandurria:* instrumento musical de cuerda.

---

[1] *Gén.,* IV: 22.
[2] Pedro Coméstor, *Hist. Schol., Gen.,* 28: «*Sella genuit Tubal-
cain,* qui ferrariam artem prius invenit, res bellicas prudenter exer-

pho enel segundo capitulo [3], este Thubalcaym fue el primero
que el arte de la ferrería *e* de labrar el fierro *e* los otros
metales fallo. *E* dize Iosepho que era Thubalcaym ell om*n*e
de toda aquella sazon que mas podie a manos [4], *e* como
labraua el fierro que assaco otrossi enel a fazer del armas
p*o*ra lidiar *e* ferir; *e* que fue om*n*e lidiador *e* ensenno
lidiar *e* fazer las armas pora ello apuesta mente. Et el començo otrossi primero a entallar los metales, *e* fazer en
ellos figuras enleuadas [5], *e* de otra guysa, e fallo lo desta
manera: sus hermanos Iabel *e* Iubal *e* otros delos setenta
e quatro de s*o*s hermanos *e* s*u*s conpannas andando por los
montes, Jabel con *so*s ganados *e* Jubal buscando maderos de
que fiziesse s*o*s estrumentos de musica, fallauan las seluas tan
espessas, com*m*o numqua andudieran aun om*n*es por y nin
cortaran y nada, que ante la espessedu*m*bre dellas non podien por y andar nin passar dun logar a otro; *e* ençendieron
los montes *e* tan grandes fueron los fuegos que ardio toda
la yerua, *e* desi los aruoles grandes todos, *e* aun la tierra
con ellos; et la calentura muy grand tanto entro por la
tierra a dentro *e* ayuso que fundio metales de uenas que
auie alli dellos, *e* tanto fuera la fuerça dela fundiçion que
torcieron los metales, et alli o quedaron *e* se quaiaron, tomaron ensi dela parte deyuso figuras de maderos *e* de piedras *e* de que quier que so si prisieron [6]. *E* estos de Caym
e los otros, que non sabien aun nada de razon de metales,

---

cuit, sculpturas operum in metallis in libidinem oculorum fabri-
cavit» (Migne, v. 198, col. 1079a).

[3] Josefo Flavio, *Antigüedades judaicas,* I, 64-66. Véase también
Lucas de Tuy, *Crónica de España,* pág. 16.

[4] Era el más fuerte, según dice Josefo (I, 64).

[5] *enleuar:* «el arte de alzar designios sobre la faz de una cosa»
(«Dicc. Med.», Wis.).

[6] Pedro Coméstor: «Quo fabricante Tubal, de quo dictum est
[poco antes, misma página], sono metallorum delectatus, ex pon-
deribus eorum proportiones, et consonantias eorum, quae ex eis
nascentur excogitavit, quam inventionem Graeci Pythagorae attri-
buunt fabulose, sicut et ex opere fructicum excogitavit operari, id
est sculpere in metallis. Cum enim fructices incendisset in pascuis,
venae metallorum fluxerunt in rivulos, et sublatae laminae figuras
locorum in quibus jacuerant, referebant» (Migne, v. 198,
col. 1079a). Sobre la confusión entre Jubal y Tubal en Coméstor,
véase Charles Faulhaber, *Latin Rhetorical Theory in the Thirteenth
and Fourteenth Century Castile,* Berkeley, Los Angeles, 1972,
página 78, n. 78. Compárese también con el relato en la *Estoria
de España* (cap. 3); y la *Crónica del moro Rasis,* edición de Diego

non tornauan cabeça[7] en ellos, e dexauan los; e tan mucho fue esto quelo sopo Thubalcaym[8], que obraua dellos, e uino a aquellos logares de los montes porol dizien que esto conteçie, e fallaua las pieças e las tablas delos metales que yazien por alli o se quaiauan. E quando las alçaua uio en ellas las sennales que parescien que tomaran so si delas cosas sobre que yazien, et ala semeiança de aquellas sennales assaco el ell entallar, e enleuar, e pintar.

[Lib. II], XXIII. *Delos terminos delas tres partes dela tierra*

Sabuda cosa es por razon e por natura, e los sabios assi lo mostraron por *sos* libros, que como el mundo es fecho redondo que otrossi es redonda la tierra[1]; e los sabios otrossi, pues quela razon della sopieron e el su assentamiento, departieron la en tres partes e a aquellas partes pusieron le estos tres *nombres*: Asia, Europa e Affrica, de quien diremos adelante donde fueron tomados e puestos a estas tierras, que tienen estos terminos, que aqui diremos a cada una los suyos.

Asia, segund dize Plinio, e Paulo Orosio, e el Libro delas Prouincias, e mahestre Galter enel Alexandre, tiene tamanno termino com*m*o las otras dos, que son Europa e Affrica, e aun algunos dizen que es mayor[2]. Et comiença se en orient,

Catalán y María Soledad de Andrés, *et al.* Seminario Menéndez Pidal, Madrid, Gredos, 1975, especialmente la nota 11 en la página LXXVII.

[7] *non tornauan cabeça:* no se interesaban.

[8] Cfr. Lucas de Tuy, *Crónica,* pág. 16.

[1] Como señala J. K. Wright, después del siglo v (a. C.), se aceptaba en general el concepto de la esfericidad de la tierra. Véase *The Geographical Lore of the Times of the Crusades: A Study in the History of Medieval Science and Tradition in Western Europe,* Nueva York, 1925, pág. 15.

[2] Véanse Plinio, *Hist. Nat.,* VI, 38-39; Orosio, *Hist.,* I, 2 (edición de Zangemeister, pág. 9 y ss.); Isidoro, *Etim.,* XIV, 22-23; Gautier de Châtillon, *Alexandreîs,* en Migne, v. 209, pág. 472 («pasaje a su vez tomado de Isidoro», anota Solalinde).

El «Libro de las Provincias» fue identificado por A. Solalinde y corresponde a los libros XIV y XV de las *Etimologías* de San Isidoro. Véase, «Fuentes de la *General Estoria* de Alfonso el Sabio: I. El *Libro de las Provincias,* o sea, Isidoro, *Etimologías,* XIV-XV. II. Identificación de Ramiro con las *Interpreta-*

e de como cata a occident tiene del su diestro fasta septentrion *e* de siniestro fasta medio dia, *e* de todas las partes de fuera aderredor encierra la ell Occeano, que es la grand mar que cerca toda la tierra. Et de parte de occidente atrauiessa por medio dela tierra, *e* tiene de septentrion, que es la part donde uiene el uiento cierço, fasta medio dia, donde nasce el uiento abrego.

Europa comiença en occident, *e* de como cata a orient de siniestro tiene fasta septentrion; de diestro comiença enel algarbe [3] de Espanna *e* enel mar de Caliz; *e* subiendo la tierra ariba contra orient como ua aquel mar Mediterraneo, que es el mar de medio delas tierras, tiene fasta medio dellas.

Affrica otrossi comiença enel so algarbe de occident enel mont Athlant *e* en el mar Athlantico, segund diz Orosio [4]; et como cata a orient tiene de diestro dalli fasta medio dia, *e* dell otra parte de como comiença en esse algarue, *e* otrossi enel mar de Caliz, yendo contra orient, sube fasta medio dela tierra, como Europa; mas, segund cuenta Plinio [5], non es tamanna de termino como Europa, *e* aun dize Plinio que muchos delos que fablaron destas tres partidas dela tierra que dixieron que Affrica una parte era de Europa, *e* non tercera parte del mundo por si.

Cerca estas dos tierras, Europa *e* Affrica, de parte de fuera a derredor, el mar Occeano, que dixiemos que cercaua otrossi a Asia dela su part. Parte a Asia *e* a Europa por medio dela tierra, començando lo en septentrion de comienço los

---

ciones Nominum Hebraicorum atribuidas a Remigio de Auxerre», *RFE,* 21 (1934), 1-28.

Particularmente cuando se cita a un grupo de autores y de obras, como en este caso, la información de la *GE* tiende a no ser fidedigna. Por ejemplo, Plinio dice específicamente que Europa es mucho más grande que ambas Asia y África (véase, *Hist. Nat.,* VI, 38); Beda, que no está citado, dice que Asia tiene el mismo tamaño que las otras tierras: «Asia magnitudine compar est aliis duabus» *(De temporibus liber,* en Migne, v. 90, página 275).

[3] *algarbe:* «oeste», equivale a «la parte árabe de occidente». Véase Karl Lokotsch, *Etymologisches Wörterbuch der Europäischen (Germanischen, Romanischen und Slawischen) Wörter Orientalischen Ursprungs,* Heidelberg, 1927, pág. 53.

[4] Véase Orosio, I, 2º: «ultimus autem finis eius est mons Athlans» (ed. Zangemeister, pág. 11).

[5] Véase Plinio, III, 38.

montes Rifeos [6], et dende yendo contra medio dela tierra el rio Thanays [7], e dende adelante la laguna Meotida [8], e dende como cayen aquestas aguas en el braço de Sant Iorge [9], et dalli como uan al mar Euxino [10], e dend a Costantinopla; e ua este mar e ayunta se con el de Caliz en medio de la tierra.

Parten a Europa e a Affrica el mar Mediterraneo assi como sale de occident, e sube entre Caliz e Cepta, e ua faziendo sos senos alas unas partes e alas otras, e sube fasta Acre [11] a parte de Iherusalem alli o se ayuntan con el el mar Euxin, entre Asia e Costantinopla, en medio de la tierra.

Parten a Asia de Affrica por medio dela tierra, como ua de aquella parte en derecho de somo de Europa a medio dia, los manaderos [12] dela fuent Nigris, que es el comienço del rio de Egipto a que dizen Nilo, segund departe Plinio e Lucano [13] e otros muchos sabios que fablan del; e dend adelante como ua este rio por estos tres braços: Astapo, Astobores e Astusapes [14]; e cogen estos tres braços entre si a amas las Egiptas la de suso e la deyuso, et otrossi amas las Ethiopias enlas riberas del, uiniendo delas partes de dentro fasta enlas riberas destos braços. E fallamos, segund lo retraye Plinio e el Libro delas Prouincias, que unos delos

---

[6] *Rifeos:* «son montes en el extremo de Alemania» (Isid., *Etim.,* XIV, 8: 8), Remigio de Auxerre: «Riphei montes sunt Scithiae ab impetu ventorum ita vocati» *(Commentum in Martianum Capellam,* II, pág. 157).

[7] *Thanays:* antiguo nombre del río Don.

[8] *Meotida:* Palus Meótide (hoy mar de Azor), golfo que forma el mar Negro.

[9] *braço de Sant Iorge:* Equivaldría al estrecho de los Dardanelos. Cfr. «Europe est une partie de la terre qui est d'Aisse la ou est li estrois dou Bras Saint Jorge et es parties de Costantinoble et de Grece» (pág. XLVII en la edición de A. Hilka, *Der altfranzösische Prosa-Alexanderroman nebst dem lateinischen Original der 'Historia de Preliis' Rezension J²*. Hall, Max Niemeyer, 1920).

[10] *mar Euxino:* antiguo nombre del mar Negro.

[11] *Acre:* actualmente en la provincia de Saida (Turquía).

[12] *manaderos:* manantiales.

[13] Plinio, V, 10. Con respecto a Lucano, observa Solalinde: «Lucano no cita el Nigris; el Nilo lo menciona muchísimas veces».

[14] Véase Plinio, V, 10. Más adelante en el libro V (caps. 7-8) de la Primera Parte de la *GE* hay una descripción más detallada del Nilo y «Delos tres braços del Nilo». También en la Parte V, donde se traduce el libro X de la *Farsalia,* de Lucano.

sabios que se trabaiaron de fablar delas [15] particiones dela tierra, que querien fazer estas tierras, los Egiptos e las Ethiopias que ençierra el Nilo, que fuessen por ssi quarta parte dela tierra [16], mas pero nos contamos las con Affrica; e desi como se ayuntan estos tres braços en uno e fazen un rio. E es dalli adelante el Nilo, e cae unado enel mar Bermeio, parte a Asia e a Affrica. Et desta guisa partieron los sabios la tierra toda en estas tres partes.

Et ouo Asia este nombre de vna duenna que fue sennora della aque llamaron otrossi por nombre Asia [17]; e a otrossi este nombre Asia apartada mente una tierra que yaze en aquella tercera parte de todo el mundo, como ueemos que es en Espanna que llaman Leon a todo el regno e Leon a una cibdat del, e assi es alli que dizen Asia a toda aquella tercera parte de toda la tierra, e Asia a una tierra della de muchas que ay; e es aquella tierra Asia aquella dond uinieron a desputar con Sant Esteuan [18].

Europa otrossi lieua este nombre de Europa, fija del rey Agenor e hermana de Cadmo, rey de Tebas, la que leuo robada el rey Jupiter en figura de thoro; mas aquella figura de toro estaua pintada en la naue en que uino el rey Jupiter quando la leuo e la robo; et puso por ende del nombre della a esta terçera parte del mundo, e dixol Europa como dizien a ella [19].

A Affrica dixieron otrossi este nombre dotra duenna que fue ende sennora e ouo este nombre; e es otrossi Affrica apartada mientre nombre de una tierra que es en esta tercera parte del mundo, e nombre de toda essa tercera parte como dixiemos quelo faze Asia.

Pero dizen otros que este nombre Affrica que fue tomado de affrico, que es por el uiento dessa parte. E Affrica a otrossi nombre Libia, e Libia por toda la tierra e por la tierra delas arenas apartada mientre [20] [...].

---

[15] *delas:* en Solalinde, «dela» por errata.
[16] Como anota Solalinde, esta información «no se encuentra en Isidoro ni en Plinio. Sobre la cuarta parte de la tierra, véase J. K. Wright, *The Geographical Lore, op. cit.,* pág. 157».
[17] Véase Isid., XIV, 3: 1.
[18] *Hechos de los Apóstoles,* 6: 9.
[19] Isid., XIV, 4: 1.
[20] Isid., XIV, 5: 1-2.

[Lib. III], III. *Delas pueblas de Tubal e delos suyos*

Thubal —segund la cuenta de Moysen—, el quinto fijo de Japhet, *e* las *sus* generationes poblaron las Espannas, segund dize Ysidro *e* Iheronimo *e* otros con ellos. *E* otrossi de como cuenta por si *e* por otros don Rodrigo, arçobispo de Toledo[1], de Tubal *e* delos suyos uinieron los espannoles *e* desta guisa: Los fijos de Thubal, pues que andudieron muchas tierras buscando logares buenos de puebla, *e* llegaron alas postremeras partidas de occidente, *e* uieron buenas tierras *e* buenos montes, *e* buenas aguas, *e* buenos assentamientos, *e* fincaron alli; *e* por lo que oyen dezir que acahesciera del diluuio, assentaron se luego enlos montes de Aspa a que llaman los montes Pireneos; *e* llaman se enla primeria[2] estas conpannas çetubales, de *cetus* que dizen enla nuestra gramatiga por *con*pannas, *e* de Tubal; onde çetubales quiere dezir tanto como *con*pannas de Tubal.

Despues desto, por poner ellos no*m*bre asu tierra, pararon mientes en una estrella de occident que paresce de quando se pone el sol, *e* por que esta estrella a no*m*bre Espero llamaron ellos a esta su tierra de Espanna, Esperia[3]. *E* este no*m*bre duro *e* dura aun en esta nuestra tierra quanto en el latin, mas desque uino el rey Espann pusol no*m*bre Espanna del su no*m*bre del, assi como lo auemos nos departido en la nuestra Estoria de Espanna enel comienço[4] [...].

[Lib. III], XII. *Del primero comienço dela uana creencia delos* omnes

Aquellos om*n*es que dixiemos[1] que assacaran primero manera de texer donde uistiessen, *e* labrar la tierra, *e* sembrar, *e* coger, *e* comer las carnes delas animalias, comença-

---

[1] Toledano, I, 3, quien cita a Isidoro y a Jerónimo: «Quintus autem filius Iaphet fuit Thubal, a quo Iberi, qui et Hispani (ut dicunt Isidorus et Hieronymus) processerunt». Sobre el legendario Túbal, véase María Rosa Lida de Malkiel, «Túbal, primer poblador de España», *Ábaco*, 3 (1970), 9-48; Robert B. Tate, *Ensayos sobre la historiografía peninsular del siglo XV*, versión española de J. Díaz, Madrid, Gredos, 1970, págs. 16 y ss.

[2] *enla primeria:* principalmente.

[3] Véase Toledano, *De rebus Hispaniae,* I, 5.

[4] *EE*, cap. II.

[1] En el capítulo anterior.

ron a mesurar enlas creaturas delas cosas pora acoger se a
alguna creencia; et catando ala tierra ueyen en ella piedras
claras, *e* fermosas *e* fuertes, *e* asmaron *e* dizien que alli era
dios, *e* baxauan se contra ellas [2] *e* orauan las; *e* enpos estos
todos, uinieron otros adelante que se uistieron ya meior, ca
texeron despues los pannos con mayor *e* meior mahestria
quelos otros dantes; et buscaron tinturas de colores de muchas guisas por tennir los *e* colorar los de otra guisa, sin
su color que auien natural; et por que non sabien aun fazer
casas nin las farien en cada logar, ca auien a andar de tierra
en tierra con s*u*s ganadiellos buscando les toda uia meiores
pastos, assacaron a fazer tiendas de pannos sobre puestos
en uaras *e* en maderos en que morassen, *e* salieron de las
choças, *e* morauan en tiendas que leuauan de logar en logar
con s*u*s ganados. E a estas tiendas dize en latin *magalia*, *e*
es *magale* casa pastoril, fascas de pastor, assi como diz Virgilio en el libro a que dizen Bucolica, o fabla el delos pastos
e delos ganados [3].

E estos om*n*es comieron ya las carnes *e* los pescados que
fallauan *e* matauan ellos o que podien prender; pero non
las cozien ca non sabien aun ende la natura, mas enxugauan
las a los grandes soles, *e* tanto lo secauan a ellos quelo
sacauan ya quanto [4] de la natura cruda, *e* lo demudauan en
otro sabor meior algun poco. E estos començaron ya a dexar
se de andar errados [5] por los montes *e* por los yermos tanto [6]
andauan antes, a manera de bestias saluages tomando oy
una mug*i*er *e* dexando la, *e* cras otra, *e* assi dend adelante
como las otras animalias [7]; *e* escogiendo los lugares que

---

[2] *baxauan se contra ellas:* se arrodillaban ante ellas.
[3] *magalia.* Comenta Solalinde: «Virg. no parece hablar en *Buc.*
de esto; las únicas citas en un índice (ed. Heymanc, Londres, 1819),
son *magalia* en *Aen.,* I, 245; IV, 259; *magalia* en *Georg.,* III, 340.
Sobre *magalia,* véase *Romania,* 1929, LV, 200»... En efecto, así
es respecto a Virgilio; pero es muy probable que la fuente sea
Eberhardus Bithunensis, autor de *Graecismus* (obra escrita en la
primera mitad del siglo XIII): «Afrorum lingua signare magalia
dicas / Pastorum caueas, et idem magalia signant» (XI, vv. 156-57,
página 98, edición de J. Wrobel, en *Corpus grammaticorum medii
aevi,* vol. I, Bratislavia, 1887).
[4] *ya quanto:* algo, en cierta medida.
[5] *errados:* perdidos.
[6] *tanto:* tanto como.
[7] Cfr. Godofredo de Viterbo: «Fuit olim tempus, cum magis
homines passim bestiarum more vagabantur, et sibi in victu fe-
rino vitam procurabant, nec ratione animi aliquid ministrabant.

ueyen buenos de heredades, e de montes, e de aguas, acogieron se a morar alli a logares dos casados, a logares tres, a
logares mas, segund que eran las anchuras e las bondades
de las moradas. E estos casaron ya e ouieron mugieres co-
nosçudas por que conosçiessen sus fijos, e labraron las heredades, e llantaron aruoles, e criaron e partieron lo entre
si por que sopiesse cada uno qual era la su tierra, e qual el
su frutero, e non uiniesse a contienda nin a pelea con su
pariente nin con su vezino.

Et estos o andauan alas lauores e por los montes conlos
ganados pararon mientes enlas yeruas e enlos aruoles, e uieron como crecien e se alçauan por si de tierra contral cielo,
e mesuraron en ello, e touieron que eran creaturas mas
llegadas a Dios que non las piedras, que yazien siempre
quedas e frias sin toda natura de alma, e nunca se mouien
nin calescien si non silas mouien o calentaua otri, nin
crescien nin florecien, nin leuauan [8] fruto de que se gouer-
nassen los omnes e las otras animalias, como lo fazien las
yeruas e los aruoles. Et muchos destos dexaron por estas
razones de aorar las piedras e aoraron las yeruas e los
aruoles.

[Lib. III], XIII.   *De como començaron los omnes a fazer
meiores casas, e de sus creencias*

Empos estos ançianos uinieron otros, e mesuraron ya mas
en las naturas, e en los poderes, e enlos estados delas cosas,
e en buscar, e en assacar meiores aposturas [1], e metieron
se a fazer casas de paredes de piedra manpuesta con lodo;
e fizieron unos estrumentos e fechuras como en maneras de
siellas, que echauan alas bestias que caualgauan, e en logar
de frenos —que non sabien aun fazer—, enfrenauan las con
belortos que les atauan a las bocas por quelas mandassen
meior.

E estos metieron mientes a todas las cosas a que orauan

Unde neque nuptias celebrabant, nec certos filios habebant...»
(*Pantheon*, Parte III, vol. II, ed. Pistorius, pág. 65b). Cicerón
habrá sido la fuente original. Véase *Artis rhetoricae Libri duo*,
edición de A. Weidner, Berlín, 1878, I: 2.

[8] *leuauan*. Solalinde: «leuanuan» por errata.

---

[1] *aposturas*: del latín «postis». «En la Edad Media tiene el
sentido de 'puntal, pilar' más cercano al latino» (Cor.).

los dantes dellos, e uieron que aquellas cosas que los sus antigos que aoraran, que todas eran creaturas que se leuantaron delos elementos e enellos se criauan e se mantenien[2], e non durauan luengo tiempo; e mesuraron como durauan mucho los elementos, como nascien dellos todas las otras creaturas e animalias de la tierra e del aer, e ellos las gastauan en cabo, e que este poder e esta natura quelos elementos auien que Dios gela diera mayor, e lo fiziera en ellos mas ala su semeiança que el poder nin la natura delas animalias e delas creaturas que non an razon, e que mas se llegaua este poder e esta natura a Dios que el delas otras creaturas que dixiemos, e por esta razon escomençaron estos —qui de comienço fizieron casas con piedras, e enfrenaron las bestias e las ensellaron—, a orar los elementos, et primera mente ell elemento dela tierra, a quien ueyen e sabien mas de su natura e de su poder que delos otros elementos.

E dizen quela meior cosa que Dios fiziera quela tierra era, por que todos los cuerpos delas cosas que nascien, e se criauan e crescien, salien dela tierra mas que de otro elemento e que mayor natura auien todos los cuerpos con la tierra que con otro elemento e se tornauan en ella e que ella los criaua e las gouernaua e las destruye, encabo que todos los cuerpos tornauan en ella e en ella fincauan, e por esta razon la aorauan.

Otros ouo y que estudieron ya mas despues en esta razon del aorar delos elementos, e iudgaron segund los sos aluedrios que era mas de aorar ell elemento dell agua que el dela tierra; e por estas razones que tenien que era mayor elemento quela tierra, e mas limpio, e tal que ninguna cosa temporal non la puede escusar, ca ell agua laua e alimpia e tiempra todas las cosas, e aoraron aquellos por estas razones all agua e non ala tierra.

Et enpos estos uinieron ya otros e dixieron que si por mayoria[3] fuesse, que mayor era ell elemento del ayre que el dela tierra e el del agua, e de mas que por este se alumbrauan todas las cosas e que por el se mostraua cada una cosa de que color era e de que figura, e aun mas que todas las cosas que respirauan que del o por el recibien los respiramientos dela uida, que son meiores e mas nobles quelos cuerpos, e que mas çerca los cielos que son las siellas de

[2] *mantenien*. Solalinde, «mantienen». Es preferible la variante «mantenien» que incluye Solalinde.

[3] *mayoria*: superioridad, importancia.

Dios *e* delos angeles era ell elemento dell aer quela tierra nin las aguas, *e* dexaron por ende de aorar a estos otros dos elementos *e* aoraron all ayre.

Sobrestos uinieron otros despues, *e* meiorando enlas naturas delos quatro elementos, dexaron los otros *e* aoraron al del fuego, departiendo sobrello *e* diziendo que aquel elemento era meior *e* mas onrrado quelos otros tres elementos; lo uno por que era mas alto *e* mas cerca del cielo que ellos *e* la luz que alumbra; lo al por que encierra alos otros tres que son la tierra, las aguas *e* ell aer, *e* los escalienta *e* los tie*m*pra a cada uno como lo a meester, dond uiene la mayor parte dela fuerça *e* del poder por que nascen todas las cosas enlos otros elementos, *e* crescen *e* se acaban, segund sus tie*m*pos.

E tiene ell elemento del fuego mayor espacio *e* mayor logar *e* part en la fechura *e* enel cuerpo del mundo, que ninguno delos otros tres elementos; *e* duro grand sazon esta creencia delos que orauan los quatro elementos; *e* las unas yentes all uno, como los caldeos al del fuego; las otras all otro, como los de Egipto al dell agua, *e* assi de las otras yentes alos otros dos elementos como lo departiremos adelante [4], o contaremos las estorias delas yentes que esto començaron primero *e* lo mantouieron despues fasta que duro, et por quales razones otras sin estas que aqui diremos lo fizieron.

Et en estas creencias tales *e* uanidades delos gentiles, ca todos estos que esto fazien fueron gentiles, ouo y aun mas en esta razon que por uentura tenemos los de agora por uanidat; *e* aun nos otrossi por esso lo retraemos aqui: por quelo ueades uos que uanidad es, maguer que tan buenos om*n*es lo fazien como los gentiles. *E* fazemos lo nos otrossi de retraer lo que por estas otras razones: lo uno por quelo fallamos escripto de om*n*es buenos *e* que fueron sabios; lo al que tenemos que es razon derecha la que nos mueue a dezir lo, por que maguer que gentiles eran aquellos, que por esso om*n*es buenos fueron los q*u*i lo fazien, ca pero que alongados dela uerdadera creencia de Dios por esso toda uia puiauan de uno en al, como de grado en grado, a creencia de meiores cosas. *E* aun en estas razones ouo y otras yentes que uinieron enpos estas, *e* començaron enel tie*m*po dellas, *e* estidieron, *e* buscaron *e* fallaron que auie y despues desto mas cosas aun

---

[4] Particularmente en la Parte IV, *Nabuchodonosor* (capítulo LXXXIV).

mas altas e mas nobles de creençias ante que llegassen a Dios. Agora diremos desto.

[Lib. III], XV. *De como los omnes creyeron en las estrellas*

Despues de todos estos omnes de cuyas creencias e cosas de que auemos fablado, llegaron estonçes, en cabo dellos e con ellos, otros que entendieron ya mas que aquellos de qui auemos dicho; lo uno por quelo aprendieran ya delos sos ancianos e les dexaran ende escriptas algunas cosas, lo al por la sotileza que tomauan en si daquello que dellos aprendien, e assacauan sobrello mas de suyo. Onde cataron suso sobre todos los elementos al cielo; e en la noche, quando fue dado alas estrellas que paresciessen luzientes, uieron cosas tan claras como las estrellas e la luna, e por la uista destas que tan bien parescien de noche, mesuraron el sol que alumbraua el dia, e quanto era mas e meior lo que el parescie e alumbraua quela luna e las estrellas.

E departiendo enlas naturas delas estrellas, fallaron quelas unas se mouien e las otras non; e delas que se mouien e nunca quedauan escogieron e assumaron que eran VII; e por que se mouien e nunca quedauan de andar nin se parauan en ningun logar e andauan appartadas unas dotras, onde dixieron que auie cada una dellas su cielo apartado en que non era otra estrella ninguna, e llamaron les planetas, e planeta tanto quier dezir como estrella andadora; e dioron le este nombre de *planos* que dize el griego por tal andar [1].

E estas siete estrellas planetas o andadoras, pusieron a cada una su nombre sennalado: E a aquella que esta enel primero cielo que es mas cerca de nos, dixieron Luna. E ala que anda enel segundo cielo sobreste, llamaron Mercurio; e esta anda siempre cerca el sol que nunca del se parte. Ala

---

[1] Cfr. Isidoro, *Etimologías:* «*Estrellas planetas* son las que no están fijas en el cielo como las demás, sino que se mueven en el aire; se llaman planetas del griego *apo tés plánes,* esto es, por error» (lib. III, 20).

Es muy probable que el traductor (o traductores) haya seguido aquí la definición de Isidoro y se haya equivocado, leyendo «ab errare» en vez del original «ab errore» (véase *Etymologiarum,* edición de W. M. Lindsay, v. II, Oxford, 1962). Cabe añadir, sin embargo, que en otro lugar San Isidoro indica que «estas estrellas se llaman *errantes,* no porque ellas erren, sino porque nos hacen errar a nosotros» (*Etim.,* III, 66: 1).

planeta del terçero cielo Venus. Ala del quarto cielo Sol. Ala del quinto Mars. Ala del sexto Jupiter. Ala del seteno cielo Saturno.

E touieron que estas siete estrellas eran ya mas arriba, e mas çelestiales, e dela natura de Dios quelos elementos; e dexaron de aorar aquellos e aoraron a estas. E fizieron los ende siete partes del mundo, siete tiemplos muy grandes e muy onrrados, segund *sos* gentiles a que les uinien las yentes a orar e en romeria de todas las tierras. E por onrrar las mas, pusieron les nombres dellas a los siete dias de la semana, e assi an oy nombre los dias de la semana; e esto los gentiles lo fizieron, que fueron muy sabios omnes en estos saberes e en todos los otros [2].

Si non que [3] por remembrança del Uieio Testamento e por que salio el Nueuo del, quelos *crist*ianos, que llamamos despues al VII dia a que dixoron los gentiles Saturno, quel dezimos nos sabbato. Et otrossi al primero dia dela semana a que llamaron los gentiles Sol que nos los *crist*ianos, otrossi por onrra e remembrança de nuestro sennor Ihesu *Cristo* e Dios, quel dezimos domingo. E lieua este nombre de *dominus* que dizen en latin por sennor, e domingo tanto quiere dezir enel nuestro lenguage de Castiella como dia sennoral, fascas dia del Sennor, e sabbado folgança. Los otros dias de la semana retouieron e retienen los antigos nombres quelos gentiles les pusieron delas planetas: el lunes de la Luna, el martes de Mars, el miercoles de Mercurio, el iueues de Juppiter, el viernes de Venus [4].

---

[2] Particularmente en *El setenario* se exploran (y explotan) los valores simbólicos del número 7, el número conectado con la creación los sacramentos, etc. Véase Alfonso el Sabio, *Setenario,* edición de Kenneth H. Vanderford, Buenos Aires, Instituto de Filología, 1945. Sobre la importancia de la tradición retórica, véase Charles Faulhaber, *Latin Rhetorical Theory, op. cit.*, págs. 66 y siguientes.

[3] *si non que.* Tiene valor de «empero», «mas». Compárese con el it. «senonchè».

[4] Compárese con Isidoro, *Etim.*, lib. V, cap. 30.

[Lib. IV], XXIIII. *De como ell inffante Zameys salio sin sentido [1] yl encubrio su madre*

Pues que Trebeta [2] fue echado del regno e alongado ende, finco Semiramis, con su fijo Zameys, por reyna e sennora de todos los regnos e de todas las yentes que fueran del rey Nino su marido; e dize Paulo Orosio enel quarto capitulo del primero libro [3] que tanto era fuerte esta reyna Semiramis que semeiaua a su marido enel esfuerço e enla fortaleza del coraçon; e enla cara e enel uestir al fijo; e assi era ya affecha e usada de muertes e de sangre con su marido, que seyendo ella muger, doze annos [4] andudo con huestes, lidiando, e matando las yentes e conquiriendo, non se teniendo por complida delas tierras e los regnos que su marido ganara en cinquaenta annos, e eran muchos ca non fallaua el aun otro lidiador que gelo uedasse; e lo dexara todo a ella. E entro ella en Ethiopia, e guerreola, e ouo y lides, e mato muchas yentes, e uenciolas, e quebranto la tierra, e fizo la tornar assi [5], e metiola so el sennorio del su imperio de Assiria; e touo ella sola todos los regnos del imperio de Assiria, primera mente por quel finco fijo pequenno e despues por quel salio aquel fijo sin sentido.

E ella, andando en estas guerras, crescio el ninno, maguer que era tal; e la reyna quando torno destas batallas por ueer su cibdat e su fijo, yl fallo tal, por non perder el regno uusco carrera porol encubriesse; e luego, ante que esto sonasse [6], mando fazer unos palacios apartados muy grandes, e muy fermosos e muy buenos, e encerro alli al fijo apartado con pocas [7] amas e su ayo que penssasen del, por que las yentes nonlo oyessen fablar de guisa que pudiessen entender que era sin sentido; e de tal manera guiso ella la posada, que el que

---

[1] *sentido:* juicio. Cfr. Godofredo, «insipiens» (t. II, pág. 66b).

[2] Trebeta, hijastro de Semíramis.

[3] De *Historiarum adversum paganos libri septem.*

[4] Solalinde anota: «Orosio dice: 'duos et quadriginta annos', pero algunos mss.: 'duos et XL', y en ese caso es fácil que la L no estuviera muy visible o se hubiera omitido; así resultarían los doce».

[5] *tornar assi:* volver a sí (bajo su mando).

[6] *sonasse:* se supiese, se difundiese.

[7] *con pocas:* con unas cuantas (véase V. García de Diego, página 218).

ueer le quisiesse quel non uiesse si non muy de luenne, de manera quel non pudiesse connoscer de cara. E dio delos [8] *sus* priuados los que ella auie de mayor poridad *e* de meior seso, *e* en quien ella mas fiaua en todos *sus* regnos que uiniessen cada dia a aquellos palacios, *e* souiessen enlos portales a oyr los pleitos del regno, *e* que ellos mandassen alos pueblos como fiziessen *e* uisquiessen *e* librassen los pleitos, como se mantouiessen en iusticia *e* en paz todos los regnos del sennorio, *e* mando en su poridad que por mandado del rey su fijo lo fazien todo, porque encubriendol desta guisa cuydassen las yentes quelo que esto librauan *e* mandauan que por seso [9] del rey uinie, *e* maguer que era Ninias [10] sin sentido que por esta carrera le touiessen los pueblos por sabio. E dize la estoria que por la razon desta encubierta *e* deste fecho, uino quelos reyes de Babilonna tomaron despues en costumbre de tener se encerrados daquella guisa, *e* quelo fazien por esta razon: que quanto menos los uiessen las yentes tanto mas los cobdiçiarien ueer, *e* los temerien otrossi *e* farien lo queles ellos mandassen; e aun fazien lo por esta otra razon: que quando muriesse rey quelo non sopiessen las yentes tan ayna, por que se non alçassen nin metiessen otro bollicio enel regno.

[Lib. IV], XXVI.   *Del esfuerço de Semiramis* e *como assaco ella los pannos menores*

Cuenta mahestre Godofre en la setena parte del Pantheon [1] que esta reyna Semiramis, enlos dias del rey Nino su marido, que con el yua ella alas lides, *e* que assi se uistie, *e* se armaua *e* caualgaua como uaron, *e* que tan bien firie de lanza *e* despada, *e* fazie conlas otras armas como todo uaron quilo bien fiziesse, *e* que enlas azes delas lides tan bien tomaua ella, como el rey su marido, su logar enellas con los

---

[8] *dio de:* escogió entre.

[9] *por seso:* por dictamen, voluntad.

[10] *Ninias:* otro nombre de Zaméis. Véase Godofredo de Viterbo: «Zammeis, qui etiam dicitur Ninias, id est filius Nini et Semiramis» (*Pantheon,* ed. J. Pistorius, II, pág. 122b).

[1] Godofredo de Viterbo, *Pantheon.* En la edición de Pistorius, Parte III, págs. 65b-66a. También, según señaló Engels (en *Études,* penúltima página), véase Pedro Coméstor, *Hist. Schol.:* «Additio* 1. Semiramis fuit mulier quae primo adinvenit brachas, et usus earum» (en Migne, v. 198, pág. 1087).

suyos, que la aguardauan o la delantera, o la çaga o vna delas costaneras; e quando enla lid entrauan tan fuerte era ella y, e tan bien lidiaua con su caualleria e su yente enla parte o ella estaua como el rey enla suya, e aun, que mas nombrada era e mas temuda que el.

E quando caualgaua, por encobrir ensi las cosas dond ella aurie uerguença, si paresciesse al caualgar, ouo a buscar manera poro las encobriesse, por que quando caualgasse que sele non estoruasse por esta razon delo fazer ligera mientre; e assaco por ende la manera delos pannos menores ella ante que otro omne ninguno; e por que uio que eran apostura e muy buena cosa, fizo los dalli adelante fazer e traer alos uarones e alas mugeres, tan bien alos unos como alos otros, ca tenie que tan bien era uerguença lo delos unos como lo delos otros quando se descubrie delas otras ropas e parescie. E quando ella caualgaua punnaua quanto pudie en fazer contenente de [2] uaron en su caualgar; e por esto que fiziera en dias del marido, e por las batallas que uencie despues del, auien todos della muy grand miedo e aun muy grand uerguença.

E tamanna era la cobdicia que ella auie de esparzer sangre e matar omnes, como era affecha a ello, e lo usara con el marido con quien fiziera muchas faziendas, e uenciera muchas lides campales, e otras que despues dela muerte del, ella por si, seyendo cabdiello mayor de todo, doze annos unados [3] andido en guerra uenciendo muchas batallas, e conquiriendo yentes, e acresciendo su imperio e su sennorio, e faziendo muchas fortalezas por las tierras poro andaua, enlos logares o era meester, pora defendimiento delos regnos.

E ella otrossi metiera al rey Nino, su marido, a fazer la cibdat de Niniue, e ensanchar la tanto, e fazer la tan grand e tan honrrada como auedes oydo [4], e despues de la uida del marido, pora fazer ella y otrossi lo suyo en su cabo [5] donde ganasse ella algun nombre pora si, vedo que en tod el sennorio del imperio ninguna cibdat non fuesse tamanna nin touiesse tamanno termino como Niniue.

---

[2] *fazer contenente de:* dar muestras de.
[3] *unados:* seguidos.
[4] *GE,* I, libro IV, cap. XVIII.
[5] *en su cabo:* por sí misma, por su cuenta.

120

[Lib. IV], XXVIII.   *De Semiramis, pues que dexo de andar en huestes*

La reyna Semiramis —pues que salio delas armas *e* se partio de guerras, *e* moro en su casa, *e* començo a andar en paz por sus regnos poro querie—, metio mientes en su fijo, ell infante Zameys, *e* enamorosse el della *e* ella del, *e* como no era bien cuerdo nin entendiendo que se fazie, ouo con su madre lo que el rey su padre ouiera en su uida con ella. E cuenta Orosio [1] que fizo la reyna Semiramis, por encobrir el su fecho tan desaguisado *e* de su fijo, si sonasse de guisa quelo sopiessen los om*n*es que serie tenido por cosa much*o* estranna ademas, que mando en *su*s casamientos que casasse el padre conla fija, *e* el fijo conla madre, *e* el hermano conla hermana, *e* el annado conla madrastra, *e* dioles soltura que en pleyto de casamiento que casasse qui quisiesse con quien se pagasse, que uerguença nin debdo de natura non fuesse y guardado ninguno por razon del debdo de parentesco [...].

[Lib. V], VII.   *Delas razones del rio Nilo segund muchos sabios*

Del Nilo como nasce, *e* delos logares o paresce *e* poro passa, fablaron muchos sabios assi como Aristotil, *e* Tholomeo, *e* Plinio, Eratesten, *e* Homero, *e* Themosten, *e* Artemidoro, *e* Esidoro, *e* Muciano, *e* Lucano, *e* Paulo Orosio [1]. E diz este Paulo Orosio-[2] que semeia que sale dela ribera o se comiença el mar Bermeio; *e* a aquel logar llaman le los griegos Mossille Ne*m*porio [3], *e* de alli diz que ua contra occident, *e* passa por muchas tierras, *e* faze en medio de si una ysla que a no*m*bre Meroe; desi corre escontra septentrion, *e* dalli torna a medio dia, *e* por la razon del referimiento que faze

---

[1] Orosio, al final del cap. IV, lib. I, menciona el incesto. También Godofredo de Viterbo, Parte III, pág. 65b.

---

[1] Solalinde anota: «[Plinio, lib. V, cap. 9] cita a la mayoría de estos autores... Faltan en Plinio: Aristóteles, Tolomeo, Lucano y Paulo Orosio...» Con la excepción de Aristóteles, los otros, claro está, son posteriores o casi contemporáneos de Plinio el Viejo (23 ó 24-70 d. C.).

[2] Orosio, I, cap. 2.

[3] En Orosio, «Mossylon Emporium».

alli o torna, sale de madre alos tiempos sennalados del anno, e riega todos los llanos de Egipto. Mas Plinio cuenta [4] desta otra guisa: quelas fuentes donde nasce este rio Nilo non las sabe ningun om*n*e cierta mientre, *e* que anda muy luenga tierra por desiertos *e* por tierras tan calientes que se encendrien *e* ardrien, ssi por el non fuesse.

E muchos buscaron por saber cierta mientre el logar o nasce, *e* el qui mas dend fallo fue el rey Juba [5]; et dize este rey que en un mont que a no*m*bre Athlant —*e* es este mont en tierra de Mauritanna la deyuso, en fondon de Affrica en occident, non aluen del grand mar—, que nasce una fuent, *e* que faze y luego un grand estanco, *e* llaman le Nullidom; *e* crian se y unos peces que an no*m*bre los unos alaltetes, los otros coraçinos, los otros siluros. Et dizen otrosi que alli nascen *e* uiuen las cocadrizes, onde diz quelos dela cibdad Çesarea, que es en tierra dessa Mauritanna, tomaron alli una cocadriz *e* pusieron la en un tie*m*plo, que dizien Beseo [6], *e* que y esta aun agora por prueua ques alli crian las cocadrizes. E cuenta otrossi que los om*n*es daquella tierra quelo catan, fallan por cosa prouada que dela manera que nieua *e* llueue en tierra de Mauritanna, o es aquella fuent, que dessa guisa cresçe o mingua el Nilo; *e* desque sale dalli *e* llega ala tierra delas arenas, non quiere correr por ellas desuso nin por los logares desiertos *e* malos, *e* sumesse alli, *e* ua asi ascuso ya quantas [7] jornadas; *e* desque llega ala otra Mauritan*n*a de Cesarea, que non es tierra arenosa, sale alli, *e* faze otro lago, e crian se y aquellas an*im*alias mismas *e* aquellas cosas que enel primero, *e* por esso tienen los om*n*es que toda aquella agua es del Nilo; *e* despues que sale dalli *e* llega alas otras arenas que son allende Mauritanna, contra Ethiopia, ascondesse de cabo *e* ua ascusa ueynte dias andadura, fasta que uiene a tierra de Ethiopia, *e* alli se muestra de cabo; *e* moran y om*n*es, *e* sale dalli una fuent tal como otra que ha [8] en Ethiopia que llaman Nigris; *e* crian se en aquella fuent Nigris de Ethiopia aquellas an*im*alias, *e* essas yeruas mismas *e* todas aquellas cosas que enel Nilo. E dalli adelante corre sobre tierra *e* non se asconde, *e* parte a Affrica de Ethiopia,

---

[4] Plinio, *N. H.*, V, comienzo del cap. 10.

[5] Esta información sobre el rey Juba viene de Plinio (lib. V, capítulo 10).

[6] *Beseo:* Es decir, «Isis».

[7] *ya quantas:* unas cuantas.

[8] *ha:* hay.

e faze grandes lagos, donde se mantienen los om*n*es daquella tierra *e* fallan y todas las cosas que dixiemos que se crian en los otros lagos del Nilo. E del logar dond comiença a correr sobre tierra, que se non asconde despues, fastal logar o ua asi unado, llaman le Nigris; *e* es ya alli el agua del muy grand ademas *e* despues faze dessi alli tres partes, que cada una dellas es rio por si.

[Lib. VI], VIII. *Dela razon del sacrifficio de Ysaac e de Abraa*m

Todas estas cosas acabadas como es dicho, estando Abraa*m* alli en Bersabee [1], nuestro sennor Dios, por ensayarle, llamol dos uezes desta guisa *e* dixol: «Abraa*m*, Abraha*m*.» Et respondiol el: «Sennor he me ¿que te plaze?» Et dixol Dios: «Toma tu fijo Ysaac, que fezist uno sennero *e* que mucho amas, *e* uete con el para tierra de uision [2], *e* en Judea a un logar que fallaras y, que es dicho tierra de uision, *e* esta tierra mostrare Yo ati.» Et mando Dios a Abraham que allil fiziesse sacrificio del fijo sobre uno delos montes dalli quel El mostrarie, *e* aquel monte a nombre monte de uision como dixiemos dela t*ier*ra, por que es mas alto *e* paresce mas de luenne yl ueen mas de lexos que atodos los otros montes daquella tierra, et ueen otrossi los qui enel estan mas aluenne que dotro logar daquella tierra, segund cuenta maestre Pedro [3]. E en este mont se leuanta una cabeça mas alta que todo el otro monte, *e* dizen le Moria. Et este logar mostro Dios a Abraam, *e* allil mando sacrificar el fijo, *e* alli fue fecho despues el templo de Salamon segund dizen los judios; *e* el altar deste te*m*plo fue puesto en aquel logar mismo o Abraham fiziera alli el otro altar para sacrificar y su fijo a Dios. Et como retrae maestre Pedro enel capitulo deste sacrificio [4], Dauid en aquel logar mismo uio aun angel condesar

----

[1] *Gén.*, XXII, 1 y ss.

[2] «Después de este suceso llamado *Moriáh* o de *Visión*» (Scio, *La Sagrada Biblia, Gén.,* XXII, 2, n. 2).

[3] Pedro Coméstor, *Historia Scholastica, Gén.,* 22: «In summitate vero montium Judeae monticulus erat eminentior, dictus mons Moria...» (Migne, v. 198, pág. 1105b).

[4] Pedro Coméstor, *Hist. Schol., Gén.,* 58: «... et David Angelum reponentem gladium, vidit in area Ornan Jebusaei. Unde dicit Isaias: *Erit mons domus Domini in vertice montium, et ad eum fluent omnes gentes (Isai. II)* (Migne, v. 198, pág. 1105b).

una espada en una era que auie alli de orna del gebuseo [5], segund diz Iheronimo enla Glosa [6], e daqui dixo Ysayas: E sera el mont dela casa del Sennor en la cabeça delos montes, e a aquel mont correran todas las yentes. E este es otrossi el mont de que nuestro sennor Dios mando alos judios que nol fiziessen sacrificio en otro logar si non en aquel, et de todas estas cosas contaremos e las mostraremos adelant como contescieron.

Et Abraham, pues que oyo este mandado de Dios, leuantos de noche e tomo su fijo e dos siruientes con el, e un asno en que leuaua aquellas cosas que auie mester poral sacrificio e para su espensa, e non quiso dezir nada assu mugier, nin a ninguno de sus conpannas por tal que nol estoruassen de yr complir el mandado de Dios; e fuesse poral mont, et fueron sus siruientes con el, e andudieron dos jornadas, e yuan taiando dela [7] lenna mas seca e meior poral sacrificio. Al tercero dia llegaron al pie daquella sierra.

Et estas tres iornadas departen las estorias desta guisa: Jheronimo diz en la Glosa [8] que quando este sacrificio fue,

---

[5] «de orna del Gebuseo». Hay aquí un error del escriba o traductor (la transcripción de Solalinde es correcta, según el cotejo del ms. A de la Biblioteca Nacional de Madrid). El texto en latín es: «Porro angelus Domini stabat juxta aream Ornan Jebusaei», traducido por: «y el ángel del Señor estaba junto a la era de Ornán Jebuseo» (Scio, *I Paralipómenos [I Crónicas]*, 21: 15, página 304).

En el *Diccionario de la Biblia* de Herbert Haag, edición castellana de Serafín de Ausejo, Barcelona, Herder, 1964, se especifica que Ornán=«Arauná» era «yebusita, probablemente de origen hittita (por el nombre), de Jerusalén, cuya era compró David para erigir un altar...; luego se edificó en el mismo lugar el templo de Salomón».

Los «jebuseos» eran «pueblos que habitaban, antes de la llegada de los israelitas, al suroeste de la Palestina. Tenían por capital a Jebus [Jerusalén]» (Augusto Ulloa, *et al., Dicc. Enc. de la lengua esp.*). Para más detalles, véase el *Dicc. de la Biblia* citado, bajo «yebuseos».

[6] Cfr. Jerónimo: «Aiunt ergo Hebraei hunc montem esse in quo postea templum conditum est in area Ornae Jebusaei, sicut et in Paralipomenis scriptum est...» (*Liber Hebraicarum Quaestionum in Genesis,* en Migne, v. 23, pág. 970). Como puede verse, la confusión del traductor de la *GE* se deriva de la versión de San Jerónimo.

[7] *dela:* con valor partitivo, se usa con frecuencia.

[8] Véase Jerónimo: «Notandum quod de Geraris usque ad montem Moria, id est, sedem templi, iter dierum trium sit, et conse-

que moraua Abraham en Geraris, otros que entre Bethel *e* Bay cercal robre de Mambre; mas muestran aun *e* maestre Pedro [9] que este serie yerro, ca de Mambre al te*m*plo de Ihe*rusa*lem non a un dia cumplido, *e* de Geraris del pozo de Bersabee ay tres. Otros dizen otrossi que por que fueron los dias tres que se entiende que nuestro Sennor dio tanto tiempo a Abraam por que ouiesse en que pensar, *e* si a repentir se ouiesse que alli se repentiesse. Otros dizen aun al: que estos tres dias que dan a entender el tiempo dante dela ley nueua, el un dia de Abraham fasta Moysen, el otro de Moysen fasta Iohan, el tercero de Iohan fasta *Cristo*; esso de tiempo que y ouo, ca el sacrificio esse dia se fizo.

Et alço Abraha*m* los oios pues que alli fue, *e* uio muy alto *e* muy a lexos el logar o auie a fazer el sacrificio. Et dixo a sus siruientes: «Esperat nos uos aqui, *e* guardad la bestia, et subremos [10] yo *e* el ninno al mont, *e* faremos oration, *e* desi tornarnos emos [11] para uos al mas ayna que pudieremos.» En aquella sazon auie Ysaac xxv annos que nasciera *e* moraua Abraa*m* cerca aquel pozo de Bersabee, como auemos dicho. E pues que ouo el dicho as*sus* siruientes como fiziessen, tomo la lenna escollecha que traye poral sacrificio *e* pusola acuestas a Ysaac quela leuasse; *e* Ysaac leuola, *e* el padre leuaua el fuego et el cuchiello; *e* fueron se amos el mont ariba por al logar del sacrificio. Estonces demando Ysaac asu padre, *e* dixol: «Padre, el fuego *e* la lenna presto esta, ¿mas o es aquello de que se deue fazer el sacrificio?» Dixo Abraham: «Fijo, Dios que es poderoso de todas cosas El nos lo dara, sinos omillosos [12] et de buen coraçon uinieremos al sacrificio.» Estas palabras dichas, llegaron al logar que nuestro Sennor auie mostrado a Abraha*m* pora fazer el sacrificio quel mandara. E esto fue en la cabeça del mont que dixiemos que auie nombre Moria. Et alli fizo Abraa*m* su altar *e* puso la lenna sobrel, *e* ato los pies *e* las manos a Ysaac, *e* echol tendido sobre la lenna *e* dixo: «Fijo, todas las or*ati*ones *e* todos los sacrificios

---

quenter illuc die tertio pervenisse dicatur. Male igitur sentium quidam, Abraham illo tempore ad quercum habitasse Mambre: cum inde usque ad montem Moria, vix unius diei iter plenum sit» (Migne, v. 23, *Hebr. Quaest. in Gen.,* pág. 970b).

[9] *aun:* también. Véase Coméstor: «Altera die rediit Abraham, et reversus est in Bersabee» (Migne, *Hist. Schol.,* v. 198, página 1106a).

[10] *subremos:* subiremos.

[11] *tornarnos emos:* perífrasis del futuro.

[12] *sinos omillosos:* si nosotros, humildes.

que yo sope et pud fazer a nuestro Sennor por auer ati, todo
lo fiz; e El oyo me, e diote me en la mi ueiez e de tu madre;
e esto fue marauilla; e pues que El te me dio, criete lo meior
que yo pud, e nodrecit, e mostrete las meiores costumbres que
yo sop, e nunca por meior andant me toue que ala sazon quet
ui criado para dexar te por mio heredero, e sobre tod esto era
yo muy mas alegre por que fuste fecho por la uolundad de
Dios, e esto fue tenido por marauilla. Mas agora otrossi, pues
que aEl plaze, dote a El de buena uoluntad, e fagol de ti
sacrificio pues que El quiere recebir de nos aqueste seruicio,
e lo manda fazer assi, ca sienprel plogo comigo e me ayudo
en todas las cosas que mester me fueron. Et pues que nacist,
morras e saldras desta uida, non como los otros om*ne*s, e yo
que so tu padre carnal ofresco te a Dios, padre de todos
que es espirital, e como te nos El dio a seer tu en este mundo
por marauilla, assi quiere que salgas ende non como los otros
om*ne*s, mas otrossi por marauilla; onde asmo que El te judgo
por derecho de non morir de emfermedad, nin en batalla, nin
por otra ocasion ninguna daquellas por que mueren muchos
delos otros om*ne*s, mas quiere recebir la tu alma con or*ati*ones
e con sacrificios e auerla consigo; e por que te yo nodresci
bien e te ensenne las costumbres et las cosas que sope que
plazien a Dios, El melo galardonara e aura cuydado de mi e
mantener me a en mi ueiez.

Ysaac, pues que uio assu padre tan fuerte et tan affincado
enel mandado de Dios, ouo grand sabor dello, e estas palabras que el dixo e oyo gelas de coraçon e respuso desta guisa:
«Padre, tuerto serie si yo non obedeciesse alo que tu me
mandasses fazer; e grand derecho fuera que yo non fues nas-
cido, si yo el juyzio de Dios et de ti refusas, e ala su uoluntad et ala tuya e ala de amos fuesse yo desobedient.»

[Lib. VI], IX. *De como libro de muerte enel sacriffticio Dios a Ysaac*

Quando estas palabras ouo dichas Ysaac [1] yogo quedo sobrel altar en la lenna, e espero de grado la muerte; estonces
tomo priuado el padre el cuchiello pora degollarle, mas llamo
aquel ora del cielo luego un angel de nuestro sennor Dios, e
dixol: «Abraham, non deguelles el ninno nil fagas ningun
mal, ca yo non telo mandaua matar por sabor que yo ouiesse

---

[1] *Gén.*, XXII, 9 y ss.

de sangre de omne, nin por toller a ti el fijo que te auia dado, mas fazialo por prouar tu uoluntad si faries mio mandado en tal cosa.» Et desi dixol: «Agora connosco que me temes et lo he bien prouado.»

En este logar diz maestre Godoffre[2] que prueua Dios al iusto quela bondad e la uirtud del coraçon del paresca por los buenos fechos, por que tomen dend exiemplo los otros et fagan bien. Onde en este logar dizen de Abraham que el que tan sin dubda et tan de coraçon querie matar su fijo, que de alabar es en la fortaleza del offrescer e en la fieldat de leuantar el fijo.

Estonces alço Abraham los oios, segund cuenta Moysen en el XXII capitulo del Genesis, e cato a todas partes por uer dond uinie aquella boz e quien lo dizie aquello, e uio un carnero tras sus espaldas preso delos cuernos enlas matas. E tomo Abraham aquel carnero et fizo sacrificio del a nuestro Sennor, en logar de su fijo, ca entendio el que esto plazie a Dios [...].

[Lib. VI], XXI. *De como gano el rey Juppiter ala infante Yo, e fizo con ella e con la reyna Juno*[1]

Esta Yo, fija del rey Ynaco, seyendo en el regno de su padre de Argos de Grecia, andaua muchas uezes a unas partes e a otras sin toda guarda; e un dia uinie de andar por las riberas daquel rio Ynaco de su padre, e uiola el rey Juppiter, e pagosse della, e fablol, e començola a donnear de sus palabras, e dixol assi como suelen fazer los otros donneadores, alabando se e prometiendo mas de sus derechos, por que sean creydos e alcançen lo que quisieren; pero el rey Juppiter bien era qual el dizie, e cumplirie mas delo quel prometie, tan alto, e tan complido e tan poderoso; et dixol assi: «¡Virgen fermosa! ¿Dond uienes? Semeiame que eres tal que pertenescies pora seer muger de Juppiter, e tengo que sera de buena uentura el que te ouiere. E el sol ua muy alto en medio

---

[2] Cfr. *Pantheon,* Parte IV, pág. 71b.

---

[1] El episodio de Ío y Júpiter es una traducción y glosa de Ovidio, *Metamorfosis,* I, vv. 588 y ss. Adviértase que en el curso de la narración se insertan comentarios que no proceden de Ovidio. Véase el análisis de John R. Ginzler, «The Role of Ovid's *Metamorphoses* in the *General Estoria* of Alfonso el Sabio» (tesis doctoral, Universidad de Wisconsin, Madison, 1971), págs. 139-146.

del firmamento, e la calentura es muy grand agora, e a todas partes uees tu aqui montes, e por non te quemar nin te tostar a esta siesta tan grand, uete pora la una destas sombras, e ternas y la siesta, e ampararte as [2] dela calentura, e folgaras; e si temes de ir alla sennera, como andas por miedo de bestias saluages que aya y, por uentura, yo ire con tigo e te acompannare, e si yo te acompannare segura yras, ca so dios e aun non qual quier de los dioses, mas aquel que tengo e mantengo con la mi grand mano e el mio grand poder los celestiales ceptros e sennorios, e yo so el que echo los rayos del cielo.»

Et esto es uerdad, segund que Juppiter es planeta, assi como cuenta Plinio en el segundo libro [3], que ala planeta de Juppiter son dados los rayos que mostro Juppiter a Yo con la mano aquellas sombras aquel dizie que fuesse. Mas Yo nol querie ascuchar e fuye, e el queriela detener diziendol: «Non fuyas amiga, ca non as por que [4], nin ayas miedo.» Ella, por tod esto, non lo quiso dexar [5], e fuyendo del passo las montannas de Lerne e el mont Licco [6] e toda uia Juppiter empos ella, et entro alli ella en un ual. Estonces Juppiter, ueyendo quan acoraçon auie ya de foyr, le guiso por sus encantamientos e por las estrellas, dond era muy sabio, que descendio una gran niebla en aquel ual, e enllenol todo, e parol [7] muy oscuro, tanto que la duenna non sabie o yr, e embargos [8] en el correr; e llego Juppiter, et alcançola, e tomo la e forço la; e finco ella prennada, dond uinieron despues grandes linages de muchos reyes e de muy grandes omnes, como diremos adelant.

Et el rey Saturno ouo estas tres fijas, como aquellos tres fijos que dixiemos [9]: Juno, Cibele et Vesta; et Uesta fue deessa de duennas de ordenes [10], dond le fizieron despues en Roma tiemplo muy grand et muy onrado. A Cibele llamaron deessa e madre dela tierra, e fizieron le otrossi, como auemos dicho [11], muy noble tiemplo los de Creta en su tierra. Juno

---

[2] *ternas:* tendrás; *ampararte as:* te ampararás.
[3] Plinio, *N. H.,* cap. 18.
[4] *non as por que:* no tienes porqué.
[5] *dexar:* es decir, no quiso dejar de huir.
[6] *Licco:* En Ovidio, v. 598: «Lyrcea».
[7] *parol:* lo dejó, dispuso.
[8] *embargos:* tuvo dificultad.
[9] En el capítulo anterior (son Plutón, Neptuno, Júpiter).
[10] de religión (las vestales).
[11] Se les habrá olvidado decirlo, ya que no se halla antes dicha mención.

fue duenna que se trabaio de saber las naturas dela tierra *e* del aer *e* del cielo, *e* llamaron la, por ende, sos gentiles deessa daquello de que a Juppiter su hermano llamauan dios, *e* caso por ende Juppiter, su hermano, con ella, onde fue la deessa Juno muger *e* hermana del rey Juppiter[12].

Et esta Juno sabie mucho de encantamientos, *e* delas estrellas *e* las costumbres de su marido Juppiter, *e* estaua ella estonces en tan alto logar que toda aquella tierra auie a oio, *e* uio aquellas nieblas en aquel ual, *e* cato por todel mundo, *e* nin en cielo nin en tierra non uio otro nublo, nin nuf nin niebla, si non aquella; *e* sabie ella, segund cuenta ende Ovidio en el primero libro del mayor[13], que destas dos naturas se leuantauan las nieblas; o de tierra mojada *e* humorosa, o de

---

[12] En la obra atribuida a Fabio Plancíade Lactancio se halla una explicación más completa y más imaginativa de esta creencia:

7.   «De ratione cur Iuno Iovis soror et coniux dicatur.»

Cur autem Iuno Iovis soror et coniux dicatur, haec ratio est. Quia elementa ignis, et aër tenuitate sibi sunt paria, dicuntur esse germana. Sed quia mixta concordant, et maritatus aër igne fervescit, coniugio dicuntur copulata. Et quia Iuno, id est aër subiectus est Iovi, id est igni, iure superposito elemento mariti traditum est nomen. Dicitur autem Iuppiter catenis eam ligasse, quod aër igni caelesti coniunctus, duobus deorsum elementis misceatur, aquae et terrae: quae elementa duobus superioribus graviora sunt.

(*Mythographus secundus,* en *Classicorum auctorum,* v. II, edición Angelo Mai, Roma, Tip. Vaticana, 1831, pág. 85.) Véase también en el mismo volumen de Mai, págs. 170 y ss.

A diferencia de la opinión tradicional, Giuseppe Pennisi ha argumentado que la época en que vivió Fabio Plancíades Fulgencio, no fue el siglo v, sino el siglo iv (véase G. Pennisi, *Fulgenzio e la 'Expositio sermonum antiquorum',* Florencia, Le Monnier, 1963, especialmente págs. 11-61). Véase, también, *Fulgentius the Mythographer,* traducción inglesa e introducción de Leslie G. Whitbread, Columbus, Ohio State Univ. Press, 1971.

[13] En la Edad Media, «per designare più particolarmente l'autore delle *Metamorfosis,* si diceva Ovidio maggiore. Quando si diceva Ovidio, senz'altro, pare s'intendesse più propriamente dell'autore dei libri amatorii» (Arturo Graf, *Roma nella memoria e nelle immaginazioni del Medio Evo,* v. 2, Turín, E. Loescher, página 312).

rio [14]. Mas uio que de ninguna destas dos cosas non se leuantaua estonces aquella niebla, et entendio que el rey Juppiter,
que aduzie e leuaua las nuues o querie por sus encantamientos, que fiziera alli aquella niebla, et que alguna encrubencia
de nemiga [15] estaua alli faziendo, e trabaiose ella otrossi luego
de obrar de so saber. Et por su encantamiento subio en una
nuue, e pusosse luego en aquel logar o Juppiter e Yo estauan,
e coniuro otrossi la niebla, e tiros dalli luego; e fincaron descubiertos Juppiter e Yo.

Agora diremos del mudamiento de Yo.

[Lib. VI], XXII. *De como fue mudada Yo, fija del rey
Ynaco*

El rey Juppiter tan sabio era, que tan bien en las cosas
iogosas como en las otras de grandes fechos, escogie por el
so grand saber de las estrellas las cosas que auien de uenir,
tan bien en lo uno como en lo al; et esto sobre todo en
las cosas que los unos [1] de sus dioses delos gentiles auien
de fazer o fazien a otros. Et Juppiter sintio dantes la uenida
de la reyna Juno, su muger, e ante quel ella huuiase ueer [2]
mudo el por *sus* encantamientos e su saber a Yo en nouiella,
e que semeiasse uaca, e fizola muy fermosa. Et Juno quando
llego, yl fallo con aquella nouiella, e la uio tan fermosa sos-
pecho y nemiga mas que al, e maguer quel peso mucho con
ella començo gela de alabar e dixo: «¡O, que grand nouiella
e que fermosa!» et assi como si non sopiese ella ende la
uerdad como contesciera, preguntol que cuya era aquella
nouiella, e dond e de quales uacas; e Juppiter, por que non
entrasse Juno mas a las preguntas de la uerdad, nin demandasse quien la fiziera, nin sopiesse ende mas, dixol que aquella
nouiella alli se nasciera dela tierra. Et la reyna Juno por
prouar a Juppiter en el fecho que se ella entendie bien,
como era deessa e muy sabia, pidio gela que gela diesse
como por don.

Alli fue Juppiter en grand angostura: dela una parte era

---

[14] Es de notar el interés por añadir en la *GE* explicaciones
científicas que no aparecen en Ovidio. Compárese con los versos 601-609 de las *Met.*, I.
[15] *encrubencia de nemiga*: disimulación de maldad, traición.

---

[1] *los unos*: algunos.
[2] *ante quel ella huuiase ueer*: antes que ella llegase a verlo.

cruel cosa de negar sus amores de la cosa que mucho amaua; de la otra parte aurie y sospecha en non gela dar; e la uerguença de la reyna e de bien estança [3] gela mandaua dar, el amor lo uedaua; e uenciera el amor ala uerguença si non por que si una uaca, que era tan pequenno don, non fuesse dada a la reyna, su hermana e muger, non semeiarie que era uaca si non una grand cosa que non podrie seer asmada nin puesta en precio, e ouo gela a dar [4]. La reyna, segund cuenta Ouidio [5], maguer quel fue dada la combluça non perdio ella por sso luego [6] todel miedo de los celos, ca se temie de Juppiter que maguer que gela daua que gela furtarie.

Agora diremos de como fizo a ello.

[Lib. VI], XXIII. *De la guarda quela reyna Juno dio a Yo, en semeiança de vaca*

La reyna Juno, sabidora delas cosas dela tierra e del mundo, como aquellos que son oy ende sabidores e las quieren auer [1] e las guardan, auie una guarda pora *sus* cosas terrennales, e por que las riquezas daquella sazon las mayores eran de ganados, aquella guarda e aquel mayordomo desta reyna era pastor; e llamauanle Argo, et en la cabeça aderredor auie cient oios, todos puestos en orden; e por mantener bien la comienda delas cosas que tenie en guarda, nunca de todos los oios durmie una ora; mas quando querie dormir los dos oios uelauan, los otros dos durmien, e desta guisa fazien todos aderredor.

Et a este su pastor tal e de tantas guardas de oios como oydes dio Juno aguardar aquella nouiella, e el pastor, pues que la tomo, guardola; et oquier [2] que el estaua e oquier que la nouiella siempre la el ueye e la tenie ante los oios oquier que se el tornasse; e dexauala pacer de dia, e pues que se ponie el sol encerraua la, e ataua la al cuello como a buey; e pacie ella delas foias delos aruoles, et de yeruas amargas e de quales quier que se le acaescie, e beuie de quales

---

[3] *de bien estança:* de propiedad, de buena educación.
[4] *ouo gela a dar:* tuvo que dársela.
[5] v. 622 y ss.
[6] *por sso luego:* en seguida.

[1] *auer.* En Solalinde y en el ms. *A, aues,* por posible errata.
[2] *oquier:* donde quiera.

aguas alcançaua, alas uezes de rio, alas uezes de lagunas estancias e limosas; et en logar del buen lecho en que ella solie yazer, como fija de rey, yazie en tierra alas uezes en el astrogo ³ puro; et alas uegadas por ennamorar assu pastor que ouiesse merced della e le diesse meior uida, querie alçar braços e tender los contra el, e non los mouie, e quandol querie fablar, en logar de palabra mudiaual como uaca; et tantol semeiaua esto cosa estranna, e entendio lo que era e como andaua encantada, que al su suenno ⁴ mismo auie miedo e de la su uoz misma se espantaua.

Et trayendo la aquel pastor Argo por los pastos, con los otros ganados que guardaua, uinien alas uezes alas riberas daquel rio Ynaco de Grecia, dela cibdad de Argos, que era el regnado de Ynaco, su padre, o ella solie andar e tra-baiara ⁵ muchas uezes; e parosse sobrel agua e catosse en ella, et pues que uio enla onda la figura de cabeça de una uaca e los cuernos que traye en ella, ouo grand miedo et fuxo ende espantada de si misma. Las naiades, sus herma-nas, que eran las mancebas duennas deessas daquel rio, nin Ynaco su padre non connoscien quien era Yo, et ella connos-cielos e yua empos dellos, et tannien a ellos e suffriegelo ella, e marauillauanse ellos ende. Et tomaua el padre de ⁶ las yeruas, e llegaua gelas ala boca por quelas comiesse, et ella besaua le las manos e llamiegelas, e cayen le las lagremas, e si fablar pudiesse dizrie su nombre, e su auenimiento e pidiera les ayuda quela acorriessen atal fecho. E andando por la ribera fazie con los pies sennales en el poluo poro andaua. Et Ynaco, que era muy entendudo rey, cato en aquellas sennales delos pies, e uio como las unas fazien sennales de la letra, o e la fendechura de entre las unnas fazie esta otra letra y, e começo el rey Ynaco a leer en la y, e leyo contral una parte Yo, e otrossi contral otra Yo; onde dize desto Ouidio estos dos uiesos:

> Litera pro uerbis, quam pes in puluere duxit,
> Corporis indicium mutati triste peregit ⁷.

---

³ *astrogo:* «astrago», suelo.
⁴ *suenno:* sonido.
⁵ *trabaiara.* Aquí tiene la connotación de *jugar,* y traduce el original latín, «ludere». Compárese con el v. 639 de Ovidio: «venit et ad ripas, ubi ludere saepe solebat».
⁶ *de.* Aquí, con valor partitivo.
⁷ Ov., *Met.,* I, vv. 649-50 (en Loeb, «littera»).

Et dizen assi en el nuestro lenguage: la letra que el pie fizo enel poluo cumplio, en logar de letras, la triste muestra del cuerpo mudado. Otrossi dixo desta razon un maestro uessificador este otro uiesso:

Forma pedis facit *o,* fixura q*ue* perficit Yo [8].

Et quiere esto dezir: la forma del pie, fascas de la unna, face o, *e* la fendechura de entre las unnas cumple este nombre Yo.

Et el rey Ynaco connoscio desta guisa, por las sennales de los pies, como aquella era su fija Yo, *e* como andaua encantada *e* tornada [9] en figura de uaca; et desque connoscio como era su fija, pesol mucho ademas, tanto que seyendo rey *e* dios entre sos gentiles, con el muy grand pesar que ende ouo començosse allamar mesquino, et echarse le sobre la ceruiz *e* sobre los cuernos, matandose todo por ella, *e* faziendo duelo *e* diziendo: «¡Fija! tu fust uuscada por todas las tierras *e* non fallada alla. Eres lo agora aqui et de como a dias que contescio esto, yuamos ya oluidando este pesar, *e* agora, pues que te ueemos, reffresca se nos el tu dolor; *e* tu callas et non nos dizes nada, si non que sospiras et mudias alo que te dezimos; *e* yo non sabiendo esto, estaua te cuedando *e* guisando casamiento, *e* esperaua de ti yerno *e* nietos; mas agora semeiame que de grey de uacas sera el tu marido, *e* tales seran los tus fijos; *e* el dolor que yo desto e [10], non le podria perder sinon de muerte, mas de muerte non puedo, ca so dios *e* nunca e de morir; *e* por ende llorare siempre por ti. Et estando en esto Ynaco *e* Yo, uino aquel pastor Argo que guardaua a Yo, *e* partioles *e* leuo la uaca a otros pastos, *e* fuesse con ella pora una montanna, *e* assentosse el ensomo dela cabeça del mont, dond pudiesse uer a todas partes *e* auer siempre la uaca a oio, et souo alli, *e* la uaca andaua por y.

Agora diremos como fue de Argo, aquel pastor de Juno.

---

[8] Como señaló Engels, *Études,* pág. 135, el mismo verso, atribuido aquí a «un maestro uessificador» se halla en Arnulfo. Véase también, F. Ghisalberti, «Giovanni del Virgilio, espositore delle *Metamorfosi*», Florencia, Olschki, 1933, pág. 46 y n. 10. Adviértase que Giovanni del Virgilio escribió sus comentarios sobre las *Met.* alrededor de los años 1322-23 (Ghis., pág. 5), pero muchas de las fuentes que manejaba eran similares a las de la *GE.*

[9] *tornada:* cambiada.

[10] *e: (he),* tengo.

Non podie ya el rey Juppiter soffrir tantos males sobre Yo, e llamo a Mercurio, su fijo e de Maia, fija del rey Athlant e de Plyone, e mandol que fuesse e que matasse a Argo. Mercurio non se detouo poco nin mucho al mandado del padre, et tomo una cobertura en la cabeça e podrie seer sombrero, e alas en los pies, e una uerga en la mano, e fuesse pora alli o estaua Argo; et una pieça ante[1] que a el llegasse dexo las alas e el sombrero, e leuo la piertega en la mano, e acogio ante si una manada de cabras, que dizen que fizo el por su encantamiento, ca era Mercurio muy sabio en el triuio e aun en el quadruuio[2]. Et es agora el su nombre duna delas planetas, e es ala que dizen Mercurio, e es aquella que anda siempre con el sol de noche e de dia, que nunca del se parte. E semeiaua todo guisado como pastor, e leuaua unas albogues que yua tanniendo e sonando, sus cabras ante si; e llamol, e dixol assi: «Tu, pastor, qui quier que tu eres, muy bien amarauilla con aquel instrumento; e Argo quandol oyo yl uio, pagos muchos del son et plogol mucho con el, e llamol, e dixol assi: «Tu, pastor, qui quier que tu eres, seer puedes comigo aqui en esta alta penna, e bien uees tu que en ningun logar non fallaras meior pasto, et sobresto ay aqui muy buena sombra pora pastores e logar muy a abte.»

Et esto era lo que Mercurio querie, e assentos, e canto, e cantando detouo con su razon el dia que se yua, diziendo muchas dunas e otras cosas; e pagauasse mucho Argo de todo e plaziel mucho. Et Mercurio, por matar a Argo mas en saluo, trabaiauase quanto pudie de adormirle, mas desuiaualo otrossi Argo quanto pudie, ca maguer quel uinie suenno alos unos oios, con la dulcedumbre de los cantos de Mercurio, pero[3] uelaua de los otros. E aquel caramiello con que cantaua Mercurio era nueuo, e auie en el VII canniellas; e Argo dello dormiendo, dello uelando e cabeceando ya pora dormirse todo, preguntol que aquel estrumento dond fuera o quien le fallara primero, ca nueuo era. Plogo a Mercurio

---

[1] *una pieça ante:* poco antes.
[2] Se repite más adelante este epíteto de Mercurio. Véase, *GE*, Parte II (v. I), pág. 35.
[3] *pero:* sin embargo.

con esta pregunta, *e* respondiol assi por sus razones luengas, por que ouiesse quel dezir et en que se detener, *e* adormirle, *e* desi matalle.

Et dixo assi, cantando en su caramiello: «En los frios montes de Arcadia auie una duenna Naias, muy onrada entre las duennas de los montes alli, e llamauanla Siringa las otras duennas dessas montannas. Desta duenna se enamorauan muchas uezes los dioses satiros *e* todos los otros dioses daquellas montannas *e* seluas, *e* a todos los desdennaua ella, *e* non daua por ellos nada[4]; e onrraua por sennora *e* su deessa a Diana, que auien los gentiles por su deessa de castidad *e* de caça, *e* assi andaua esta uestida *e* guisada como ella; e muchos quando la ueyen cuydauan adesora[5] que ella era Diana, si non por quelas departien[6] las armas, ca traye la deessa Diana el arco de oro *e* el de Siringa era de cuerno; *e* desta guisa entraua[7] esta duenna a todos los dioses daquellas tierras. E un dia uinie del monte Liceo, *e* uiola un dios que auie nombre Pan —e dizen los auctores que a este llamauan los gentiles dios delas cabras—, et traye este en la cabeça una guirlanda de pino, *e* començo a fablar a Siringa et dezir le sus palabras de donnear, *e* sobre las quel auie dichas ya fincauan le otras muchas de dezirle. Ella desdennol *e* non dio nada por sus palabras, *e* fuxo por essas montannas, *e* el empos ella por tomarla *e* forçarla, fasta que llegaron al rio Ladon; e ella, pues que llego alli, por quela embargauan las aguas del rio afoyr, rogo alas deessas dessas aguas quela tornassen en alguna cosa, por quela non pudiesse auer aquel dios, nin forçarla nin fazerle lo que el querie, e acabada su oration mudaron la aquessas en cannaueras. Et aquel dios Pan, quando llego, cuedo tomar a ella *e* echo la mano en aquellas cannaueras, cuedando que la echaua en el cuerpo de la mançeba; e estando alli el, uino un sollo de uiento, et mouio aquellas cannaueras, *e* leuantaua en ellas un son que dizie ¡sirim![8] *e* era esto que querien dezir aquellas cannaueras ¡Siringa!, por nombrar el nombre de su sennora Siringa donde fueran fechas, *e* aquel dios Pan fue muy enamorado daquel

---

[4] *non daua por ellos nada:* y no le importaba nada de ellos.
[5] *cuydauan adesora:* pensaban a primera vista, inmediatamente.
[6] *si non por quelas departien:* salvo que las diferenciaban.
[7] *entraua:* visitaba.
[8] *sirim.* Solalinde: «sitim». Véase su nota: «*sitim* errata por sirim en el texto» (Sol., I, «Variantes y Correcciones»).

son que aquellas cannaueras alli fazien, e dixo: «Este conseio aure yo de ti» [9].

En cabo dizie Mercurio a Argo en su cantar que daquellas cannaueras fuera fecho aquel caramiello e ayuntado, e cantauan nombre de su sennora Siringa, e tenie guisado [10] de contar le aun muchas mas de tales razones como aquellas.

[Lib. VI], XXV. *Dela muerte de Argo, e del fecho del pauon e dela reyna Juno, e de Yo como meioro sus costumbres e fue fecha deessa*

En tod esto Mercurio cato a Argo, e uiol los oios cerrados, et a el adormido, e la barua en los pechos durmiendo, e callo el, que non [1] canto mas aquella ora, e dexo otrossi de cantar el caramiello. Et aquella su uerga que dixiemos que traie, auie natura que ala cosa uiua que tannie con el un cabo que la adormie, e con el otro la espertaua; e tanxo a Argo con la parte que adormie et firmo en ell el suenno, de guisa que maguer que Argo quisiesse espertar non pudiesse, ca tal era la natura e el poder de la uerga. Pues que esto ouo fecho Mercurio, e uio como era Argo ya preso de suenno de tod en todo, saco el su alfange [2] que traye —ca assi auie nombre la espada de Mercurio, en el latin le dize arpe [3], e era duna fechura corua como que querie uenir en arco daquella parte de lo agudo—, e firiol con aquel alfange en aquel logar o se ayunta la cabeça al cuello, e descabeçol, e cayo la cabeça atierra, e saliol tanta sangre que tod el logar enlleno; e murio Argo e fincaron çiegos todos los sos oios, maguer que auie muchos, como es dicho. Et tomolos estonces la deessa Juno e puso los en las pennolas del pauon, que era la su aue, e enllenole la cola daquellas estrelladuras fermosas que el pauon ha en sus pennolas.

Et fue la reyna Juno muy sannuda por la muerte de Argo, e la sanna que ende ouo non la alongo contra la uaca, su

---

[9] *Este conseio...* Cfr. Ovidio: «hoc mihi concilium tecum... manebit» (v. 710). (Esta unión tendré yo contigo.)

[10] *guisado.* En Solalinde, «gisado».

---

[1] *non.* En Solalinde, «mon», por errata.

[2] *alfange:* especie de sable corto y corvo. Cfr. Parte II, v. I, página 276b: «et diol Mercurio un alhange, que era una espada fecha como a manera de foz de segar mies».

[3] *arpe.* Cfr. Ovidio, *Met.,* V, vv. 175-76: «... trepidum Perseus et inermia frustra/bracchia tendentem Cyllenide confodit harpe».

comblueça, e metiol un tan mal talant e tan mal espanto en los oios, e en el coraçon, que por ninguna manera non podie estar queda maguer que quisiesse, e segudo la e fizo la correr por tod el mundo, e desquel ouo ella corrido todo, llego alas riberas del rio Nilo en Egipto, quel no fincaua ya de correr tierra nin agua mas del Nilo; et Yo, pues que fue en las riberas daquel rio, baxosse e finco los ynoios en la ribera, e segund ella pudo, alço la cara contral çielo, e contra las estrellas, e començo agemer, e mudiar, e llorar e querellarse contra Juppiter, como contra dios, et pedirle merçed quela acorriesse e pusiesse ya fin alos sos males. Mouido fue estonces Juppiter por los ruegos de Yo, a quien querie el muy grand bien e la ueye ya muy lazrada, et llego a la reyna Juno, su hermana e su muger, e echol los braços al cuello e rogo la, quanto el mas de rezio pudo, que aquellas penas que ella las tolliesse a Yo, e asseguro la que nunca se ella temiesse que el iamas le uuscasse pesar con ella; e por fazer la ende segura et çierta yuro gelo por una laguna que ha en los infiernos aque llaman Stir[4]. E non era ninguno delos dioses delos gentiles tan alto, que pues que por aquella laguna jurasse que iamas quebrantasse la jura, ca dizen los auctores delos gentiles que qui del agua daquella laguna beue que luego oluida quanto sabe, e que ley era entre los dioses de sos gentiles que tod aquel que non tenie lo que juraua e fincaua periuro, que auie abeuer del agua daquella laguna e oluidaua luego quanto sabie, por que era dios e perdie la deydad e de seer dios.

La reyna Juno non pudo estar de no oyr los ruegos del rey Juppiter, su hermano e su marido, e otorgol lo quel pidie. E tornosse luego Yo de uaca en mugier. Et fizosse lo que dantes fuera, e tiraron se le las sedas e los cabellos del cuerpo dond las non deuie auer seyendo en natura de omne, e desfizieron se le los cuernos, e tornaron se los oios, e la boca, e los labros, et los ombros e las manos fermoso todo quamanno e qual deuiesse seer de duenna et infante, fija de rey; e las unnas della, que eran antes dos, mudaronsele e tornaronse en çinco como eran antes. E de guisa fue Yo tornada toda de malas costumbres en buenas, que ninguna cosa de la uaca non finco en tod ella, nin de los miembros, nin de las costumbres que si non la blancura sola, que era muy alua e muy fermosa, et por essa fermosura la echara Juppiter en lo que ella cayo.

[4] *Stir*. La laguna Estigia.

Et pues que ouo dos pies como om*n*e, assi como deuie, *e* non mas, alçose en ellos *e* auie miedo de començar a fablar temiendo mudiar, de como quando era uaca, pero fuele ensayando poco a poco, maguer que amiedo *e* fablo como antes segund que deuie. E dalli adelant tanto fue Yo castigada en Egipto, *e* partida de toda mala costumbre, *e* tanto se dio abuenas costumbres *e* a seer buena, que la otorgaron en Egipto por deessa en todas las riberas del Nilo, *e* mudaron le el nombre, *e* de Yo, que la llamauan antes, llamaronla despues Ysis.

Agora diremos estas razones *e* estos mudamientos que dan aentender, segund los fallamos departidos de om*n*es sabios.

[Lib. VI], XXVI. *Del torno* [1] *de las razones de Yo, fija del rey Ynaco de Argos*

Los auctores delos gentiles fueron muy sabios om*n*es *e* fablaron de grandes cosas, *e* en muchos logares en figura *e* en semeiança duno por al, como lo fazen oy las escripturas dela nuestra sancta Eglesia; et sobre todos los otros auctores, Ouidio en el su Libro mayor, e esto tira ala [2] su theologia delos gentiles mas que otras razones que ellos ayan, e el Ouidio mayor non es al entrellos si non la theologia *e* la Biblia dello entre los gentiles.

Onde aquello que el enel primero libro dixo del rey Ynaco que era un rio que pasaua por el su regnado *e* dios desse rio; et aquello que Yo era su fija *e* la forçara el rey Juppiter, *e* desi que la mudara en uaca; e aquello quela diera el rey Juppiter ala reyna Juno, su muger, que gela pidiera; e aquello quela reyna Juno la comendo assu pastor Argo, que auie los .c. oios, que gela guardasse; e aquello otrossi que Juppiter mando a Mercurio, su fijo, que matasse a Argo por que ponie aspera *e* fuerte guarda sobrella; e aquello que Mercurio tomo cobertura en la cabeça, *e* alas en los pies *e* uerga de uirtud en la mano, *e* fue ael en figura de pastor, como lo era Argo, tanniendo su caramiello *e* cabras ante si, sonando las con su piertega en uez de cayado, et fue este *e* se pago ende Argo quando lo oyo, yl assento con sigo, *e* souo el *e* canto; *e* aquello quel pregunto Argo del caramiello que era nueuo; e aquello que el ende respondio que amara Pan a

---

[1] *Del torno:* en torno, sobre.
[2] *tira ala:* tiende, se parece a la.

Siringa, e que era ella muy onrada entre las daquella tierra, et fuera mudada en cannaueras en las riberas del rio Ladon; e aquello que Mercurio mato a Argo con el so alfange, yl descabeço, e dio con la su cabeça en tierra, e salio la sangre e enmanzello tod el logar; e aquello que la reyna Juno tomo los oios de su pastor e los puso en la cola de su pauon, que era la su aue; e aquello que el rey Juppiter rogo a la reyna Juno su hermana e su muger por Yo; e aquello que la reyna Juno le oyo e perdio la sanna, et otorgo assu hermano e su marido lo quel pidie; e aquello que Yo fue por el ruego de Juppiter mudada de uaca en mugier et de todo en todo, e dada dalli adelante atodas buenas costumbres, e enel cabo fecha deessa de Egipto, non lo tenga ninguno por fabliella, por que es delas razones de Ouidio, ca el que las sus razones bien catare e las entendiere, fallara que non ay fabliella ninguna, nin freyres predigadores e los menores que se trabaian de tornarlo en la nuestra theologia non lo farien si assi fuesse, mas todo es dicho en figura e en semeiança de al. Agora departir uos hemos como.

[Lib. VI], XXVII. *Del departimento sobre las razones de Yo*

Leemos en los Integume*n*tos [1] de los sabios que espusieron oscuros los dichos delos gentiles —e es *integumento* por

---

[1] Se refiere a *Integumenta Ovidii*, obra de Johannes de Garlandia, Juan el Inglés, que vivió ca. 1195-ca. 1272. Según Edmond Faral, nació en 1180 (véase *Les arts poétiques du XIIe siècle: Recherches et documents sur la technique littéraire du Moyen Age*, París, 1962, págs. 40-46). Fausto Ghisalberti editó *Integumenta* en 1933. Véase Giovanni di Garlandia, *Integumenta Ovidii: Poemetto inedito del secolo XIII*, Messina-Milán, Principato.
A pesar de las referencias a Juan de Garlandia en *GE* Joseph Engels ha llegado a la conclusión siguiente: «Aucun des passages que la *General Estoria* attribue aux *Integumenta* de *Johannes Anglicus* ne remonte à ce texte, mais quelques-uns sont dans un rapport très étroit avec les Allégories d'Arnolphe» (*Études sur l'Ovide moralisé*, Groninga, 1945, pág. 21. Véase, especialmente, todo el primer capítulo).
Las explicaciones alegóricas de Arnolphe de Orléans (floreció en la segunda mitad del siglo XII) son, en verdad, las que casi siempre se citan en la *GE* bajo la autoría del «maestre Johan el inglés». El «frayre» al que se alude en la *GE*, queda aún sin identificar. Véase Fausto Ghisalberti, «Medieval Biographies of

descobrimiento, por que departe, e descubre e apaladina las
palabras e razones sobre lo que quisieron dezir en ellas los
sabios delos gentiles, en que dixeron en cubierta mientre uno
por al—; et fallamos que departen que por poder et saber
que auien algunos dellos en las cosas e en las naturas dellas
mas quelos otros omnes, llamaron los gentiles sos dioses a
aquellos que lo merescieron desta guisa; e qualquier rey o
dios que ellos dixieron que era rio, gelo dizien por razon
de friura dessa tierra o el regnaua e de la castidad delas
yentes dellas, e dizien gelo otrossi por seer el rey o aquel
dios muy poderoso delas riberas e delas tierras uezinas daquel
rio, et por que el agua es fria de natura departe maestre
Iohan[2], entre los otros departimientos desto, que el agua es
madre dela friura, e la friura madre dela blancura e dela
castidad, e diz que por quelas donzellas uirgines fastal tiempo
de casar, suelen seer de fria natura e casta mas que enel
tiempo de despues, llamaron a algunas dellas essos auctores
delos gentiles fijas daquellos dioses e reyes. E ellos non fablaron en sos dichos si non grandes omnes, quier[3] fuessen
de malas costumbres, quier de buenas aquellas duennas o
donzellas en quien ellos quisieron poner sos exiemplos en-
cubiertos; assi como era Dampne[4] aquien amo Phebo, dios

Ovid», *Journal of the Warburg and Courtauld Institute,* 9 (1946),
10-59. Del mismo Ghisalberti, véase el estudio y edición, *Arnolfo
d'Orléans, un cultore di Ovidio nel secolo XII,* en *Memorie
del R. Instituto di Scienze e Lettere,* v. 24 (15 de la serie III),
fascículo 4, Milán, Hoepli, 1932, págs. 157-234. Véase, también,
María Rosa Lida de Malkiel, «La *General estoria:* notas literarias
y filológicas (I)», *Romance Philology,* 12 (1958), especialmente
página 115.

[2] Como se indicaba en la nota anterior, lo que se acerca más
a esta explicación se halla en Arnulfo de Orléans, y no en los
Integumenta. Cfr. «Dane ideo filia Penei dei fluvii fingitur quia
aqua est frigida, et pudicicia est filia frigitatis sicut impudicicia
caloris.

»Io virgo filia Inachi dei cuisdam fluvii fuit. Quod ideo fingitur
quia frigida fuit ante annos nubiles. Amata fuit a Iove, id est a
deo creatore quia virgo. Tales siquidem amat deus que virgini-
tatem conservando ad creatorem se erigunt» (F. Ghisalberti, ed.,
Arnolfo d'Orléans, pág. 203, ns. 9-10).

Lo que parece haber hecho el traductor es unificar la interpretación alegórica de Arnulfo sobre la virginidad de Dafne con
la de Ío.

[3] *quier:* sea que.
[4] *Dampne:* Dafne.

del sol, fascas sabio dalas naturas del sol, quela llamaron fija de Peneo a quien llamauan ellos rey *e* dios. Et otrossi a esta Yo, de quien aqui fablamos, aquien amo el rey Juppiter como es dicho, quel dixieron que era fija del dios *e* rey et rio Ynaco, *e* esto assi fue, *e* todos lo dizen que esta Yo fija fue de Ynaco, rey de Argos de Grecia.

Et los nombres propios, que en estas razones de Yo a, son estos:

Ynaco	Iuppiter
Yo	Iuno
Argo	**Pan**
Mercurio	Ysis
Siringa	Pauon

que es nombre comunal. Et Ynaco, segund maestre Juan *e* el frayre[5], quiere dezir tanto como friura et atempramiento. E Yo tanto como su uoluntad en su mancebia. Juppiter es el aer de suso, *e* segund dize Ramiro en los Esponimientos dela Biblia[6], quiere dezir tanto como enemigo appartant, o sennor appartador[7].

Juno, segund los auctores[8], es el aer de yuso, e esta es

---

[5] Sobre el «maestre Juan *e* el frayre», véanse arriba las notas 1 y 2.

[6] A. Solalinde señaló que aquí hay un equívoco respecto a «Ramiro» («Fuentes de la *General Estoria*», art. cit., esp. páginas 12 y ss.). En verdad, se trata de Remigio de Auxerre (Remigius Autissiodorensis), gramático del siglo IX, autor de numerosos comentarios, tales como *In artem Donati minorem commentum* (ed. W. Fox, Lipsia, 1902); y, especialmente, *Commentum in Martianum Capellam*, 2 vols., edición de Cora E. Lutz, Leiden, E. J. Brill, 1962-1965. Sobre la edición de Lutz, véase la crítica de William H. Stahl, «To a Better Understanding of Martianus Capella», *Speculum*, 40 (1965), págs. 102-115 (especialmente págs. 107 y ss.). Sobre Capella, véase el estudio y la traducción inglesa de W. H. Stahl, R. Johnson y E. L. Burge, *Martianus Capella and the Seven Liberal Arts,* 2 tomos, Nueva York y Londres, Columbia Univ. Press, 1971-77.

[7] Solalinde (pág. 24, «Fuentes») halló la fuente en Remigio: «Iupiter, inimicus separans, uel dominus separator». Como Solalinde ha señalado las fuentes de los epítetos y descripciones de los dioses, de aquí hasta el final del capítulo remitimos al artículo citado, «Fuentes...', especialmente págs. 23 y ss. Sólo se incluirán fuentes que Solalinde no menciona.

[8] Cfr. San Agustín: «Cur illi etiam Iuno uxor adiungitur quae

la mayor razon por que los gentiles *e* sos auctores dixieron
que Juppiter *e* Juno fueron hermanos, *e* marido *e* muger
casados en uno; *e* Juppiter el aer de suso que es tanto
como infusor, fascas como marido que enuia las generationes, *e* Juno recebidora, como muger, que recibe del infusor
las generaciones *e* las enuia ala tierra *e* desta guisa son Juppiter *e* Juno el aer de suso *e* el de yuso *e* hermanos *e* marido *e* muger. *E* a esta manera son entre si las otras planetas,
segund departe Agustin en el Libro dela Cibdad de Dios [9],
los unos infusores por enuiadores delas generations delas
cosas, *e* estos son como maslos enlas naturas, *e* las planetas recibidoras como fembras, assi como departiremos adelant en sus logares o acaescieren. Et Juno, otrossi segund
Ramiro cuenta en los Esponimientos de la Biblia [10], que
tanto quiere mostrar como orgullosa, o orgullia, o perdo-
nant, o ella misma aliuiada; *e* Juno otrossi, segund maestre Juan, tanto quiere dezir como rico [11].

E Argo, pastor de Juno, segund Ramiro en los Esponimientos dela Biblia [12] tanto como mesura o mesurador, *e*

dicatur 'soror et coniux'? Quia Iovem, inquiunt, in aethere
accipimus, in aere Iunonem, et haec duo elementa coniuncta sunt,
alterum superius, alterum inferius» *(De civitate Dei, IV,* comienzo del cap. 10). Y en el capítulo 11: «Modo sit Iuppiter corporei
huius mundi animus, qui universam istam molen ex quattuor vel
quot eis placet elementis constructam atque compactam implet et
movet, modo inde suas partes sorori et fratribus cedat; modo
sit aether, ut aerem Iunonem subterfusam desuper amplectatur,
modo totum simul cum aere sit ipse caelum, terram vero tamquam
coniugem eandemque matrem (quia hoc in divinis turpe non est)
fecundis imbribus et seminibus fetet...» Véase también la nota 12
del capítulo XXI, libro VI de la *GE.*

[9] Algo similar se halla en San Agustín, *De civitate Dei,* VII, 16.
[10] Como señala Solalinde, la fuente será otra, desconocida.
[11] Este epíteto no se halla en *Integumenta,* sino en Arnulfo:
«Pavo avis Iunonis merito dicitur et quia ipsa dives est et divitum vita semper ornatum appetit» (ed. Ghisalberti, pág. 203,
nota 13).
Sobre «aliuiada», que se refiere al hecho de que «Juno Lucina»
ayudaba en los partos, véase Solalinde, «Fuentes», pág. 24; Arnulfo: «Iuno et Locina eadem est dea, preest siquidem partui...»
(Ghisalberti, pág. 204, ns. 5-6).
[12] Además del comentario y las fuentes citadas por Solalinde
(«Fuentes», pág. 23), hay que añadir lo que dice Arnulfo (y no
el «maestre Iohan» que se menciona abajo): «Argus igitur id est
mundus, id est seculares et mundane illecebre...» (Ghisalberti,
página 203, n. 13).

es otrossi dotra guisa Argo por argudo, o reprehendedor, o recabdador, e tal deue seer el pastor et el mayordomo; e por Argo otrossi, segunt maestre Iohan dize, podemos entender el mundo.

Mercurio en las fazannas, segund dize Ramiro[13], tanto quiere mostrar amontonamiento de piedras enla alteza delos montes; e otrossi Mercurio, segund Ramiro, tanto quiere mostrar como palabra o razon que corre medianera entre los omnes, et que este es como dios o sennor delos mercaderos, por que entre los que uenden e compran siempre a de andar palabra medianera; e fue sabio de muchas artes, e alcanço fastal tiempo de Moysen segund cuenta Lucas[14]; e Mercurio, aun segund Ramiro, quiere dezir tanto como abrient alas cibdades o alumbrant el contra corrimiento del signo[15].

Siringa es tanto como atraymiento[16] e por esta razon este nombre *sirenes* es por las serenas de la mar; e Siringa e sirenes lieuan estos nombres de *siren,* que dize el griego por atraymiento, por que las serenas tan dulce mientre cantan que non es omne enel mundo cuya oreia la dulcedumbre del canto dellas alcance que nol atraya e fazer le estar que donde la oye que se non puede yr dend, assi como sil touiesse atado; e aun mas dizen muchos, que esto dela dulcedumbre daquel cantar delas serenas que amuchas otras animalias lo faze como alas aues que atrauiessan por y, quelas apremia a estar y uolando que se non pueden yr dalli ante la dulcedumbre del canto; e que cansan estando alli uolando fasta que caen en la mar cansadas. Et otrossi el canto que salie daquel caramiello fecho delas cannaueras de Siringa, con que cantaua Mercurio, atraye los omnes con su dulcedumbre como atroxo a Argo,

---

[13] Sobre Mercurio, además de las fuentes citadas por Solalinde («Fuentes», pág. 24), véase San Agustín, *De civitate Dei,* VII, 14; Arnulfo, pág. 203, n. 11 y n. 13; pág. 206, n. 11; pág. 212, n. 1; *Mythographus Secundus,* en *Classicorum Auctorum,* edición de A. Mai, págs. 99-100; *GE.,* II, v. I, cap. [XXXVI].

[14] Lucas de Tuy, pág. 31. Cfr. la nota de Solalinde al margen de su ejemplar: «no dice que alcanzase hasta Moisés, pero sí 'multarum artium peritus'».

[15] Cfr. Solalinde, «Fuentes», pág. 24, en *Rem.,* 445: «Mercurius, aperiens ciuitatibus, vel illuminans occursum signi.»

[16] Cfr. Arnulfo: «Sirenes ergo vocis dulcedine blandientes hominibus, eos alliciebant. Unde etiam sibi nomen acceperunt a siren quod est atractio. Inde fingitur quod naves atrahunt» (Ghisalberti, pág. 215, n. 13). Véase, también, *GE,* I, lib. VII, capítulo XXXVII y la nota 1.

maguer que auie tantos oios et era tan argudo. Onde es dicha Siringa daquel mismo griego *siren* que dixiemos que dizien los griegos por atraymiento.

Pan dize el griego por lo que nos en el nuestro lenguage dezimos todo; e segund maestre Iohan, aquel todo tanto es como Roma por los romanos, que querien auer la connoscencia de todas las cosas [17].

El pauon, como quier que en cabo de a entender el pobre, pero enel comienço entiendese por el rico; e los oios de Argo enel pauon son las riquezas del mundo en el rico, *e* dizen que si alabare om*n*e al pauon que endereça las pennolas, et faze su rueda, *e* muestra quanta fermosura *e* quanto algo tiene en s*us* pennolas, *e* pero para lo contra la parte de adelant. E segund lo departe maestre Iohan [18], muestra el pauon todas sus riquezas dela parte de delante, fascas delante si, *e* dexa su postrimeria descubierta *e* desapuesta, en que razonan los sabios que por derecho es dicho el pauon aue de Juno, ca es Juno por el rico, e el pauon muestra la uida delos ricos que affeytan *e* componen sus delanteras, et dexan descubierta *e* torpe mientre su postremeria. E dize que assi fazen los ricos deste mundo, que aqui precian las riquezas *e* las adelantan desi, e quando deste mundo salen quelo dexan aqui todo, e uan descubiertos leuando sus postrimerias desapuestas et torpes [19] [...].

---

[17] Nuevamente, la fuente no se halla en las *Integumenta* del «maestre Iohan», sino en Arnulfo: «Ladon fluvius est Grecie iuxta quem greci studentes invenerunt VII. artes quas Pan id est totum, Roma scilicet que totum esse volebat id est rerum omnium habere noticiam» (Ghisalberti, pág. 203, n. 12).

[18] Cfr. Arnulfo: «Argus in pavonem. Pavo adeo superba avis est que etiam alas pandit si audiat se laudari... Pavo avis Iunonis merito dicitur et quia ipsa dives est et divitum vita semper ornatum appetit. Et sicut pavo stellato caude curvamine arcum concavans anteriora ornat, sed posteriora turpiter denudat, ita divicie multos momentaliter ornant, sed postea nudos relinquunt. Vel pavo ideo dicitur Iunonis avis quia libencius est in aere, id est in alto, quam in terra, id est in imo» (Ghisalberti, pág. 203, nota 13).

[19] Hemos seleccionado el pasaje de Ío y Júpiter por varias razones. Además del mérito literario de la traducción, muy viva e interesante, como se ha podido observar, el pasaje es una buena ilustración de la tradición medieval de interpretar alegórica y moralmente los mitos paganos, «cristianizándolos», tendencia que desemboca en la literatura de *Ovide moralisé,* que fue particularmente importante en el siglo XIV. Véase Lester K. Born, «Ovid

144

[Lib. VII], XXXIII. *Dela cibdad de Athenas e delas escuelas della* [1]

Fallamos que muchos sabios et grandes om*n*es se ayuntaron a fazer la mayor puebla daquella çibdad de Athenas; *e* pues que fueron llegados, *e* uieron ell assentamiento del logar muy bueno *e* muy complido de aguas, *e* de montes *e* de todas las otras cosas que son pora fazer y muy buena puebla, asmaron

---

and Allegory», *Speculum,* 9 (1934), págs. 362-379; Jean Seznec, *The Survival of the Pagan Gods: The Mythological Tradition and its Place in Renaissance Humanism and Art,* traducción de B. F. Sessions, Nueva York, Harper-Row, 1951, págs. 16 y ss.; Don C. Allen, *Mysteriously Meant: The Rediscovery of Pagan Symbolism and Allegorical Interpretation in the Renaissance,* Baltimore y Londres, The Johns Hopkins Press, 1970, especialmente págs. 53 y ss.

Además, el pasaje ejemplifica la confusión que hubo de haber entre los traductores con respecto al manejo de las fuentes. La confusión puede atribuirse a la dificultad de ser precisos al tratarse de tantas fuentes manuscritas, al número de traductores que intervenían, o simplemente a descuido.

[1] El tópico de Atenas como sede y fuente de las siete artes liberales se halla en muchos escritores. Sirvan de ilustración San Agustín y Remigio de Auxerre: «Ita illa civitas, mater aut nutrix liberalium doctrinarum et tot tantorumque philosophorum, qua nihil habuit Graecia clarius atque nobilius» *(De civitate Dei,* XVIII, 9). Remigio: «Cui subaudis feminae, erat Pallium id est habitus philosophalis, idem est quod subiungit ATHENARUMQUE VESTITUS. Philosophi enim Graecorum palliati incedebant. Athene autem civitas est Greciae, mater studiorum. Dicitur autem Athene quasi athanate, id est immortalis, propter immortale studium sapientiae...» *(Commentum in Martianum Capellam,* edición de Cora E. Lutz, v. II, págs. 12-13). El modelo de la representación alegórica de las siete artes podría ser Marciano Capella, *De nuptiis Philologiae et Mercurii,* obra escrita entre 410 y 439, y que tuvo gran repercusión en la Edad Media. Para una concisa y atinada descripción, véase E. R. Curtius, *Literatura europea y Edad Media latina,* cap. 3: 1-2.

Cabe también la posibilidad de que el pasaje esté basado en una fuente más directa que yo no he podido identificar. Charles Faulhaber, quien ha estudiado con detenimiento la tradición retórica en España durante la época medieval tampoco pudo identificar la fuente directa, si la hay (véase *Latin Rhetorical Theory, op. cit.,* págs. 77 y ss.).

como podrien fazer alli cibdad mas noble que todas las otras de toda Grecia e aun dotras tierras. E ante que la començassen a poblar cataron las estrellas e ell ordenamiento dellas en quela poblassen, ca tal era estonces su costumbre delos gentiles en sus fechos que fazien. Et por que primero ouiera nombre *Acta* nol quisieron de luego demudar tanto el nombre, por que ueyen quel yua bien con aquel nombre, e mandaron quela llamasen estonces Actea[2], e llamaron la assi; e fizieron y uenir todas las escuelas de todos los saberes, e aquellos sabios que a esta puebla uinieron guisaron ques poblasse aun mas tan noble cibdad como los principes alli querien fazer; e fizieron la de luego de comienço muy affortalada, e sobresto muy noble, ca la cercaron toda muy fuert de muro e de torres de marmol, e assentaron la en quadra[3]. Et dexaron en ella, por cuenta e por medida, siete puertas grandes cabdales; et de cada una destas puertas recudie una cal[4] muy ancha e muy grand, quanto era mester, que yua fasta medio dela çibdad; e alli en medio dela uilla o se ayuntauan todas estas calles de cada puerta la suya, fizieron un palacio muy grand, de obra muy marauillosa e muy rica; e auie en el tantas puertas cabdales quantas en el muro dela çibdad, e sobresto dotras puertas menores XXIIII, quantas son las horas del dia e dela noche, por que fuesse el palaçio bien lumbroso como era mester pora los maestros et pora los escolares, e entre puerta e puerta auie una camara; e cada una daquellas puertas dela çibdad recudie ala suya destas del palacio, e el palacio era todo fecho de dentro agrados, los unos mas altos, los otros mas baxos.

E enderredor daquel palacio auie muchas casas muy grandes e muy nobles, e fechas todas ala manera que era mester, enque estauan los maestros que ensennauan los saberes. E las siete puertas grandes dela çibdad que dixiemos, e las del palacio otrossi estauan siempre abiertas, et sobre cada una dellas doze omnes armados quelas guardauan, non por que non entrassen los omnes mas por mostrar otrossi alos que uinien a aprender que cada uno fuesse cierta mientre al logar o mostrauan aquel saber que el demandaua. E aun sobresto fizieron escriuir en cada una daquellas siete puertas dela

---

[2] Es decir, «Atica». Cfr. D. Eisenberg, «The *General Estoria:* Sources and Source Treatment», *Zeitschrift für Romanische Philologie,* 89 (1973), pág. 210 y n. 12.

[3] *en quadra:* de forma cuadrangular.

[4] *recudie una cal:* respondía una calle. Véase M. P., *Cantar de Mio Cid,* II, pág. 822.

çibdad el nombre duno delos saberes delas siete artes, aque llaman liberales. E el que alli uinie ala puerta leye aquellos sobrescriptos, e si se pagaua daquel saber que dizie en aquello que el leye entraua por aquella puerta, e yua por aquella cal fastal palacio de medio dela uilla que dixiemos, e alli fallaua otros om*n*es que estauan y pora ensennar le los maestros quel mostrassen el saber que el demandaua, e desi dauan le buenas casas e lo al que auie mester mientra alli querie estar aprendiendo. E si por uentura aquellos que dixiemos que uinien alas puertas dela çibdad e leyen las letras que alli fallauan escriptas sobrellas e non se pagauan delos saberes que alli dizien, estos om*n*es que estauan y pora esso auien los aguiar por deffuera dela uilla fasta que uinien ala puerta del saber que ellos querien. Et esto pusieron assi los sabios, como dixiemos, por que non touieron por bien que ninguno que buscasse el saber, que es la certedumbre del bien en este mundo, andudiesse errado buscando lo, mas que çierta mientre fuesse al logar o era.

Onde por estas noblezas tan grandes que auie en aquella çibdad, los que algo querien aprender alli uinien de todas las partes del mundo, fijos de emperadores, e de reyes, e de cuendes, e de altos principes, e caualleros et otros om*n*es muy buenos e muy onrrados. Ca aninguno non ponien en grand logar a aquella sazon si lo non meresciesse por seso natural et por saber. Et esto se aprendie en Grecia en Athenas mas que en otro logar del mundo a aquella sazon, e por esso uinien todos a Athenas mas que a otro logar, e otrossi por quantos buenos fueros e priuilegios auien alli los escolares e por muchos plazeres que fallauan y.

Et alli fueron primera mientre las escuelas delos saberes de Grecia, dond uino alos latinos despues el saber que ouieron, assi como uiene ell arroyo dela fuente alos quil an mester; e esto affirman Donat, e Precian, e Remigio e otros con ellos que fablauan desta razon [5]. E auie estonces, otrossi

---

[5] Como señala Solalinde en una nota al margen, la misma idea la ha expuesto en la página 165 de la *GE* siguiendo sólo a Prisciano: «Cum omnis eloquentiae doctrinam et omne studiorum genus sapientiae luce praefulgens a Graecorum fontibus derivatum Latinos propio sermone invenio celebrasse et in omnibus illorum vestigia liberalibus consecutos artibus video...» (Priscianus Caesariensis, *Institutionum grammaticarum,* v. II, ed. M. Hertz, Lipsia, 1855, pág. 1).

En Remigio de Auxerre se hallan ideas parecidas en varios lugares (véase el índice en la edición de Lutz). En las obras con-

sobresto, una costumbre en Athenas: que maguer que cada
un maestro leye[6] en su escuela, todos se ayuntauan un dia
en la sedmana con sus escolares en aquel grand palacio que
era comunal, que estaua en medio dela uilla e delos otros
palacios de los maestros e daquellos en que leyen, e assen-
tauansse en aquellos grados que dixiemos, cada uno segund
que era onrrado por su saber, ca non por poder, nin por
riqueza, nin por linage que ouiesse grand; e alli leyen los
maestros cada uno de su arte una lecion que oyen todos los
otros, e despues cuydauan y en muchas maneras, e despu-
tauan e razonauan sobrellas por entender meior cada unos
aquello de que dubdauan e querien ende seer ciertos; e llamauan liberales a aquellas siete artes et non alos otros saberes, segund departe Ramiro[7] sobrel Donat, e otros con
el por estas dos razones: la una por que non las auie a oyr
si non ombre libre que non fuesse sieruo, nin omne que
uisquiesse por mester; la otra por que aquellos quelas oyen
que auien aseer libres de todo cuydado e de toda premia
queles otre fiziesse, ca tod esto a mester qui aprende pora
bien aprender.

Pues que auemos contado dela puebla e dela nobleza daquella cibdad, queremos agora dezir del rey Juppiter; e departiremos delos saberes que se leyen en esta çibdad, e aure-

___

sultadas de Donato no he hallado el pasaje aludido. Pero era ése
un lugar común, como se ve, por ejemplo, en el pasaje que
Louis J. Paetow transcribe en una nota a su edición de Juan
de Garlandia, *Morale Scolarium*. Es parte del prólogo de Garlandia a su *Epithalamium* a la Virgen: «Post hec a Grecorum pecto-
ribus Romanorum dominio fuerunt artes liberales in Latinum de-
rivate. Sic itaque dicitur fons musarum Elicon, apud Grecos sca-
turiens, in Albanos montes se fudisse...» (Louis J. Paetow, ed.,
*Two Medieval Satires on the University of Paris: La bataille des
VII Ars of Henri d'Andeli and the Morale Scolarium of John of
Garland,* Berkeley, University of California Press, 1927, página 101, n. 87).

[6] *leye:* enseñaba una lección, dictaba.

[7] Es decir, Remigio de Auxerre, quien en *Commentum in Martianum Capellam* dice en su glosa: «Per Coronam SEPTEM RADIO-
RUM perfecta scientia septem artium designatur, quae idcirco liberales dicuntur quia liberaliter fruge veritatis animam pascunt,
vel quod liberam et expeditam mentem a tumultibus saeculi requi-
rant. Dicuntur etiam et perceptae eo quod propter se ipsas non
propter aliud appetendae et percipiendae sunt» (ed. C. Lutz, v. I,
páginas 112-113).

mos meior entrada ala razon por que aquella çibdad ouo no*m*bre Athenas.

[Lib. VII], XXXV. *Del rey Juppiter* e *delos departimientos delos saberes del triuio* e *del quadruuio*

En esta çibdad de Athenas nascio el rey Juppiter, como es ya dicho ante desto[1], *e* alli estudio *e* aprendio y tanto,

---

[1] En las páginas 156-57 de la *GE* (libro VI, cap. XX) se dice que Júpiter había nacido en Creta. Aquí se sigue a Godofredo de Viterbo, que hizo nacer a Júpiter en Atenas y lo describe como estudioso del trivio y cuadrivio, inventor del derecho, etc. Cfr.:

Juppiter ex patre Saturno natus Athenis,
A quo quadrivii, triviique scientia venit,
   Legis et artis ibi tunc idioma dedit.
De Jove summorum venit generatio regum,
A Jove principium tenuit descriptio legum,
   A Jove philosophi dogmata multa legunt...

Uxor prima Jovis Niobes regnavit Athenis,
Ipsa prior leges scripsit, quas Juppiter edit...

Credite, Romana lex ante fuit Joviana,
Juraque mundana sunt à Jove condita clara,
   Et sua progenies Romula regna tenet.
Quae Roman venit lex, antè manebat Athenis,
A Jove Romani legum sunt dogmate pleni,
   Quas hodie leges discimus ipse dedit.
Urbs Athena fuit sub nomine facta Minervae,
Ut per eam semper artes sapientia servet,
   Hoc decus ingenii Juppiter ipse dedit.

     (*Pantheon*, Parte IV, ed. Pistorius, pág. 78a, b)

A propósito de estas atribuciones extravagantes de Godofredo, comenta María Rosa Lida de Malkiel:

Mentira parece que se pudiera tomar en serio a semejante escritor, pero el éxito del *Pantheon* y, sobre todo, de sus historietas en verso fue extraordinario; en el caso de Alfonso, sin duda debió de serle especialmente grata la obra del prelado que había visitado a España en misión diplomática y que había insertado en su narración una historia de reyes godos y españoles.

que sopo muy bien todo el triuio e todel quadruuio, que son las siete artes aque llaman liberales por las razones que uos contaremos adelante, e uan ordenadas entre si por sus naturas desta guisa: la primera es la gramatica, la segunda dialetica, la tercera rectorica, la quarta arismetica, la quinta musica, la sesena geometria, la setena astronomia.

E las tres primeras destas siete artes son el triuio, que quiere dezir tanto como tres uias o carreras que muestran all omne yr a una cosa, et esta es saber se razonar cumplida mientre. Et las otras quatro postrimeras son el quadruuio, que quiere dezir tanto como quatro carreras que ennannan connoscer complida mientre, saber yr a una cosa cierta, e esta es las quantias delas cosas, assi como mostraremos adelante.

La gramatica, que dixiemos que era primera, ensenna fazer las letras, e ayunta dellas las palabras cada una como conuiene, e faze dellas razon, e por esso le dixieron gramatica que quiere dezir tanto como saber de letras, ca esta es ell arte que ensenna acabar razon por letras e por sillabas et por las palabras ayuntadas que se compone la razon.

La dialetica es art pora saber connoscer si a uerdad o mentira en la razon quela gramatica compuso, e saber departir la una dela otra; mas por que esto non se puede fazer menos de dos, ell uno que demande et ell otro que responda, pusieron le nombre dialetica que muestra tanto como razonamiento de dos por fallar se la uerdad complida mientre.

La rectorica otrossi es art pora affermosar la razon e mostrar la en tal manera, quela faga tener por uerdadera e por cierta alos que la oyeren, de guisa que sea creyda. Et por ende ouo nombre rectorica, que quiere mostrar tanto como razonamiento fecho por palabras apuestas, e fermosas e bien ordenadas.

Onde estas tres artes que dixiemos, aque llaman triuio, muestran all omne dezir razon conueniente, uerdadera e apuesta qual quier que sea la razon; e fazen all omne estos tres saberes bien razonado, e uiene ell omne por ellas meior a entender las otras quatro carreras aque llaman el quadruuio.

(«La *General estoria*: Notas literarias y filológicas (I)», art. cit., página 121). El estudio más extenso sobre Godofredo es el de Lucienne Meyer, *Les légendes des matières de Rome, de France et de Bretagne dans le 'Pantheon' de Godefroi de Viterbe,* prefacio de P. Arcari, París, De Boccard, 1933. Sobre el contexto cultural de los estudios del trivio y cuadrivio, véase F. Rico, *Alfonso el Sabio y la General Estoria,* págs. 123-188.

E las quatro son todas de entendimiento *e* de demostramiento fecho por prueua, onde deuien yr primeras en la orden. Mas por que se non podien entender sin estas tres primeras que auemos dichas, pusieron los sabios a estas tres primero que aquellas quatro, ca maguer que todas estas quatro artes del quadruuio fablan delas cosas por las quantias dellas, assi como diremos, *e* las tres del triuio son delas uozes *e* delos nombres delas cosas, *e* las cosas fueron ante que las uozes *e* quelos nombres dellas natural mientre [2]. Pero por quelas cosas non se pueden ensennar nin aprender departida mientre si non por las uozes et por los nombres que an, maguer que segund la natura estas quatro deurien yr primeras et aquellas tres postrimeras como mostramos, los sabios por la razon dicha pusieron primeras las tres artes del triuio *e* postrimeras las quatro del quadruuio; ca por las tres del triuio se dizen los nombres alas cosas, *e* estas fazen al omne bien razonado, *e* por las quatro del quadruuio se muestran las naturas delas cosas, *e* estas quatro fazen sabio ell omne; pues aprendet por aqui que el triuio faze razonado ell omne y el quadruuio sabio [3].

[Lib. VII], XXXVII. *De como fallaron los griegos la natura de la musica*

Los de Grecia començaron primero que otros omnes, a usar de andar mucho sobre mar; et algunos dellos trabaiaron se quanto podrien entrar adentro por el, por prouar sil podrien fallar cabo dela parte dallend. *E* andudieron tanto que uinieron a un logar dond oyeron sones et bozes queles semeio que ninguna cosa non podrie seer mas sabrosa nin mas dulce que aquel son, *e* començaron a fablar dello entressi, et dixieron si fue nunca qui son tan dulce oyesse en logar del mundo; *e* estando ellos fablando desto, cataron *e* uieron estar un pennedo aluen dellos, et asmaron que serien serenas que cantauan en aquella penna *e* fazien aquel son tan sa-

---

² Sobre este antiguo debate, recogido en el Renacimiento, véase B. Brancaforte, «Valor y límites de las *Anotaciones* de Fernando de Herrera», *Revista de Archivos, Bibliotecas y Museos,* 79 (1976), páginas 124 y ss.
³ Sobre la retórica en la Edad Media, véase James J. Murphy, *Rhetoric in the Middle Ages: A History of Rhetorical Theory from Saint Augustine to the Renaissance,* Berkeley, Los Ángeles, California, University of California Press, 1974.

151

broso, _e_ cogieron se _e_ fueron pora alla quanto mas pudieron, _e_ llegaron se ala penna[1]. Et ellos estando assi como desuentados, con muy grand sabor del canto tan dulce que oyen, salio adesora un tan grand sollo del uiento cierço que todos los metio so ell agua et los mato alli en la mar, si non muy pocos que fincaron a uida _e_ se acogieron alas pieças delos nauios que quebrantara aquel uiento, _e_ salieron en ellos a terreno, _e_ contaron alos griegos todo aquello por que auien passado _e_ como les contesciera.

Estonces ayuntaron se muchos de Grecia _e_ fizieron de maderos un engenno muy sotil _e_ muy fuerte en que pudiessen entrar muchos dellos bien a aquella penna. _E_ cogieron se por el logar poro fueran los primeros, _e_ andudieron fasta que uinieron a aquel pennedo, _e_ llegaron se a el en aquel estrumento en que uinien que fizieran pora ello. Et estando alli pararon mientes a la piedra, _e_ uieron como era cauada de dentro, _e_ auien en ella siete forados abiertos fechos agrados, los unos anchos los otros mas angostos, _e_ los unos altos et los otros baxos, _e_ eran fechos de grado en grado; et uieron otrossi como entrauan los uientos en ell agua del mar _e_ salie por aquellos forados _e_ fazien aquellos sones tan dulces; et alli aprendieron ellos ell arte dela musica _e_ y fallaron las siete mudaciones della complida mientre.

_E_ por quela aprendieron por uiento et por agua pusieron el este nombre _moys_[2], ca esta palabra _moys_ tanto quiere dezir en la fabla delos griegos como agua en el nuestro lenguage de Castiella, et _sicox_ en el suyo tanto como uiento en el nuestro. Onde este nombre musica, que es compuesto

---

[1] Sobre el canto de las Sirenas, véase _GE,_ I, lib. VI, cap. 27, nota 16. A ello podría añadirse la descripción que se halla en _Physiologus latinus,_ edición de Francis J. Carmody, París, 1939, página 25: «sirenae... animalia sunt mortifera...; et musicam quoddam ac dulcissimun melodiae carmen canunt, ita ut per suauitatem uocis auditus hominum a longe nauigantium mulceant et ad se trahant, ac nimia suauitate modulationis prolixae aures ac sensus eorum delinientes in somnum uertunt...»

[2] Cfr. Eberhardus Bethuniensis, _Graecismus_ (ed. I. Wrobel, v. 219, pág. 44): «Quod möys unda sit hoc Möyses et musica monstrant»; Remigio de Auxerre: «Moises dicitur, quasi de aqua ductus» (_In artem Donati minorem commentum,_ ed. W. Fox, Lipsia, 1902, pág. 17). También en la misma página 17: «_Musa_ dicitur a graeco quod est mois .i. aqua.» El mismo Remigio en _Commentum in Martianum Capellam_ (II, pág. 331) dice: «Musica loquitur quae Greca erat et Grece artes exponere volebat» (véase también en el mismo tomo la pág. 6).

destas dos palabras griegas *moys e sicox,* tanto quier mostrar como arte de son fallada por agua *e* por uiento. Et es musica ell arte que ensenna todas las maneras delos sones *e* las quantias de los puntos, assi como dixiemos; *e* esta arte es carrera pora aprender a cordar las uozes *e* fazer sonar los estrumentos [...].

[Lib. VII], XXXIX. *Delos saberes que son sobre las vii artes liberales*

El mas ondrado delos otros saberes, que sin estos siete ay, *e* aun destos et de todos, es la methafisica, que quier dezir tanto como sobre natura, por que muestra connoscer las cosas celestiales que son sobre natura, assi como es Dios, *e* los angeles *e* las almas; et entiende se esto que estos sean sin natura, mas que son sobre todas las otras naturas en onrra, *e* en poder *e* en todas las otras meiorias.

El segundo saber es el delas naturas pora connoscer todas las cosas que an cuerpos, assi como los cielos, *e* las estrellas *e* las otras cosas que son delos cielos a ayuso, et entender sus naturas de como se fazen, nasciendo *e* muriendo; *e* se deue connoscer la natura delos elementos *e* de como obra cada uno dellos en estas cosas.

Et el terçero saber es ethica, que quiere dezir tanto como sçiencia que fabla de costumbres, por que ensenna a om*n*e saber de como puede auer buenas maneras de costumbres, *e* auer buena nombradia por y.

Et las tres artes del triuio como dixiemos ensenna a om*n*e seer bien razonado, et las quatro del quadruuio le fazen sabio, et estos otros tres saberes, con aquellos, le fazen complido *e* acabado en bondad ele aduzen a aquella bien auenturança empos la que non a otra.

Et en estos saberes que dixiemos, apriso el rey Juppiter de guisa que al su tiempo non ouo y ninguno que tanto ende sopiesse como el; et el emendo los yerros que dixieran *e* pusieran en estas artes los otros sabios, *e* los philosophos que fueran antel *e* otrossi los de su tiempo; et ennadio *e* cunmplio en ellas las cosas quelos otros sabios non pusieran y, o por non las saber o por que dubdaron en ellas, de guisa que se non crouieron poner las en escripto [...].

[*Exodo*, Lib. XVI], XIIII.   *De como nuestro Sennor mando a Moysen fazer otras dos tablas de piedra en que escriuiesse las palabras que eran en las primeras, e de la merced quel pidio Moysen*

Nuestro Sennor, que siempre fazie merçed a Moysen e al pueblo de Israel por el, ouo a uolunt ad de mostrar le por sus fechos lo quel prometie por palabra, et pues ques le demostro desta uez dela manera que uos dixiemos, mandol luego que subiesse a El al mont por mostrar le como fiziesse del pueblo e de su camino, e dixol assi[1]: «Taia pora ti dos tablas de piedra a semeiança delas otras dos primeras que te Yo di, e escriuir te e en ellas las palabras que seyen en essas otras que quebrantest, e guisa te pora mannana como seas luego enel mont, e estaras y comigo en somo del o estidist primero, e cata que non suba ninguno contigo nin paresca chico nin grand por tod el mont; e deffiendo que oueias, nin uacas, nin otro ganado ninguno nin bestias non uaya paçer a aquella part fasta que tu te tornes a ellas.» Moysen fizo como nuestro Sennor le mando, e començo luego a taiar las dos tablas de piedra quel mandara quales fueran las dantes, e leuantos de noche, e tomo las, e subiose poral mont con ellas. E descendio nuestro Sennor por una nuue a el, e Moysen estido alli con El, llamando el nombre de Dios e alabandol, e passol nuestro Sennor delant con grand roydo como de muy grand trueno. Moysen fue esforçado e non se espanto, mas començol a aorar estonces, e dixo assi: «Sennor Dios, que eres sennor sobre los otros sennores, misericordioso, piadoso, soffridor, e de mucha grand merced e de misericordia, e uerdadero, que guardas la tu misericordia en millares de generationes, que perdonas e tuelles los tuertos, e las nemigas e los peccados, ca ninguno non es sin peccado o alguna culpa ante ti, nin iusto menos de Ti. Otrossi Tu eres el sennor que demandas la maldad e el tuerto delos padres fastal tercero e al quarto linage e los penas por ello.» Dichas estas palabras encoruos, e echos a priessa en tierra a priezes[2], e començol a orar de cabo, e dixol assi, demandandol lo quel auie començado a demandar dela guarda del camino por estas palabras: «Sennor, sila tu gra-

---

[1] Lo que sigue es de *Éxodo*, XXXIV, 1 y ss.
[2] *a priezes*: para rezar, en oración.

*ci*a e, pido te merçed que Tu mismo uayas connusco, ca este pueblo yerto es, *e* de dura ceruiz *e* duro coraçon, como Tu dixist; mas perdona nos Tu las nuestras maldades, *e* tuelle nos las, *e* ali*m*pia nos delos peccados *e* ten nos por tuyos. Demas, Sennor, quando Tu fueres connusco non sera tamanna la nuestra dureza quela non abladezca la tu bondad, nin sera tamanna la nuestra maldad que nada sea ante la muchedu*m*bre[3] dela tu misericordia *e* merced, *e* yendo Tu connusco seremos nos bien guiados *e* yremos muy bien.» Sobresto respusol nuestro Sennor, *e* dixol: «Cata, ca Yo demandare el mio paramiento, *e* ueyendo lo todos fare sennales quales nunqua fueron fechas nin uistas sobre tierra en ninguna yente, por que este pueblo en medio del que tu estas uea la marauilla *e* ell espantoso fecho que Yo fare, *e* tu cata como guardes todas las cosas que te Yo agora mando, ca pues que tu tanto lo demandas Yo mismo echare dela tierra ante ti los amorreos, *e* los cananeos *e* los otros pueblos que te dix, *e* librare dellos aquella *tier*ra que te dare. Mas castigo te que desque en ella entrares non ayas amiztad ninguna con aquellos que agora son moradores della que non te pierdas por ello, mas destruir les as sus aras, *e* las mezquitas *e* los *s*us logares de or*ati*on, *e* quebrantar les as las ymagenes delos ydolos, et taiar les as los aruoles delos monteziellos que tienen guardados cerca ellos, so que matan las animalias delos sacrifficios que fazen alos ydolos; *e* guardaras que ninguno delos de Isr*a*el que non aore dioses agenos, ca el nuestro Sennor cela uos *e* ama uos, *e* celoso a nombre por grandes celos, *e* grand pesar *e* malquerencia que a delos quelos aoran.»

Despues quel esto ouo dicho del mal delos ydolos, castigol en pocas palabras delas tres fiestas quel mandara fazer enel anno como gelas aguardassen, *e* otrossi delas offrendas, *e* delas primicias, *e* delos primeros fijos, *e* dela manera delos sacrifficios, *e* de todas las otras leyes *e* delo al todo, assi como uos auemos contado que gelo mandara fazer Ell otra uez dantes, quando estido con El en el mont ante quelos ebreos cayessen enell yerro del uezerro, *e* en cabo de tod esto dixol assi: «Escriue pora ti las palabras del pleyto que Yo oue contigo *e* con el pueblo de Isr*a*el.» Moysen finco alli con nuestro Sennor enel mont, *e* estido y con El desta uez quarenta dias *e* quarenta noches que nin comio nin beuio agua, *e* escriuio estonces en las tablas los .x. mandados dela

---

[3] *muchedumbre*: grandeza.

ley; *e* estos .x. mandados eran las palabras dela postura [4] que el *e* los ebreos ouieran con Dios, assi como gelas mando alli escriuir.

Dell escriuir destas palabras auedes oydo enel començamiento deste capitulo, como dixo nuestro Sennor que El las escriuirie, *e* aqui dize, en el xxxiiij° capitulo dell Exodo, quelas mando escriuir a Moysen, *e* auredes otrossi enel libro que a nombre Deuteronomio, que es el postrimero destos .v. libros de Moysen, o se cuentan de cabo todas estas leyes, que diz que nuestro Sennor que El mismo las escriuio; *e* semeia que son contrallas estas razones. E sobresta contralla fabla maestre Pedro [5] *e* departe la desta guisa: diz que todo es bien dicho, et que podemos entender *e* dezir que compuso nuestro Sennor las razones delos mandados, *e* que ouo ell auctoridad *e* el nombr*e* dend, por quelas mando escriuir, mas quelas escriuio Moysen, assi como dixiemos nos muchas uezes: el rey faze un libro, non por quel el escriua con s*u*s manos, mas por que compone las razones del, *e* las emienda, et yegua, *e* endereça, *e* muestra la manera de como se deuen fazer, *e* desi escriue las qui el manda, pero dezimos por esta razon que el rey faze el libro. Otrossi quando dezimos: el rey faze un palacio o alguna obra, non es dicho por quelo el fiziesse con s*u*s manos, mas por quel mando fazer *e* dio las cosas que fueron mester pora ello; *e* qui esto cu*m*ple aquel a nombre que faze la obra, *e* nos assi ueo que usamos delo dezir. E esta razon tenemos, segund departe maestre Pedro, que dixo nuestro Sennor las razones desta segunda uez, et escriuio las Moysen por la letra ebrayga en aquellas tablas que el fizo por mandado de nuestro Sennor [...].

---

[4] *postura:* acuerdo.
[5] Véase Pedro Coméstor, *Hist. Schol.:* «Et scripsit in tabulis verba foederis decem. Potest dici quod auctoritas scribendi fuit in Domino, ministerium in Moyse» (Migne, v. 198, cap. LXXVII. col. 1102).

General Estoria, Parte I I

[*Josué, XVIII.*] *Del philosopho Tat que ouo nombre Hermes, e fue fijo del otro Hermes Trimegisto, e fue Mercurio*

Andados doze annos del reynado de Josue fue apubliguado [1] e tenudo por grant sabio aquel a quien dixieron Tat, que fue fijo de Hermes a que llamaron Trimegisto, assi como dizen en sus Cronicas Eusebio e Jheronimo [2]. Sobresta razon de

---

[1] *fue apubliguado:* se hizo famoso (público).

[2] En los *Chronici Canones* de Eusebio, traducidos por Jerónimo, se halla solamente una mención genérica a Mercurio (véase la página 7b). Lo que parece ser más probable es que esta información sobre Mercurio provenga de Godofredo: «Mercurius qui etiam dicitur Aegyptius, seu Trismegistus, magnus philosophus fuit, qui mirae profunditatis libros philosophicos edidit» (*Pantheon,* Parte V, pág. 85a).
Tat (o «Thot») era el nombre del dios egipcio y se le atribuía a Hermes porque se identificó a éste con aquél. Para este detalle y para un buen resumen de la tradición hermética, véase Lynn Thorndike, *A History of Magic and Experimental Science during the First Thirteen Centuries of Our Era,* Nueva York, McMillan, 1929, v. I, especialmente el capítulo X. También, Frances A. Yates, *Giordano Bruno and the Hermetic Tradition,* Chicago, The University of Chicago Press, 1964, y especialmente las páginas 1-61. Dicho sea de paso hay que matizar la afirmación de Yates (pág. 50), según la cual *Picatrix,* obra traducida del árabe al castellano, alrededor de 1257, se perdió. Parte del texto castellano que se atribuye generalmente a la escuela alfonsina ha sobrevivido. El Seminario de Estudios Medievales de la Universidad de Wisconsin tiene en vista su publicación. Sobre *Picatrix,* véase Henry y Renée Kahane y Angelina Pietrangeli, «Picatrix and the Talismans», *Romance Philology,* 19 (1966), págs. 574-593. También por los mismos autores, «Hermetism in the Alfonsine Tradition», en *Mélanges offerts à Rita Lejeune,* edición de J. Ducolot, Gembloux, F. Pirot, 1968, t. I, págs. 443-457.
Muchos textos del corpus hermético han sido editados y tradu-

Hermes fallamos que fueron tres los Hermes, et fueron todos
muy sabios e de grant fama; et el uno dellos fue al que
dixieron Mercurio, sobre cuya razon auemos ya dicho ante
desto en esta Estoria [3], que quiere este no*n*bre dezir tanto
como dios de los mercadores, por que le llamauan los gentiles en sus mercadurias, cuemo llamamos agora los *cristi*anos
a los nuestros santos en nuestras priessas, e en toda cosa e
en todo tiempo, que los ayudasse, e aorauanlo, e tenienle
por dios daquel mester; e fue fijo del rey Juppiter e mas
sabios que los otros dos Hermes, ca fue complida mientre
maestro de los tres saberes del triuio que son: la gramatica,
la dialetica e la rectorica, assi cuemo uos lo auemos departido
en esta Estoria ante desto [4]; et dixieron le por ende este
nombre Trimegisto, fascas maestro de tres saberes mas complida mientre que todos los otros sabios daquella sazon.
Et llamaron le otrossi dios del triuio, e los que en alguna
destas tres artes o en todas querien aprender algo, a Mercurio
se acomendauan.

Agora dezir uos emos dotras cosas que acaesçieron sobre
razon del saber deste Hermes Trimegisto.

[*Josué*, XIX.]   *De las razones del saber de Hermes*

Ovidio, que fue uno de los sabios de los gentiles, entre
muchos libros que conpuso, dize en el comienço del mayor
libro que fizo entre todos los otros, o fabla de los Mudamientos de las cosas, que entre Athenas e Tebas yaze una
cibdat que llamauan Focas en aquel tiempo, et esta departe
el regno de Athenas del de Thebas, onde diz alli Ouidio
desta razon este uiesso por latin:

> Separat Aonios Aotoas Phocas ab aruis [1].

Et quiere esto dezir assi en el lenguage de Castiella:
Phocas departe a Tebas de Athenas; et alli en Focas auie

---

cidos por A. J. Festugière y A. D. Nock. Véase *Corpus hermeticum,* 4 vols., París, «Les Belles Lettres», 1954-1960. Véase también, *Libro de Buenos Proverbios,* edición de H. Knust, páginas 112 y ss., y el capítulo CXX y ss. del tomo II de la Parte II
de la GE.

[3] Véase *GE,* I, libro 6, capítulo 24, y especialmente el capítulo 27 (pág. 164).

[4] Véase *GE,* I, libro 7, capítulo 34 y ss.

---

[1] Cfr. *Metamorfosis,* I, v. 313.

un mont a que dizen Parnaso, *e* es uno de los altos del mundo; et fallamos en un libro dun sabio que ouo nombre Esculapio[2] que siete son los mayores montes del mundo, et ouo ell a fablar destos montes por esta razon: dize que fallo un libro de Hermes, el grant philosopho que uos auemos dicho, *e* non entendie en el ninguna cosa nin podie auer quil diesse recabdo del, nin quien le ensennasse que querie dezir aquello que en el seye escripto, fasta que fallo una mugier de Caldea que gelo fizo entender; et queremos uos contar cuemo la fallo, *e* como ouo estas razones con ella por las palabras mismas que lo el cuenta en so libro, que dizen assi:

[*Josué*, XX.]   *De las razones que Esculapio ouo con aquella uieia que fallo*

Dixo Esculapio el philosopho a la uieia: «Falle un libro de Hermes, en que auie muchas figuras departidas[1] las unas de las otras, de guisa que non se semeiauan.» Et desi contol comol ploguiera mucho con el, *e* que se marauillo de las cosas que en el fallaua, cal semeiauan que eran cosas de los saberes antigos *e* muy nueuas de uista, *e* que se pagaua mucho con la su uista, que mas non por aquella razon que fallamos que dize la palabra del sabio: toda cosa nueua plaze[2]. Et empos esto contol otrossi como fiziera demandar, *e* aun demandara ell mismo daquellas figuras por muchas tierras, que querien dezir, ca el non las entendie.

Et dexa agora aqui Esculapio de razonarse con la muger, *e* fabla cuemo aquellos a quien cuenta la razon, *e* diz que non pudo fallar quil dixiesse ningun recabdo del saber daquellas figuras daquel libro, si non una mugier de tierra de Caldea, que dizen que era de la natura de los gigantes, *e* quel dizien Goghgobon por so nombre proprio, et fuera sobrina de Nenproth el gigant, que fiziera la grant torre de

---

[2] Este libro de Esculapio a que se alude aquí y en los capítulos siguientes parece haberse perdido. Cfr. R. Lida de Malkiel: «El *libro de Esculapio,* extractado en la *General estoria,* no parece coincidir con ninguno de los enumerados en los repertorios de obras de esa índole» («La *General estoria...,* I», art. cit., pág. 122).

---

[1] *departidas:* distintas.

[2] Cfr. Plinio, *Hist. Nat.* (XII, v): «est natura hominum novitatis avida». En F. Rico, *La novela picaresca española,* I, Barcelona, Planeta, 1970, pág. 128, n. 16.

Babel por miedo del diluuio; et deste gigant Nemproth e daquella torre uos auemos ya dicho muchas uezes en la primera part desta General Estoria[3], segunt que lo fallamos en libros de muchos sabios. Et dize Esculapio adelant en su razon que quando el se fallo con aquella mugier, que fablo con ella muchas uezes e mucho, assi como fabla omne con su compannero, et demandol de muchas poridades e de muchas cosas antiguas, asmando que las sabie como era mugier de luengo tiempo[4], et como seyen fablando solos en companna e en solaz, contol ella tantas de cosas que fue marauillado Esculapio de lo quel ella dixo. Et diz que quando la fue catando, quanto la mas cato e la mesuro bien, que fue mucho espantado de la su grandez, cal semeio tamanna en todas las fechuras de sos mienbros que lo touo por ademas; et desque fueron entrando en aquellas razones mostrol aquel libro de Hermes que traye, et començol a preguntar que figuras o que letras eran aquellas que ell auie falladas alli, ca el non las entendie nin sabie y dar recabdo a ellas, pero que entendie algo de los saberes; et ella, luego que las uio, respusol e dixol: «Estas figuras letras fueron de los gigantes, mios parientes, de cuyo linage yo uengo; et estas figuras son tales que por una que yo ueo sola en ellas se fazen muchas obras, e ençierran se en ella muchas palabras, et dezimos le nos que es figura de saber, e de poder e de muy grand uertud.»

Preguntol essora Esculapio que de quales de todos los linages de las generationes de los gigantes fueran aquellas figuras, ca muchas fueron las generationes de los gigantes; dixol ella: «Sepas que aquellos cuyas estas figuras e estas letras fueron, uinieron del linage daquellos gigantes que tomauan las grandes pennas e las ponien unas sobre otras, e fazien carrera a las aguas e a los rios poro corriessen, e allegauan la tierra e amontonauan la, e fazien dend las grandes sierras e los grandes oteros, et fazien las carreras por los fuertes logares poro agora andan los omnes por el mundo, et abrien toda cosa çerrada e todo logar, e quebrantauan toda cosa fuert, tanto eran ellos de fuertes; et por end dize la palabra del sabio que fuerça non auarga[5], et quiere esto dezir que non a cosa que al fuert sea fuert nin se le defienda, pero a las uezes uençe el flaco al fuerte, mas esto contesce o por sabe-

---

[3] Cfr. *GE*, I, libro I, capítulo XIX y ss.
[4] *mujer de luengo tiempo:* mujer muy vieja.
[5] *auarga:* falla.

duria o por uentura; et fazien a todas las otras generationes de los omnes aquellos gigantes dond yo uengo que se les omillassen, et andauan cada uno destos grant tierra pora auer el sennorio *e* las fortalezas de los logares, et ganauan lo todo, ca non fallauan quien se les emparasse, tan grant era la su fuerça, et el poder destos non ouo par en so tiempo. Et estas figuras connosco yo muy bien, ca so del so linnage, *e* se por çierto que los fijos *e* los nietos destos ouieron uerdadera mientre el saber dellos; et ellos fueron los primeros omnes que mesuraron los cursos de las estrellas *e* los mouimientos de los çielos, *e* lo sopieron todo, et connoscieron el poder *e* las naturas de los quatro elementos; *e* sepas que este fue el linage de los gigantes a quien dio Dios fuerça, *e* poder *e* saber de fazer en este mundo grandes cosas *e* marauillosas, assi como es derecho *e* pertenesce a aquellos a quien lo Dios da; et esto nos fizo Dios por que nos somos los que uenimos del linage de los dioses; et otrossi ellos fueron los primeros que fizieron grandes palacios, *e* torres, *e* castiellos, *e* assacaron alcaçares, *e* mesuraron castiellos de penna *e* los otros edificios muy grandes, *e* los destroyeron quando quisieron. Et assi cuemo te dix, ellos abrieron las carreras *e* los logares fuertes por el mundo, que eran cerrados de grandes pennas *e* sierras poro non podie passar nin andar ninguna cosa, et trastornaron los yermos, que eran muy grandes *e* mucho escuros por espessedumbre de los montes, *e* pauorosos por muchas bestias fieras *e* muy periglosas que auie y; et buscaron los logares que eran buenos pora poblar, et messuraron las arenas *e* los otros desiertos, *e* fallaron como non eran pora poblar *e* non poblaron y, *e* dexaron los yermos, *e* assi estan oy; et abrieron todos los caminos pora yr de las unas pueblas a las otras, et ellos fueron los que encerraron a Gog *e* a Magog [6] de la otra parte allend de los montes Ripheos [7], et tomaron pora si las tierras de Athlant, que son en occident contra parte de medio dia, et por aquella tierra de Athlas *e* por aquel logar dizen algunos Parayso terrenal.»

[6] Sobre los legendarios Gog y Magog, considerados como seres nefastos y pestilentes, mencionados en el Antiguo Testamento y en el Apocalipsis como también en la Parte IV de la *General Estoria (Alejandro)*, véase especialmente en el apéndice de A. Graf, «La leggenda di Gog e Magog», en *Roma nella memoria e nelle immaginazioni del Medioevo*, v. 2, págs. 507-563.

[7] Cfr. Remigio de Auxerre: «Riphei montes sunt Scithiae ab impetu ventorum ita vocati» (véase *GE*, I, libro II, cap. 23, página 45b).

En el triuio son estos tres saberes: la gramatica que a ell offiçio de fazer las letras et componer ende las partes et ayuntar los latines [2]; la dialetica que departe *e* iudga entre la uerdat *e* la falsedat, *e* parte ell una dell otra; la rectorica que a la natura de fazer all omne saber razonar se apuesta mientre. Onde sobre razon destos tres saberes, fallamos que dize una Summa de la Rectorica [3] que el triuio es el razonamiento *e* el quadruuio el saber de las cosas. Et en tod el triuio fue tan sabio este Mercurio, que fallamos que a aquellas tres sciencias que uos dezimos del triuio que las llamaron los sabios *ministras mercuriales,* que quieren seer tanto cuemo seruientes de Mercurio; onde pone el autor alli en aquella Summa de la Rectorica unas palabras muy buenas dell ensennamiento destos tres saberes del triuio, por so latin muy fermoso *e* muy apuesta mientre ordenado, et por que parescen muy bien aquellas palabras en el latin *e* dan muy buen ensennamiento del officio destos tres saberes, queremos uos los aqui dezir primero por aquel latin que see [4] en el libro, et desi partir las por el lenguage de Castiella; et dizen assi: «cum ex coniugio sermonis *et* sapientie opus insolubile prodeatur, et utrumq*ue* alt*er*o comprobetur maxime indigere huic operi, gramatica prima omnium mercurialium ministrarum accomodat fundamentum, dialetica pariete erigit, rectorica totum edificium pingit et tectum siderium super ponit; prima *est* uia, secunda dux uie, tercia comes iocundus in uia; pri*m*a lingua balbucientem purgat, secunda rubiginem falsitatis elimat, tercia inde opus uariis celaturis informat; prima dat intelectum, secunda fidem, tercia persuasionem; prima docet nos recte loqui, secunda subtiliter *et* acute, tercia persuasibiliter *et* hornate.»

---

[1] Aunque se hayan incluido ya las selecciones de la escuela de Atenas de la Parte I, esta descripción, que resalta por su incisividad y defensa de los estudios del trivio, me parecía demasiado interesante para dejarla aparte.

[2] *ayuntar los latines.* Aquí, parece que quiere decir «juntar las palabras para formar frases».

[3] La «Summa» a que se alude aquí se desconoce. Véase Rosa Lida de Malkiel, «La *General Estoria...*», art. cit., pág. 116; C. Faulhaber, *Latin Rhetorical Theory, op. cit.,* págs. 88 y ss.

[4] *see:* (pres. ind. de *seer*), está, se halla.

Et estos latines quieren assi dezir en el nuestro lenguage de Castiella: que se ayuntaron la razon *e* la sapiençia en uno, et es la razon el triuio et la sapiençia el quadruuio, et deste ayuntamiento diz que salio obra que se non puede desfazer nin perder nunqua et que a siempre mester la razon a la sapiençia *e* la sapiencia a la razon, fascas el triuio al quadruuio *e* el quadruuio al triuio; et paresce que muy mester es que el sabio, pora parescer *e* ser sabio, que sea muy bien razonado, *e* el bien razonado mester a otrossi de seer sabio, *e* que paresca que pone su razon con sapiencia et en aquello que el triuio a de fazer en la razon: la primera de todas las mercuriales ministras, que es la gramatica, faze el çimiento de toda razon, et esto es cuemo qui faze casa, como oyredes adelante por las razones destas otras sus hermanas; la dialetica alça las paredes en la razon, la rectorica pinta *e* affremosa toda la obra *e* ponel de suso muy fremoso techo pintado a estrellas; la primera destas tres sciençias es la carrera, la segunda cabdiella *e* guia la carrera, la tercera es compannera alegre *e* que da alegria a las otras dos hermanas otrossi en essa carrera; la primera destas sçiençias ali*m*pia la lengua tartamuda, por que fable endereçada mientre, la segunda lima della la orin de la falsedat *e* tuelle la ende, la tercera enforma la obra necia[5], *e* entalla la *e* compone la de entalladuras *e* de fermosuras de muchas guisas; la primera da all omne ell entendimiento, la segunda le aduze la creencia de las cosas dichas, la tercera amonesta *e* trae la otra part a acabar el fecho que ella quiere; la primera nos ensenna fablar endereçada mientre, la segunda seer sotiles *e* agudos, la tercera dezir amonestando *e* apuesta mientre. Et llama aqui, como oyestes en este latin, a estos tres saberes ministros mercuriales, fascas siruientes de Mercurio, ca todos tres le siruen, *e* esto es que los sabie el todos muy bien *e* meior que otro sabio que a la su sazon fuesse, et por esso les dieron los sabios nombre de Mercurio mercuriales, *e* non dotro sabio.

[*Josué*, XLII.]   *De como fallo Cadmo las letras de los griegos* e *las prueuas dello*

Este Cadmo, fijo de Agenor, rey de Libia, hermano de la reyna Europa *e* del rey Phinix, de Tiro *e* de Sidon, *e* de Cilix, otrossi rey de Cilicia, desque ouo conseiados estos sos

---

[5] *necia*: «insipiens». La obra, como un niño ignorante, no tiene forma ni idea de nada.

hermanos e los dexo alli en sos regnos cuemo es ya contado [1], uino ell a aquella tierra o dixiemos que se echara [2] la uaca quel guiara, e poblo y aquella cibdad Boetia, que fue despues dicha Thebas. Desque esto ouo fecho alli e poblada su cibdat con aquellos quel ayudaron, e uio su pueblo e la yent en ella crescer e darse a bien, fue muy alegre, et dalli adelant, pensando en las cosas del mundo e que el saber era la riqueza e el tesoro que se nunqua pierde en toda la uida al que bien le a, trabaiosse en razones de saberes e fue a ueer Athenas. Et como quier que en aquella cibdat se trabaiassen mucho otrossi de los saberes, como auemos ya ende contado e departido ante desto [3], pero non auien aun letras complidas nin formadas poro lo escriuiessen todo complida mientre, et acabo ell alli en Thebas todas las letras del a. b. c. de los griegos, e dio su figura e so nombre a cada letra. E a este Cadmo, pues que alla poblo, llamaron le griego e assil llaman agora los nuestros de los latines; et fue este rey Cadmo el primero de los griegos qui las letras griegas uusco, e assumo, e les dio endereçadas e acabadas figuras e acabado entendimiento e saber.

Et contar uos hemos aqui un enxiemplo dun sabio que fablo desta razon de Cadmo e de sus letras: aquel sabio [4] penso en las razones de Ouidio e de los otros autores de los gentiles, e uio como grandeauan a sos dioses e ponien los en grant poder e en grant onrra, pero que eran uanidat, et penso otrossi en las estorias de la nuestra ley, e quiso las eguar, en tanto que establescio dos personas que contendiessen en uno, donde dixiesse la una daquellas personas una razon de la de los gentiles, e respondiesse escontra la otra persona con otra razon de las de la nuestra ley que ouiesse en alguna cosa alguna semeiança con aquella de los gentiles; et del sabio que esta contienda assaco e fizo ende libro dizen algunos que ouo nombre Guerrico [5], et al libro que ende com-

---

[1] Véase *GE,* Parte II, vol. I, cap. [XXXII] y ss.

[2] *se echara:* se había metido, dirigido.

[3] Cfr. *GE,* Parte I, libro 7, cap. 23 y ss.

[4] El «sabio» a quien se alude aquí es Teodulo (Theodulus, siglo IX d. C.), autor de una *Égloga* alegórica de la que se trata abajo. La *Égloga* es un buen ejemplo de debate medieval. Véase la edición de J. Osternacher, Urfahr, 1902. Según L. J. Paetow, Theodulus es probablemente un pseudónimo del alemán Gottschalk de Orbais (Godescale). Véase *Two Medieval Satires, op. cit.,* pág. 56, n. 339.

[5] De acuerdo con R. Lida de Malkiel, «la forma Guerrico...

puso llaman en el latin *Theodolo* et en el lenguage de Castiella *Theodoreth;* et este nombre Theodoreth es compuesto destos dos nombres: el uno *theos,* que dize el griego por aquello que los latinos dezimos Dios, ell otro nombre es *dolus,* que dizen otrossi en el latin por aquello a que en el lenguage de Castiella llaman enganno; onde esta palabra *Teodolus* dizen todos los esponedores de las razones deste libro que tanto quiere dezir como libro de Dios e de enganno, de Dios porque fabla y de las estorias de la nuestra ley que son de nuestro sennor Dios, de enganno por que dize y de las razones de los dioses de los gentiles e de sos ydolos, que son cosa que engannan a las yentes. Et aquellas dos personas en que aquel sabio puso las razones desta contienda ouieron nombre el una [6] Pseustis, e esto en razon de uaron, et a la otra persona llama ell autor Alicia [7]; et departen los esponedores que Pseustis quiere dezir tanto como engannador, et Alicia como la yglesia de Cristo, que dize uerdat e desenganna. Et Pseustis razona [8] lo de los gentiles, et Alicia las estorias de la nuestra ley, et dizen sus razones ell uno contrall otro por quatro uiessos de latin, a la manera que lo ueredes agora aqui en razon deste rey Cadmo, por quien razona Pseustis, e de Moysen, cuya razon pone Alicia contra Pseustis.

[*Josué,* XLIII.]   *De los quatro uiessos de Pseustis en latin,*
  e de lo que quiere dezir en el lenguage de Castiella

Diz Seustis a la mançeba Alicia sobresto por el rey Cadmo, en razon de sus gentiles e de su ley, en el libro Theodolo estos quatro uiessos:

> Grecorum primus uestigat gramatica Cadmus,
> Postquam seuit humi dentes septemplicis ydri;
> Quos nedum fato mersit fortuna sinistro;
> Ne patiatur idem, se sibilat esse draconem [1].

---

resulta inexplicable» («La *General Estoria...*, I», art. cit., página 136, n. 14).

[6] Es decir, «el uno». Como señala Paetow en la nota citada arriba, en el verso 34 de la *Égloga* se lee: «Perge prior, Pseusti, quia masculus.»

[7] «Alithia».

[8] *razona:* presenta las razones, arguye en favor.

---

[1] Theodulo, *Ecloga,* vv. 133-136. En la edición de Osternacher

Et a estos quatro uiessos respondio Alicia a Seustis, otrossi por estos otros quatro suyos en latin:

Raptus aquis Moyses magicas euerterat artes;
Om*n*is eum regio timuit circumflua Nilo;
Et duxit çiues, submersit fluctibus hostes;
Menphios exitium testatur adhuc mare Rubr*um* [2].

Et lo que estos quatro uiessos de Seustis quieren dezir es esto, segunt el lenguaie de Castiella: Cadmo fue el primero de los griegos que escodrino las letras, pues que sembro en la tierra los dientes de la serpient siete doble, los dientes de la serpient que la uentura siniestra auiessa non destruxo de tod en todo con mal fado, et por que non uenga Cadmo a padescer aquello mismo, fascas morir, assi siblo en sinificança que ell serie aun dragon. Et estos sus uiessos de Alicia dizen desta guisa en el lenguage de Castiella: Moysen, robado de las aguas, auie trastornado *e* destroydo las artes de la magica, et temiel toda la tierra que yazie cercal Nilo; saco de seruidumbre ell a sus cibdadanos, *e* mato sos enemigos en las ondas; el mar Uermeio muestra aun el destruymiento de Menphis, esto es de Egipto.

Et segunt esplanan los esponedores destas razones, entiende Alicia a razonar se aqui contra aquel pastor Seustis en la guisa que agora diremos, et quiere assi dezir Alicia: «Seustis, tu aduzes aqui tus razones de tos gentiles, que tengo yo que non muestran ninguna pro quanto es pora salut dell alma, et dizes que el rey Cadmo fue el primero que escodrino las letras de los griegos, *e* quieres dezir que las fizo ell, *e* que fue echado de su padre de tierra de Egipto, *e* arribo a tierra de Asia, *e* gano y tierras *e* regnos, dond heredo a sus hermanos *e* los fizo reyes; et dessa que passo ell a Grecia, *e* poblo y la cibdat de Thebas, *e* fizo y ell a. b. c. de la leyenda de los griegos, et que sembro los dientes de la serpient que el matara alli, et por que los non destruxo todos ell auentura con so fado contrallo, que començo Cadmo a siblar que ell era dragon, por que non cayesse en la pena que los caualleros que nascieran daquellos dientes de la serpient que el sembrara. Mas contra esto si non que lo non quisieron dezir los sabios de los tos gentiles por uentura, o que lo non sopieron, yo respondre *e* te dire la cierta estoria,

se lee *grammata* en vez de «gramatica», lo cual sería más apropiado.
  [2] vv. 137-140. En Osternacher, *Eduxit* en vez de «Et duxit».

e que dize las uerdaderas razones, *e* que muestra las obras de la salut del alma; et ascucha *e* oy aquello que tu dizes de la salida de Cadmo de Egipto: entiende tu *e* teyn[3] que esto Moysen pudo seer, que fue echado de so padre *e* puesto en ell Nilo antel miedo de Pharaon, como se desterro dessa tierra Cadmo antel miedo de su padre, el rey Agenor; et aquello al que la tu razon dize que firio Cadmo la serpient quel matara sos escuderos *e* que la matara el por ello, a Pharaon entiende tu por esta serpient, ca en sos fechos crueles como muy grant serpient fue Pharaon, a quien mato Dios en el mar Uermeio por quel matara ell en Egipto los ninnos de los ebreos a tuerto, *e* tenie a los padres en seruidumbre; et assi cuemo los mato en ell agua, assi mato Dios a ell en ell agua otrossi; et aquello al que as dicho que saco de su tierra Cadmo consigo a sus hermanos, *e* les gano tierras en que los heredo *e* dont los fizo reyes, entienda se por ellos otrossi los ebreos de Egipto que saco ende Moysen *e* los troxo al desierto, poro heredaron ellos tierra de Canaan *e* uinieron despues a auer reyes por si *e* de si, *e* desta guisa entiende tu esto; et por los tos caualleros, que dizes tu como por fabliella o fazanna que nascieron de la serpient *e* se mataron ellos unos a otros, saluo ende çinco que fincaron a uida, entendamos lo meior por los caualleros de Pharaon que uuscaron ellos mismos poro muriessen, *e* los mato Dios en el mar Uermeio, et por los otros otrossi que mataron despues Moysen *e* Josue en las tierras poro fueron *e* o moraron; et, Seustis, desta guisa respondo yo, Alicia, a las tus razones que dichas as, et crey que lo que yo *e* razonado es la uerdadera estoria *e* que aduze salut dell alma, segunt aquello que por ella se entiende; et si Cadmo fizo las letras de los griegos *e* poblo la cibdat de Thebas, assi fizo Moysen las letras del ebraygo *e* compuso la ley cuemo gelo Dios dixo; et quando tu quisieres salud de las almas, la nuestra estoria sigue *e* lo que ella quiere dezir, *e* dexa essas razones de tus gentiles, en que non a pro, si non solaz a lo mucho.» Et por estas palabras *e* razones que dichas son se prueua que Cadmo, rey de Thebas la de Grecia, fue el primero de los griegos que las letras de la leyenda de Grecia fizo.

Agora dexamos aqui estas razones de Seustis *e* de Alicia, *e* tornaremos a las otras razones que fincan y de Cadmo[4].

---

[3] *teyn:* considera.

[4] Sobre Cadmo y la invención de las letras, véase también, Arnulfo (ed. Ghisalberti, págs. 207-208, n. 1).

[*Jueces*, XXIII.] *De la posada e la fuent de Diana, e se bannaua ella y, e se acaescio y Actheon* [1]

En aquellas montannas o Acteon andaua a caça *e* a correr mont auie un ual muy espesso de pinos *e* de cipreses, assi cuemo cuenta ell autor; et el ual auie no*m*bre Gargasie [2] *e* era logar muy a abte; et en aquel mont *e* por esse ual andaua, *e* fascas todo lo mas dell anno, aquella donna Diana, su deessa de caça, et tanto querie ella bien aquella montanna *e* aquel ual quel tenie cuemo appartado por suyo *e* como consagrado, *e* esto querie seer defesado por al su cuerpo, que omne del mundo nunqua entraua alli nin a caça, nin a mont correr, nin a cortar y ninguna cosa nin a fazer y al si non si trauessasse por y alguno por auenimiento, cuemo oyredes aqui agora que fizo este infant. Et en cabo daquel ual auie huna cueua de que cuenta ell autor que era en un appartado muy fermoso, *e* cercada toda de arrahanes *e* dotros muchos aruoles *e* yeruas de muy buenas olores; et diz que aquella cueua nunqua fuera labrada por mano nin por ninguna maestria de omne, si non la natura que pusiera y la su art *e* obrara y de la su sotileza; *e* auie un archo natural de la piedra a que dizen *pozer*, *e* de touas [3] lleues, *e* mas fuert *e* mas fremoso que mano nin saber de ombre le non sabrie nin podrie fazer; et en la diestra part de la cueua nascie una fuent grant de mucha agua, *e* muy clara *e* dulce muy sabrida; et aderredor de la fuent fazie se una plaça dun campo llano *e* muy fermoso, cubierto todo de muy buena yerua *e* sin todo enoyo [4]. Et quando Diana andaua a caça o a correr so mont *e* la siesta la alla tomaua, diz que alli se acogie siempre con sus duennas uirgines que traye, ca otra mugier ninguna con ella non andaua nunqua si non uirgen o muy casta *e* de tanto tiempo que una uirgen ualiesse de prez; et aqui se bannauan ella *e* sus duennas, *e* pensauan de si, *e* perdien la cansedez, *e* comien *e* passauan la grant calentura; desi, la siesta cayda, yuan se.

---

[1] Cfr. Ovidio, *Met.*, III, v. 155 y ss. Como en otras ocasiones, la traducción no es literal. Véase J. R. Ginzler, «The Role of Ovid's Metamorphoses», *op. cit.*, págs. 50 y ss.

[2] Ovidio: «Gargaphie» (v. 156).

[3] *toua*: «piedra caliza y porosa» (Cor.).

[4] *sin todo enoyo*: sin ningún obstáculo.

Et aquel dia que uos dixiemos que Actheon caçara e corriera mont, alli andudiera otrossi Diana por aquellas montannas a aquello mismo que el, e cuemo uos contamos que se quexaua Actheon con la calentura daquel dia, ca la fazie muy grant; et Diana, con la grant calentura que fazie, uinosse aquel dia a aquella fuent a bannar se e tener la siesta cuemo solie; et assi como llego a la fuent, llegaron se le luego aderredor las duennas e donzellas pora seruir la cuemo a sennora a quien temien, e amauan e eran muy bien mandadas; et all una dio ella luego el dardo que traye, all otra ell arco, pero soltol ella la cuerda antes, all otra el carcax, e otra le tomo el manto de uerano que tray [5], et desi guisaron le en que souiesse, e desque la assentaron, fueron dos a descalçar la, et una, a que llama el auctor Crocale, de tierra de Hismeno, e que diz que era mas ensennada que las otras, uino luego con su peyne e peynola, e afeytola, e troxo su cofia e puso gela, e en tod esso cogiol los cabellos e atogelos [6] bien con su cinta. Pues que la ouieron desta manera guisada las unas, fueron quatro otras de las menores, et cuenta el autor que auien estos nombres Nimphe, Hiale, Ramis, Phetas et Phiale [7], et tomaron con sus cantaros dell agua de la fuent, e bannauan la todas muy bien. Et mientre Diana se alli bannaua, tal fue la uentura [8] de Actheon que, pues que dexo la caça e andaua ya por aquel mont a unas e a otras partes, cuemo qui anda erradio por mont que non andudiera nunqua, nil connoscie, nin fallaua carrera nin la auie y, acerto a uenir a aquel lugar daquella cueua e daquella fuent, et aqui diz ell autor que assil trayen las fadas [9] e su natura.

[*Jueces*, XXIV.]   *De cuemo se bannaua Diana desnuya con sus duennas, e la uio esse Actheon, e de lo que Diana y fizo*

Pues que llego Acteon al arroyo que descendie daquella fuent, pagos mucho de las sombras de los aruoles et mucho dell agua que ueye muy clara, e la fallaua muy fria;

---

[5] *tray:* Cfr. la variante *traye.*
[6] *atogelos:* se los ató.
[7] Cfr. Ovidio: «Nepheleque Hyaleque Rhanisque / et Psecas et Phiale» (vv. 171-72).
[8] *uentura:* desdicha.
[9] *las fadas:* el hado.

et fue yndo por ell arroyo arriba por llegar a la fuent dont nascie e ueer la con sabor que auie ende; et subio tanto que uino a aquel campo o la fuent nascie, e uio las duennas como se bannauan. Et maguer que ueye quel uerien ellas, nin se quiso encrobir que nol uiessen, nin dexo de yr e legar fasta dont le uerien. Las duennas assi comol uieron, e estauan todas desnuyas bannando a su sennora, e seruiendo la e bannando se ellas otrossi unas a otras, firieron se de las manos en los pechos grandes feridas, luego quel uieron, e dieron tan grandes gritos que tod el mont enllenaron dellos; et llegaron se todas aderredor de Diana, e cercaron la e crobieron[1] la con los sus cuerpos que la non uiesse Actheon en cuerpo desnuya, et crobieron la de si misma fasta en los ombros, ca dalli arriba era ella mas alta que todas e de tanto las uencie de grandez de tod e cuello a arriba.

Agora pone aqui la estoria de Ouidio en el tercero del su Libro Mayor[2] una semeiança de qual muestra[3] se paro Diana a aquella ora, e diz assi: que de qual color se paran las nuues quando les esta el sol de contra, e las fiere e las torna muy amariellas, o qual se para el alua en la mannana a las uezes uermeia como sangre, tal se paro aquella ora Diana: el color de la cara amariella e uermeia por que uaron la auie uista desnuya sin todo uestido; ca maguer que todas sus duennas la cercaron, diz la Estoria quel uio Acteon el siniestro costado qual estaua ella desnuya; et torno ella la cara atras e aderredor de si, como qui cata por armas, e assi cuemo quisiera auer prestas las saetas, e ell arco o el dardo, e se baxara por las armas pora ferir a Actheon con ellas si las y touiesse, assi tomo las aguas con que la bannauan, e esparçio a Actheon dellas por la cara e por la cabesça, en uengança de lo que el era rafaziado en assi se parar sin toda uerguença a aquella uista. Et desquel ouo ferido e moiado con aquella agua, dixol assi: «Ve agora e cuenta por tus pueblos e tus compannas que uist a Diana desnuya, si dezir lo pudieres, e gaba te[4] dello, e yo te do dent la soltura que lo digas si pudieres. Et quiero[5] que aprendas daqui que a la

---

[1] crobieron: cubrieron (metátesis de cobrir).
[2] Libro Mayor: es decir, las Metamorfosis.
[3] muestra: aspecto, semblante (la cara que puso Diana).
[4] gaba te: búrlate.
[5] Como observa Ginzler (págs. 65-66) la moraleja que sigue es añadida por los traductores (desde «Et quiero» hasta «por ti» al final, casi, del párrafo).

mugier que buena quier seer *e* auer ende el prez, que nol cumple sola mientre de guardar se del fecho del uaron, nin otrossi del dicho, mas aun que se guarde de la uista misma, ca de la uista sola dell oio uino muchas uezes entrel uaron *e* la mugier el fecho a lo peor *e* mas desguisado por la bondat de la mugier, por que non quiero que tu con poder uayas daqui de gabar te de mi, lo que nunqua ombre ouo nin aura mientre yo pudiere; mas yo fare en ti agora fecho que suene mientre el mundo fuere cuemo oy es, et tod aquel que ueer non me pudier, que se recele dent *e* non sea refaziado nin porfioso en ello como tu; et tod aquel que lo oyere que finque ende castigado por ti.» Et nol menazo mas nil dixo otra cosa ninguna. Et estas razones de fasta aqui estoria son.

Agora uienen las otras razones que dizen assi: que hobro dalli adelant Diana del so saber de la magica, et segunt cuenta alli Ouidio, diz ende assi la Estoria que pues que Diana las sus armas auer non pudo a mano con quel firiesse, menos de non salir [6] por ellas sus duennas o ella del agua en que estauan, ca les paresçrien todos los cuerpos, lo que ella refusaua, tornos a las aguas cuemo se tornarie a las armas, *e* encanto las et tomo dellas con sus manos, *e* firio a Acteon *e* encanto y luego a el mismo: et fizo que quantas cosas le uiessen que todos coydassen que era cieruo, et a el turuio otrossi el sentido de guisa que el mismo lo cuydaua que era cieruo *e* se marauillaua de si en ello; et en aquella semeiança [7] lo uieron los sos canes, yl prisieron yl fizieron todo pieças.

Agora diremos lo que departen sobrello los nuestros sabios.

[*Jueces,* XXV.] De lo que los sabios gentiles e los nuestros santos padres dan a entender del fecho del infant Actheon

Todas las Estorias que de Acteon fablan acuerdan que assi fue del como es contado. Agora dezir uos emos lo que dan por ello a entender los nuestros sabios. Diz ell esponedor desta razon sobresto que por cierto aquel infant Actheon que fue caçador, et que tamanno sabor fallo en ello *e* tan cutiana mientre lo siguio que por los canes muchos que traye, *e* las grandes compannas de los omnes que se acogien a ell, por que era el muy bueno *e* partie con ellos quant auie, *e* se des-

---

[6] *menos de non salir:* a menos que saliesen (por las armas).
[7] *semeiança:* aquí, «forma».

fizo por y su fazienda *e* paro muy mal por y aquel derech*o* que ouiera en el reyno, trobaron del los autores de los gentiles que fuera mudado en cieruo; et por que espendio con canes *e* con omnes quant auie, dixieron del quel comieran los sos canes [1]. Aun dan los autores sobresto *e* los esponedores dello otro departimiento [2], en que dizen assi: que cierta mientre aquel infant Actheon que fue muy caçador, cuemo es dicho, mas aquello que dize Ouidio que uio Actheon a Diana desnuya a medio dia que quiere dar a entender Diana la caça, a quien llamauan deessa della, *e* que alli uio *e* entendio Actheon descubierta mientre, cuemo uio a Diana descubierta *e* desnuya, el danno que el fazie en seguir tanto la caça *e* posponer los otros fechos poro auie mas a ualer; por aquello al que dize Ouidio que uio Actheon a Diana a medio dia, quando era el sol mas alto *e* el so feruor mayor, que por aquel medio dia que se entiende que era estonces Actheo*n* en medio de la su edat, quando se deuie trauaiar de ualer *e* poder mas; et por aquello al que oyestes que dixo Ouidio que llamara Actheo*n* sus compannas que cogiessen las redes *e* los otros estrumentos de la caça, *e* prisiessen sos canes *e* se fuessen, ca assaz auien fech*o* aquel dia, que se da a entender que estonces se partio el del grand estudio de la caça, onde Diana su deessa llamol medroso por ello; et por esto quel ella llamo medroso trobaron dell Ouidio *e* los otros autores de los gentiles quel mudo en cieruo, por quel llamo medroso; et aun fizieron y mays: que por que era esto sobre razon de caça que cataron los uenados *e* escodrinaron las naturas dellos, *e* non fallaron y ninguno de natura tan medrosa com*o* el cieruo, et por ende dixieron quel mudara Diana a Actheon en el mas que en otro uenado, et sobrel miedo, que ell auie natural mientre, quel ennadio ella en el tornandol espantadizo por sos encantamientos [3] [...].

---

[1] Cfr. Fabio Plancíades Fulgencio: «Anaximenes qui de picturis antiquis disseruit libro secundo ait uenationem Acteonem dilexisse... Sed dum periculum uenandi fugiret, affectum tamen canum non dimisit, quos inaniter pasceando pene omnem substantiam perdidit; ob hancrem a canibus suis devoratus esse dicitur» (*Opera,* ed. R. Helm, Lipsia, 1898, págs. 62-63).

[2] *departimiento:* explicación.

[3] Véase Arnulfo d'Orléans (que incluye parte de la explicación citada arriba de Plancíades Fulgencio): «Acteon de media die Dianam invenit nudam unde mutatus fuit in cervum, et postea a canibus suis dilaceratus. Re vera Acteon venator de media die id est de medio sue etatis vidit Dianam nudam id est consideravit

Quando Edippo uino a aquel tienplo, finco los ynoios ante aquella ymagen del carro *e* fizo su oration muy de coraçon; et rogo luego a Dios en la primera[2] que non fuesse sannudo contra ell. Desi fizo su demanda *e* pidiol mercet quell dixiesse la respuesta a lo quel demandaua, *e* esta era que quien eran su padre *e* su madre *e* do los fallarie. Et prometio alli Edippo a su dios, Apollo, que si ell la uerdat sopiesse por el, que en toda su uida serie suyo yl seruirie. Fecha esta oracion,

_____

venationem nudam esse id est inutilem. Diana dea venationis bene debet pro venatione poni. Quia venationem tantum abhorruit, fingitur mutatus esse in cervum, qui animalibus ceteris timidior esse perhibetur. Sed cum periculum venandi fugeret affectum tamen canum non dimisit. Quos inaniter pascendo fere omnem substantiam perdidit. Ob hanc ergo causam a canibus suis fuit dilaceratus» (Ghisalberti, pág. 208, n. 2).

_____

[1] Como señaló L. B. Kiddle, la historia de Edipo de la *GE* se basa en la versión francesa en prosa del *Roman de Thèbes,* versión que se hizo en 1230. Kiddle cree (pág. xxxvii de su tesis doctoral) que los traductores de la *GE* prefirieron la versión francesa a la *Tebaida* de Estacio, por ser ésta mucho más larga (en 12 libros y cada libro contiene entre 720 y 946 versos). Además, la *Tebaida* de Estacio no incluye la leyenda de Edipo. Véase particularmente su introducción (págs. iii-liv) a «*La Estoria de Tebas:* The Versión of the *General Estoria* of Alfonso X», tesis doctoral, Universidad de Wisconsin, 1935. También del mismo Kiddle, «A Source of the *General Estoria:* the French Redaction of the *Roman de Thèbes*», *Hispanic Review,* 4 (1936), 264-271; «The Prose Thèbes and the *General Estoria:* An Illustration of the Alphonsine Method of Using Source Material», *Hispanic Review,* 6 (1938), 120-132.
Para el texto de la versión en prosa del *Roman de Thèbes,* véase la edición de L. Constans, 2 vols., en *Societé des anciens textes français,* volumen 31, París, 1890; reimpresión, Nueva York, 1968. También del mismo Constans el estudio *La legénde d'Oedipe étudiée dans l'antiquité, au Moyen-Age et dans les temps modernes en particulier dans 'Le Roman de Thèbes' texte français du XIIe siècle,* París, Maisonneuve, 1881, especialmente las páginas 315-349. Sobre la leyenda de Edipo, véase también la obra de Domenico Comparetti, *Edipo e la mitologia comparata: saggio critico,* Pisa, Nistri, 1867.
[2] *en la primera:* en primer lugar.

uino el spirito a la ymaien, e començo se a mouer en ella, e dio una uoz grant en que dixo al infant que se fuesse dalli pora Thebas e alli sabrie nueuas quien eran su padre e su madre.

Edippo auie uerguença de buscar tal razon como esta nin demandar la a ninguno omne, et fue muy alegre de las nueuas que Apollo le auie dicho alli. Et salio luego del tiemplo, e metiose a la carrera[3], e endereço contral camino de Thebas que caualgo tan apriessa que llego a un castiello a que llamauan Foçes.

Et fazien esse dia en esse castiello muy grant alegria, ca eran y todos los de la uilla, e ayuntaran se y otrossi todos los de la tierra pora auer muy grant fiesta e muy grandes alegrias que auien de fazer essos de la uilla a sus dioses. Et tan grant era el fecho daquella fiesta e daquellas alegrias que Layo mismo, que era rey de Thebas, uino y.

E a poca de pieça[4] de quando Edippo llego a la puerta daquel castiello, començaron a pelear aquellas conpannas que eran alli llegadas. E tanto crescio la contienda entrellos que llego a grant batalla; et los que estauan fuera quisieran entrar dentro, mas non pudieron ante la grant batalla e grant priessa[5] que auie dentro. Pero entro Edippo, e metiosse en la priessa de la batalla, e començo de ferir. Et assi le acaescio que en la priessa que llego alli o estaua el rey Layo, e non lo connosciendo, firiol ell e matol; et acaesciol assi de matar a su padre, et desta guisa murio alli el rey Layo de Thebas, et assi se cunplio lo que los adeuinos le auien dicho que aquel so fijo le matarie.

Et alli o ell rey Layo murio tanta era grant la priessa del ferir, e del sofrir, e del morir, e de fincar uida que ninguno non cataua si non por si, nin cato otrossi ninguno por ell rey. Assi que entre todas sus yentes non ouo y quien le uiesse morir nin quien sopiesse quien le matara, ca el infante Edippo —lo uno por que estaba como sennero entre tanta yente como era la otra, lo al por que entendie que auie muerto tan noble cauallero— desuiosse luego dalli con miedo quel matarie alguno, e metiosse entre la yent e fuesse a otra part.

---

[3] *metiose a la carrera:* emprendió el viaje.

[4] *a poca de pieça:* al poco tiempo.

[5] *priessa:* «tropel agitado de gente» (Cor.); apiñamiento.

[*Jueces,* CCXXVIII.] *Del duelo que fue fecho por el rey Layo de Thebas*

Pues que quedo [1] aquella batalla, demandaron todos por el rey Layo; et pues que a ninguna parte le non fallauan, touieron que muerto era en la priessa de la batalla, ca ninguno non le uiera yr dalli. Et metieron se a buscar le entre los que yazien muertos, *e* fallaron le y. Et ayuntaron se luego todos sus uassallos *e* muchas de las otras yentes de aderredor de Thebas; *e* fue muy grant el duelo que por ell alli fizieron. Et tomaron el cuerpo muy onrrada mientre *e* leuaron le a Thebas a la reyna Jocasta, su mugier; et la reyna, quando sopo que muerto era el rey, so marido, cayo como salida de sentido por ell. Et desque la metieron en acuerdo [2], fizo muy grant duelo por su marido, segunt que era la costunbre daquella tierra. Et acabadas las onrras dell duelo, metieron le en su tienplo, *e* soterraron le muy noble mientre *e* en muy rico sepulcro, segunt la costunbre de los reyes daquel tiempo.

[*Jueces,* CCXXIX.] *De como yendo se Edippo pora Tebas fallo en una montanna un bestiglo a que dizien Spin*

Fecho esto en aquell castiello de Foces, salio dalli el infant Edippo, *e* fue su carrera pora Thebas por razon de la respuesta que auemos dicha quel diera el so dios, Apollo, que alli aurie nueuas ciertas de so padre *e* de su madre. Et assi como començo a yr su carrera, non fue derecho, mas desuiosse contra la mar a una montanna o estaua aquel bestiglo que dixiemos.

Et era esse bestiglo muy marauilloso *e* diremos quanto: que auie el cuerpo de leon, et pies et unnas de lagarto, et el cuello *e* la cara de donzella marauillosa *e* cruel. Aquesta bestia tal que estaua en aquella montanna era muy mala, de guisa que toda la tierra de cerca la auien miedo, et llamauan la Spin.

Et ninguno non osaua acostar se a la montanna do ella era; et dizen que, quando acaescie que algun omne passaua

---

[1] *pues que quedo:* después de que cesó (en cuanto cesó).

[2] *la metieron en acuerdo:* le hicieron volver en sí, recobrar el sentido.

por alli *e* se non guardaua daquel bestiglo, que uinie a la carrera all omne et fazie le una demanda. *E* si ge la non soltaua bien esse omne que passaua camino, quel mataua *e* fazie le pieças; *e* si bien gelo soltaua, non le mataua nin se le mostraua si non que se paraua tras alguna cosa que la non uiesse *e* faziel su demanda. *E* si se ella pagaua de la soltura [1], callaua se *e* estaua se alli que non parescie; *e* si non, salie, *e* mataual, et faziel como auemos dicho. Et temien la por esto todas aquellas tierras, et al qui le respondie de que se ella pagaua yua se *e* non se le mostraua mas.

[*Jueces,* CCXXX.]   *De como fallo Edippo aquell bestiglo Spin*

Oydo auie Edippo daquell bestiglo Spin de como estaua en aquella montanna, *e* como fazie a los que passauan por y; mas fiando ell por las palauras de la respuesta de Apollo que non morrie ant que a Thebas non fuesse, non dubdo de yr por aquel logar por ueer aquell bestiglo. *E* yua muy triste, et fue yendo por la montanna tanto fasta que llego do estaua aquel bestiglo. Et, segunt cuenta la estoria, semeio a Edippo que era diablo et uio la uenir de aluenne, ca estaua ell ya en somo de la montanna. Et fue muy alegre con la uista della, *e* plogol de fallar la alli mucho mas que en otro logar.

Et la Spin uinie muy yrada por que passara ya grant tienpo que non auie uisto otro omne en toda aquella montanna de que ouiesse oydo nueuas ningunas, *e* nin se le osaua ninguno parar delantre; mas Edippo fue contra ella *e* parosse le de cara en la carrera. Et demandol entonces si querie responder a la adeuinancia quell ella demandarie; et departiol assi *e* dixol que si gela soltasse bien, que pudiesse ell matar a ella, o si non, que matarie ella a ell, *e* que assi era puesta la ley.

[*Jueces,* CCXXXI.]   *De la adeuinança que la Spin demando a Edippo*

Edippo en todo esto cato la bestia, *e* uio la muy fea *e* mucho espantosa; et, segunt que dize la estoria, que non era

---

[1] *se pagaua de la soltura:* se quedaba satisfecha de la respuesta (solución).

marauilla si miedo ouiera Edippo de bestiglo tan estranno
e daquella guisa fecho e tan grant. Et pero diz que con todo
esto que estido el toda uia esforçado en su coraçon, que
auie bueno, et dixo a la serpient quel dixiesse lo quel auie
a dezir.

Dixol estonces la serpient luego: «Vna animalia es de
natura que, quando nasce de su madre, de tal flaqueza es
que menos de ayuda [1] de su madre que non puede andar. Et
despues a tienpo esfuerçasse tanto que anda en quatro pies,
e esto sin ayuda de su madre. Et aun despues desto esfuer-
ça se a enfestar se, e anda en tres pies. Et aun despues
atreue se mas aun, e anda en dos pies; et aun despues de todo
esto torna de cabo a enflaquecer tanto que por la flaqueza
en que cae que uiene de cabo a andar en tres pies; et aun
en la postremeria del so tienpo torna se a andar en quatro
pies, et uiene esto o por la flaqueza de su cuerpo o por
dolor quel toma. Agora dime, ¿que bestia puede esta seer?
Et si lo departieres, bien; si non, ten por cierto que perdida
as la uida.»

Dixol entonces Edippo: «Si esto sopiere departir, non serie
derecho que tu me fiziesses tuerto ni mal ninguno.» Respondiol entonces la Spin: «Dicho te he la ley que a entre mi
e ti e ouo entre aquellos que comigo contendieron sobre tal
cosa como esta, et yo te asseguro que te non temas de mi
si tu bien dixieres.» Començo entonces e dixol assi luego:
«Loca creatura de mi mismo as fecho tu scarnio en esta
razon e agora telo departire.»

[*Jueces,* CCXXXII.] *De como solto Edippo aquella adeuinança a la bestia* e *como la mato*

Empos esto començo Edippo su razon, e fue departiendo,
e dixo assi: «Este enxienplo en mi mismo lo quiero departir, e digo assi ende: Quando yo nasci de mi madre, tan flaco era por natura que me non podia ayudar nin me podia leuantar si mi madre o otri non me leuantasse, assi que
entonces non podia andar en ningun pie. Despues daquel
tienpo cresci tanto e esforce me en la natura que me atroue,
e començe a andar en quatro pies, e andit en ellos. Et yendo
adelant en la criança e en la natura, arrime me a las paredes e a lo al que fallaua; e andaua daquella guisa tanto

---

[1] *menos de ayuda:* a menos que tenga la ayuda.

que en todo esto oue un palo *e,* esforçando me en aquel, desarrime me de lo al, *e* andit con el en tres pies, mas los dos eran los mios naturales que me yo auia *e* el tercero el palo. Et quando me fiz mas esforçado, eche el palo *e* andit en mios dos pies que auia naturales como los *e* agora, *e* ando en ellos. Et despues daquella mi edat enflaqueçe ell omne de cabo, *e* conuiene le a taiar un palo de que se ayude, *e* a de andar en tres pies en la guisa que fue dicho antes, *e* assi andare yo aun, *e* destos tres pies es el palo ell uno. Et aun en pos esto enflaqueçre tanto que andare en quatro pies como en la primera, et esto sera con dos pies *e* dos palmas poro andudiere, *e* aquellas dos palmas seran las manos.»

Et desta guisa solto Edippo a la Spin el adeuinança de la demanda quel fizo, et desi dixol: «¿Semeia te que es uerdadera *e* derechera la soltura que te fiz de la adeuinança de la pregunta que me feziste?» Respusol ella: «Tengo¹ que me respondiste muy bien, *e* so ende pagada.» Dixol entonces Edippo: «Pues, por que tu mateste muchos buenos om*n*es sobre tales demandas como estas que les fazies, quiero yo agora matar a ti.» En tod esto alço Edippo la spada, *e* trayo la a derredor, *e* firio la Spin *e* corto le la cabeça; et de la guisa que auemos dicho fue y librada la tierra de aquella bestia Spin.

[*Jueces,* CCXXXIII.] *De como uino Edippo a Thebas* e *caso y con su madre*

Quando Edippo esto ouo fecho de la Spin en aquella montanna, mouiosse luego dalli *e* fuesse pora Thebas. Et luego que fue y, llegosse a los caualleros del rey Layo *e* a los otros omnes buenos del reyno. Et conto ell auenimiento quel auie contescido en aquella montanna, *e* como fallara aquel bestiglo Spin, *e* las razones que ouiera con ella, *e* como la uenciera *e* la matara. Et sonaron las nueuas dello por ell reyno como aquel cauallero matara la serpient Spin en la grant montanna o ella moraua *e* non osaua ninguno passar por alli antella. Et quantos ouo en la cibdat *e* en el reyno ouieron ende grant alegria, *e* fizieron por ende muy grant onrra a Edippo, ca touieron que por ell era toda aquella ti*e*rra librada daquel bestiglo malo.

---

² *tengo:* considero, admito.

180

Et empos esto uinieron los mas altos omnes de la cibdat *e* del reyno a la reyna Jocasta, que estaua muy dolorida por so marido, et souieron con ella *e* fablaron le de los fechos del mundo *e* del mantenimiento del reyno, *e* dieron le por conseio que oluidasse aquel duelo, ca non entendien que por mantener le ganasse y nada. Ella, quando los omnes buenos *e* onrrados *e* ancianos le esto dizien *e* conseiauan, fuel uerguença de denodar los en su conseio; et respondio les, *e* dixo les que catassen ellos que fiziessen y, *e* que conuiene a ella, ca ella non auie fijo nin fija que despues della auiesse el reyno *e* reynasse.

A esto respondieron ellos que serie derecho *e* mesura que ella tomasse marido por que la yent fuesse gouernada en paz *e* en justicia, *e* fiziesse generacion que reynasse despues dellos *e* lo mantouiesse otrossi, ca bien sabien ellos que la tierra que duenna mantenia *e* uaron mantenedor non auie, que en cueta era *e* en mala uentura *e* en trauaio uiuie; et que por ende serie derecho *e* muy guisado que ella tomasse marido porque fuessen ellos conseiados, *e* los ayudasse ell, *e* los deffendiesse quando meester les fuesse.

Respondio les ella entonces, *e* dixo que farie lo que ellos quisiessen tanto ueye que fablauan ellos y con guisa *e* lo querien. Dixieron le ellos essora: «Pues, sennora, aqui en la uilla a un cauallero de tierra de Arcadia que es muy fremoso *e* muy ualient; et este mato al bestiglo Spin que auedes oydo que era aqui en uuestra montanna ante quien omne del mundo non osaua alla entrar, onde era uuestra tierra en grant miedo *e* se auien todos a guardar daquel lugar.» Et pues quel esto ouieron dicho, razonaron ante ella por Edippo que semeiaua alto omne *e* de grant guisa *e* muy noble. Et tanto fablaron *e* dixieron y que metieron en coraçon a la reyna que demandasse por el, *e* quel uiesse, *e* quel tomasse por marido pues que los sos omnes buenos del reyno lo tenien por bien.

[*Jueces,* CCXXXIV.] *De como se apercebio la reyna de so marido que era so fijo*

Este auenimiento de matar el fijo al padre suyo *e* desi casar con su madre mucho fue estranno *e* de grant dolor; pero, por que non es tanto de marauillar cuenta la estoria que auie estonces el diablo muy grant poder en el mundo, ca diz que pocas eran o aun ninguna estonces las yentes, sinon muy pocos omnes, que connosciesen nin sopiessen quien era Dios.

Et con tod esto fue fecha la fiesta destas bodas muy grant en Tebas, mas despues a tienpo fueron las bodas tornadas a muy grant dolor, assi como lo contaremos adelant segunt que lo diz la estoria. Pues, Edippo tomo a su madre por mugier e caso con ella; e fue Edippo rey ardit e sabio, e gouerno bien la tierra e el reyno grant tienpo, et nunqua ouo uezino nin otro frontero que tuerto nin desmesura fiziesse contra ell, ca gelo uedaua el muy de rezio como era buen cauallero de armas e los escarmentaua desi.

Este rey Edippo fizo dos fijos e dos fijas en aquella reyna Jocasta: et el primero dellos ouo nonbre Ethiocles, et ell otro Pollinices: et la primera fija otrossi ouo nonbre Anthigone, et la otra Ysmeyne.

Aquellos dos infantes crescieron e fizieron se mancebos bien fechos, e fuertes e buenos por si; et Edippo uino a tienpo que enuegescio.

E un dia assi acaescio que estaua el descalço ante so lecho, e uino alli la reyna a ell, e catol a los pies e uio commo los ouiera foradados; e tenie en los lugares las sennales de las llagas que ouiera en ellos de quando los sergentes della e del rey Layo gelos foradaran, e le dexaran colgado dellos en la montanna como es ya dicho. La reyna, quando lo uio, metio mientes en ello, e fue tan espantada e tan presa del espanto que non pudo fablar nin una palabra que era poco. Et entendio ella aquello por que los sergentes quel colgaran en el aruol le auien dicho toda la uerdat de como fizieran del infant su fijo yl non mataran, nin era muerto nin se perdiera, e comol dexaran sano del cuerpo, mas quel foradaran los pies e quel dexaran colgado dellos. Onde la reyna metio mientes en este fecho e fue ende espantada, como dixiemos; mas pero non fizo semeiança [1] ninguna por que ninguno se apercebiesse daquello en que ella paraua mientes, e callosse aquella ora, e quiso que fincasse assi la cosa fata en la noche quando fuessen los omnes echados e dormidos, e fue assi.

Despues que uino la noche e se echaron las conpannas todas, echaron se otrossi el rey e la reyna en so lecho. Et la reyna yaziesse [2] assi que non durmie, e los ombres por el

---

[1] *semeiança:* demostración.
[2] *yaziesse:* yacía.

palacio durmien ya como al primero suenno, e el rey yaziesse otrossi entonce que non durmie, e yazien se quedados[3] el rey e la reyna que non durmien nin se fablauan. Estonces la reyna, como aquella que estaua en muy grant cuedado, dio un sospiro muy grant. Et el rey Edippo que non durmie otrossi, quando oyo aquel sospiro a la reyna, dixo: «Duenna, ¿en que penssades que assi sospirastes?, ca mucho me tengo por marauillado que es aquello por que uos assi sospirastes, e quiero que me lo digades.» La reyna dixol: «Rey, que lo quiero fazer, que uos non negare ende ninguna cosa.»

[Jueces, CCXXXV.]   De cuemo la reyna Jocasta dixo al rey Edippo, so fijo e so marido, la uerdat de lo que ella auie penssado

Dixo ella: «Agora me oyt, rey. Assi acaescio que quando yo era mancebilla, que tome marido un rey a que dixieron Layo; et diera me le nuestro sennor Dios ca abiniemos en uno muy bien en todos nuestros fechos como muy buen marido con su buena mugier. Et fiziemos yo e el un fijo; e ante quel yo pariesse, enuio el rey por los adeuinos de la tierra, e demando les daquello de que yo era prennada que auie de seer. Los adeuinos cataron lo, e uinieron al rey, e dixieron le que nascerie de mi un fijo que semeiarie tan fuerte como fierro, e cruel, e que matarie a su padre. El rey Layo, quando esta razon oyo, dubdo mucho en el fecho del auentura[1]; e mando a mi estonces quando era prennada que si pariesse fijo uaron, quel mandasse luego matar.

»Et yo fuy muy triste e muy yrada de tal fecho como aquel, e pero non me atroue de ser osada de yr contral so mandado; mas finque en mi tristeza muy grant daquel auenimiento tan estranno que auie de uenir. Et luego que pari e fue fijo uaron muy fermoso, enuiel al rey, esperando que se doldrie del e quel non mandarie fazer ningun mal, mas criar le de que fuera yo muy alegre; mas mando el tomar a sos sergentes e lleuar le a una grant montanna que a aqui en la tierra, e quel matassen y.

»Mas aquello que les mando el rey fazer non lo fizieron nin mataron el ninno, ca dizien que se les começo a reyr e assolazar los, et ellos, quando aquello uieron, ouieron grant

---

[3] *quedados:* silenciosos, tranquilos.

---

[1] *dubdo... auentura:* temió mucho lo que iba a ocurrir.

duelo e non le quisieron matar —assi como ellos a mi dixieron despues—, mas quel foradaron los pies e colgaron le dellos de un aruol; e que assi lo dexaron a su Dios e a su uentura.»

[*Jueces,* CCXXXVI.] *De como coniuro la reyna a Edippo quel dixiesse que don era natural*

Començo la reyna en esta demanda desta guisa, e dixo assi a Edippo: «Quando los sergentes se tornaron de fazer al infant lo que uos e dicho, demande les yo que auien fecho del. Et ellos respondieron me lo que auedes oydo que uos dix, e demas que me dixieron despues lo que uos agora dire: que luego que se partieron del monte, que uieran uenir un alto onbre, e que luego le descolgaron e que le leuaran conssigo. Et, sennor rey, desta cosa so yo muy marauillada e esto en dubda; et agora, quando ui los uuestros pies e las sennales de las llagas, fuy ende muy conturuiada, e uos, sennor, ¿otrossi non sodes ende marauillado mucho? Et quando uos uiniestes primero a esta uilla, estonces murio el rey Layo, mio sennor, como uos sabedes.»

Quando Edippo oyo esto dezir a la reyna, marauillos otrossi mucho en si mismo, et entendio bien que el fuera aquel ninno a qui assi contesciera como es ya contado. Et el, quando esto sopo e ueye por çierto que assi era, sospiro e el sospiro fue muy grant en guisa que mostraua grant tristeza. La reyna otrossi quando aquello oyo, fue ya mas espantada que non en antes; e coniuro estonces al rey por sos dioses quel non negasse la uerdat de qual tierra era, e por qual auenimiento era uenido a la çibdat de Thebas, diziendol que el so coraçon era en grant angostura. Edippo oyo lo que la reyna dizie e el coniuramiento quel fazie, mas por tod esso mucho tardo en responder le ca la grant tristeza quel tomara le auie tollida la palabra que non podie fablar. Et tanto tardo en ello quel demando la reyna yl aquexo quel respondiesse.

[*Jueces,* CCXXXVII.] *De como conto Edippo a la reyna o fuera criado*

Respondio empos esto Edippo a la demanda de la reyna, e dixol como el rey Polibio de Arcadia le auie criado yl fiziera heredero del reyno, faziendol entender que ell era su padre, et auie ordenado que despues del quel ouiesse el sennorio del reyno; mas que de como a el fuera dicho que non auie derecho ninguno de heredar en lo del rey Polibio cal non pertenescie ninguna cosa por derecho nin por linnage, et que al ora quel esto dixieran ques parara triste *e* desmayado por ello, *e* que fuera luego al templo de Apollo en romeria *e* a fazer su oraçion, et quel preguntara quien fuera so padre *e* su madre; et el, quel respondiera que se fuesse contra Thebas *e* que y aprendrie nueuas ciertas quien fueran so padre *e* su madre.

«Et, reyna sennora, sali dalli despues *e* tanto andit que llegue a un castiello que dizien Foces, *e* falle a los de la uilla que fazien grant fiesta *e* muchos iuegos nueuos. Et entiendo que alli mate yo al rey Layo sin toda dubda, *e* ueo que este fue uuestro marido; mas ninguno non sopo quil auie muerto tan espessa *e* tan buelta[1] era la batalla. Estonces me meti yo de cabo a la carrera por uenir a esta cibdat o a uos tome por mugier *e* uos a mi por uuestro marido. Et fiz esta uenida aca por mandado de Apollo, como uos he dicho que me dixo que aqui sabria ciertas nueuas dont fuera mio padre *e* mi madre.»

[*Jueces,* CCXXXVIII.] *De como cato de cabo la reyna los pies del rey por seer mas çierta del fecho*

Pves que la reyna oyo al rey estas razones, fue la mas cuetada *e* la mas triste que ser podrie, cal daua el coraçon de tod en todo que aquel Edippo era el su fijo que ella tenie estonces por su marido *e* que auie el muerto a su padre. E començo estonces a llorar muy grieue mientre; et Edippo otrossi, pues que entendio por çierto ell auenimiento malo en que era caydo, fue otrossi muy triste por ello.

La reyna, otrossi, non se assegurando aun en aquello leuantos de su lecho, *e* tomo una candela encesa, *e* uino con ella al lecho al rey por ueer mas aquel auenimiento. Et quando la reyna llego con su candela, descrubio el rey los pies; et entrel *e* la reyna tomaron los en sus manos *e* cataron los de amas partes, et entendieron *e* uieron cierta mientre los forados que los sergentes le auien fecho en su ninnez quandol colgaron del aruol en el mont.

---

[1] *buelta:* confusa, áspera.

Dalli adelant non ouieron ella nin el rey conorte ninguno en aquel fecho, ca amos entendieron bien el mal fado e el mal auenimiento en que eran caydos. La reyna fizo entonçes muy grant duelo diziendo, e llorando e rascandos toda, que ella era la mugier mas desauenturada de tod el mundo e la mas oluidada de los dioses e mas quebrantada.

[*Jueces,* CCXXXIX.]   *Del duelo que fizieron essora la reyna e el rey*

El duelo e el pesar que el rey e la reyna alli ouieron fue muy grant, mas non menor el del rey. Et fablo estonces alli el rey a la reyna, e dixol assi: «Reyna, quando bien lo cataremos, non deuedes uos tomar tamanna tristeza por este fecho como yo, ca mayor e mas greue deue ser la mia que non la uuestra; et los dioses me quisieron mal e me quieren, que me lo non mostraron ante desto. Et esto non me contescio con ellos por que les yo non sopiesse seruir e los non seruiesse.»

En tod esto fizieron amos grant duelo daquella ora de la noche fasta en la mannana. Desque amanescio, fuesse el rey por al tenplo a fazer su duelo, e en tod esto llorando, e matandosse, e llamando se catiuo e que en su ueiez era tornado en grant catiuidat.

[*Jueces,* CCXL.]   *De como Edippo, rey de Thebas, perdio la vista por el grand crebanto en que era*

La reyna Jocasta si triste estaua, non era marauilla, ca sabie ya ella bien que de su fijo mismo auie ya fecho dos fijos e dos fijas. Et el rey Edippo lloro tanto que perdio el ueer, e doblosse le entonces daquella guisa la tristeza. Et amos sos fijos, Ethiocles e Pollinices, que eran ninnos e fermosos, preciauan menos a so padre por el duelo que fazie e por tan grant tristeza que tomaua en si, e fazien grant escarnio del. Et el rey e la reyna amos fizieron grant duelo, e desseauan que fuesse muy poca su uida. Et dizen que nunqua los dioses tamanno escarnio, nin tamanna auiltança, e dolor, e quebranto aduxieran sobre otros omnes como sobrellos.

Et assi acaescio que un dia que uinieron amos los fijos delant ell e dixieron le muchos escarnios malos, tanto que se ayro ell *e* fue muy sannudo; *e* con despecho de *sos* fijos quebrantosse amos los oios, *e* sacosselos, *e* echolos ante sus fijos. Et ellos estonces sobieron de pies [1] en ellos, *e* follaron los oios de so padre, *e* sobresso maltroxieron le de mala guisa, tanto que se touo ell ende tan por quebrantado que non pudo mas. Et en cabo tomaron le los fijos *e* echaron le en una cueua, o fue el despues en grant tristeza *e* en grant dolor *e* murio.

[*Jueces,* CCCXXVIII.]   *Del rey Minos de Creta*

Aquel rey Minos, assi como lo auemos ya departido en esta estoria [1], fijo fue del rey Juppiter *e* de la reyna Europa. Et assi aprouo por bueno *e* por fuerte que punno de ganar el reyno de Creta *e* reyno y. Et auie estonces en aquella tierra una infante de grant guisa —donzella grant, *e* fermosa, *e* de muy grant entendimiento, tanto que la llamauan sus yentes fija del sol por el grant saber que auie en ella. Et caso el rey Minos con aquella infant; *e* ella auie no*n*bre Pasiphe.

[*Jueces,* CCCXXIX.]   *Del fecho de la reyna Pasiphe* [1]

Las reynas, maguer que son de la mas alta sangre del mundo *e* las mas altas duennas que seer pueden, a las uezes algunas dellas non pueden foyr nin mudan las naturas de las mugieres. Et diz que la isla de Creta es muy grant, *e* que a en ella cient cibdades con *sus* aldeas *e* sus terminos, assi

---

[1] *sobieron de pies:* pisaron.

---

[1] Véase *Jueces,* cap. [CCCXVII], Parte II, vol. I, pág. 387a.

---

[1] Como señala M. R. Lida, «el núcleo de la historia de Pasífae... se remonta a Servio, *in Aen.,* VI, 14 y ss., ... pero su desarrollo parece la obra de un imitador medieval de Ovidio: nótese, por ejemplo, la convencional fecha al comienzo («et era esto en el tiempo del mayo»), el papel de la nodriza que, como la de Mirra en las *Metamorfosis,* X, 391 y ss., insiste en conocer el secreto de la enamorada, se espanta al oírlo, intenta disuadirla y acaba ingeniándose para satisfacerla. ¿Habrá prosificado aquí la glosa un poemita medieval?...» («La *General Estoria...,* I», artículo cit., pág. 134, n. 8). Véase, también, Higinio, *Fabulae,* edición de B. Bunte, Lipsia, 1856?, pág. 60.

como es contado en esta estoria ante desto [2]. Et el rey Minos fue andar por so reyno; et andando el por su tierra finco la reyna Pasiphe en su casa. Et como contescen a las uegadas que yerran las grandes sennoras, tan bien como las uassallas, acaescio a la reyna Pasiphe de errar en esta guisa.

Cerca los palacios de la reyna Pasiphe auie y lugares muy a autes [3] de muchos canpos, e de muchos prados, e seluas, e muy buenos exidos. Et un dia acaescio por auenimiento que una grey de uacas del rey que uinieron alli paçiendo a aquellos canpos antel palacio de la reyna. Et acaescio otrossi que la reyna Pasiphe que ouo sabor de salir a andar con sus duennas, e salio a essos campos mismos poro las uacas andauan. Et era esto en el tienpo del mayo quando los toros quieren a las vacas e ellas a ellos.

Et acaescio que un toro llego [4] alli a una vaca ante la reyna de guisa que lo uio ella. Et fue en tal punto que tamanna cobdicia le tomo de auer con [5] aquel toro otro tal fecho qual le uio fazer con la vaca que por poco non cayo desmemoriada en tierra. Mas pero ante la grant uerguença de las ricas fembras que eran y con ella, sufriosse [6] e encrubiosse, saluo ende que non pudo estar que non dixiesse quel tomara grant mal. E quando se començo a quexar, llegaron se las amas, e las couigeras, e las duennas sus priuadas, e corrieron todas a ella a demandar le que dolor le tomara o que era aquello. Et ella non les quiso alli dezir ninguna cosa si non que la tornassen priuado a so palacio, ca se dolie de muy fuerte guisa de mal quel tomara al coraçon.

Et luego que fueron en el palacio, llegosse su ama a ella e ueyendo la muy quexada dixol assi: «Reyna, sennora, yo so uuestra ama, e uos di las mis tetas, e uos crie, e troxe [7] las mis manos por tod el uuestro cuerpo, e non a en el poridat ninguna que yo non aya uisto muchas uezes e sepa muy bien. Et de guisa uos guarde yo que sienpre uos plogo mucho comigo, e muy mas quanto mas entendiestes; e aun oy assi es, loado a Dios, que uos non despagades [8] de mi. Onde uos pido por merçet que si este uuestro dolor tan quexado de

[2] En la Parte II, vol. I, págs. 31-34.
[3] *a autes:* cfr. «a abte», agradables.
[4] *llego a:* se acopló con.
[5] *auer con...:* de hacer lo mismo, es decir, de acoplarse con el toro.
[6] *sufriosse:* se contuvo («se aguantó»).
[7] *troxe:* pasé.
[8] *despagades:* quedéis insatisfecha, enfadada.

alguna cosa es que a qual quier mugier deuades descrobir, que lo descrobades a mi; ca non se yo oy en tod el uuestro reyno quien assi uos de y consseio e uos encruba como yo. Et mucha merçet uos pido que me lo digades luego, ca luego dare yo y conseio.» Et sobresto afinco la mucho de como la ueye quexada.

[*Jueces,* CCCXXX.] *De como la reyna Pasiphe se descrubio a su ama* e *de lo que* y *fizieron*

Pasiphe, quando uio a su ama tan afincada en aquel fecho e quel prometie assi poridad e acorro, atrouosse a descrobirsele. Et dixol como uiera a aquel toro auer a aquella uaca, que en tal punto fuera e en tal malauentura le uiniera al coraçon que era muerta por auer ella a aquel toro como le uiera auer a la uaca o en qual quier manera que seer pudiesse. Et pues que tanto la prometio que diesse y consseio como pudies ser e si non, que muerta era e que nunqua la dalli uerie leuantar si el esto non guisasse.

Ell ama, quando aquella marauilla e estranneza oyo, pesol tanto que mas non pudo. E començo la de castigar e dezir que aquello que non era pora ella, nin lo quisiesse ella. Et non sopo carrera nin enxienplo bueno que assacar que lo non assaco todo, e gelo dixo por tirar la e desuiar la daquella carrera e daquel mal. Mas la reyna, quando uio a su ama contender en aquellos castigos, dixol: «Ama, pues contendedes en lo que queredes, e era cosa guisada quando la mi uentura fuesse buena, e non uos trauaiades de lo que yo quiero, penssat de mi, ca yo muerta so e non saldre uiua deste dia.»

[*Jueces,* CCCXXXI.] *De como dio el ama consseio a lo que la reyna Pasife querie*

Las amas e mayor mientre las uieias, assi como dize Ouidio en el libro del Arte de amar [1], sienpre sopieron mucho e assacaron mucho pora encrobir a sus criadas [2] en fecho de amor. Et aquella muy buena duenna, ama de la reyna Pasiphe, ueyendo a su criada e a su sennora en tan grant angostura,

---

[1] Cfr. Ovidio, *Artis amatoriae,* I, v. 351 y ss.
[2] *criadas:* es decir, «a las que habían criado» las amas (véase M. P., *Cantar de Mio Cid,* II, págs. 606-608).

asmo sobrello. Et auie estonçes en las lauores del rey Minos
un maestro carpintero muy sotil e muy engennoso. E el ama
non sopo estonçes al que fazer si non de enuiar por el car-
pentero —e por uentura que el, que era tan sabidor, que darie
consseio a tal cosa—, e enuio por el.

Et Dedalo uino luego; e la buena duenna conyuro lo luego
quel dizrie una poridat muy grant, e que el nunqua la des-
crubiesse della, e el otorgo gelo. Contol ella estonces muy
apriessa tod aquella estranneza de amor en que la reyna, su
sennora, era cayuda; e que diesse y conseio, e que serie bien
andant por ello, cal farie por ello la reyna todas las cosas
que quisiesse. Et Dedalo non se querie de luego acoger a
razon[3] de dar conseio[4] a tal fecho; mas tanto trauo con el
aquella duenna, e aun que ouo la reyna a ser en la razon, que
ouo el maestro a meter se a dar consseio a tal fecho.

Et tomo luego tablas e dololas,[5] e abino las de guisa que
fizo dellas un estrumento assemeiança de uaca. Et mando luego traer de las uacas el toro de que la reyna se enamoro e la
uaca tras que el andaua. Et tomaron a aquel toro e a aquella
uaca con pocas de las otras uacas, e leuaron las encubierta
mientre a casa de la reyna. E tomaron luego a aquella uaca
tras que andaua el toro, e apartaron a el con las otras, e mataron luego aquella. Et mientre la dessollauan, tomaron Dedalo
e el ama a Pasiphe, e leuaron la a aquella fechura de uasa
de las tablas. e metieron la dentro, e pararon la de guisa que
ouiesse ella con el toro lo que querie. Et guisado esto, fue
Dedalo e tomo el cuero daquella uaca, e aduxol e tendiol sobre la uaca daquellas tablas de la guisa que estudiera en el
cuerpo de la su uaca.

Et desque fue esto muy bien guisado, aparto el toro de
las otras uacas, e echol en aquel corral o estaua la uaca de las
tablas. El toro cuedosse que era aquella la uaca que solie, e
fue luego pora ella, e osmola, e caualgo la luego de guisa que
alcanço a la reyna, e enprennola. Et tollieron luego ende el
toro con las otras uacas e enuiaron le. Et Dedalo e el ama
amos muy encubierta mientre tollieron aquel cuero daquella
uaca de las tablas. Et desi abrieron las tablas, e tomaron a la
reyna dalli, e leuaron la a so palacio de guisa que omne del
mundo nin entendio nin sopo ninguna cosa daquel fecho.

E preguntaron alli aquel ora Dedalo e el ama a la reyna

---

[3] *acoger a razon:* atenerse, conformarse.
[4] *dar conseio:* asentir, aprobar.
[5] *dololas:* las desbastó y arregló.

si era terminada[6] daquel mal quel tomara. Et respondio les ella que si, e que les gradesçie mucho aquello que auien fecho, e que fuesse poridat que ella gelo gualardonarie. Et ellos yuraron le e prometieron le que assi lo farien. Et fue luego Dedalo, e desbarato tod el arca de la uaca de guisa que non paresciesse y ninguna sennal de la su fechura. E la reyna finco prennada del toro; et adelant diremos desto.

[*Jueces,* DXXXIII.] *De la epistola que Oenone enbio a Paris* [1]

Oenone, aquella duenna de quien aqui dezimos, fue muger de grand sangre. E sabiendo commo era Paris fiio del rey Priamo e de la reyna Ecuba, maguer que andaua en los montes curiando ganados, acogiose e fuese para el. E violo grande e fermoso, e pagose del e el della; e fincaron en vno[2]. E quanto[3] Paris duro alli pastor en aquellos montes, toda via traxo consigo a esta duenna Oenone. E desque cobro la graçia del padre e robo a Elena, desanparo a aquella duenna. E Oenone, veyendose desanparada, enbio su epistola a Paris de los seruiçios que le fizo e de sus amores. E esta epistola de Oenone a Paris fizo Ouidio en latin por viesos, en que dize asi en el lenguage de Castilla:

[*Jueces,* DXXXIV.] *De las razones que Oenone a Paris en su epistola enbio*

Comiença asi Oenone commo sannuda mientre contra Paris, e dize: «Paris, ¿lees la mi epistola, o te lo vieda la nueua muger? E leyla, ca non es escrita con mano de tierra de

---

[6] *era terminada:* «estaba curada».

---

[1] Es ésta una traducción y glosa de la epístola V de las *Heroidas* de Ovidio. De las 21 epístolas que contienen las *Heroidas,* en la *GE* se tradujeron 11. El estudio más completo sobre el tema es el de Jonathan R. Ashton, «Ovid's *Heroides* as Translated by Alphonso the Wise: An Experiment in Source Study», tesis doctoral, Universidad de Wisconsin, 1944. Véase también del mismo Ashton, «Putative *Heroides Codex AX* as a Source of Alfonsine Literature», *Romance Philology,* 3 (1949), 275-289.
[2] Es interesante notar la variedad de eufemismos que se emplean para describir la relación sexual.
[3] *quanto:* mientras (todo el tiempo que...).

Miçenas. E yo, Oenone, natural del monte Pegaso [1], que era
tenida por muy onrrada en las seluas de Frigia e so agora
mal trecha, de ty me querello, de ty que eres mio si lo tu
dexases ser. ¿Qual dios nos ayro e paro la su deydat e la su
vertut contra los nuestros amores? O ¿que yerro fiz yo por
que non finque toda via por tuya? La pena o el mal que
om*n*e por su mereçimiento sufre a lo de sofrir mansa mientre;
mas la pena que a om*n*e viene non la meresçiendo, aquella
es de doler.

»Non eras tu avn tan grande quando yo, seyendo duenna
de alta guisa, fincaua contigo [e] tu por mio marido. E tu,
qui eres agora fijo del rey Priamo, si tollieremos la ver-
guen[ça] a la verdat, tu sieruo eras; e yo seyendo duenna
sufri [2] de casar contigo. E muchas [ve]zes yoguimos yo e tu
entre las greyes a sabor de nos [3], e non teniemos de suso al
sino[n] los arboles e deyuso las sus fojas. E muchas vezes
otrosi yazimos en la cama de feno, e amanesçie sobre nos
grand elada. E a ty ¿quien te mostro sinon yo las sierras, e
los sotos guisados para caça e para tomar los venados, e en
qual cueua tenia la bestia fiera sus cadillejos? E andando
yo por tu conpannera muchas vezes tendi las redes a los venados, e muchas vezes otrosi les enrride los canes por somo
de los collados.

»E mienbrome agora com*m*o auia vn alamo en la ribera
del rio Xanto, entr[e] muchos otros que ay estan, en que a
escrita la letra que se mienbra de mi. Otrosi los tron[cos] de
las fayas tienen e guardan oy en si el mio nonbre entallado
de ty; e so leyda ally yo, Oenone, entallada con la tu foz.
E quanto creçen los troncos, tanto creç[e] el mio nonbre.»
E desende razonose aqui Oenone contra los arboles, e dize:
«¡Creçed, troncos, e leuad vos derechos a las mis alabanças!»
E dize otrosi: «O tu, alamo, ruegote que [bi]uas, tu que
estas en el espaçio de la ribera e tienes por mi este escrito
en la tu cor[te]za arrugada. E deziez tu, Paris a mi: 'Quando
el agua del rio Xanto se tornare a co[rrer] fazia la fuente do
nasçe, estonçes desanparare yo a ty, Oenone.' Pues, rio Xanto,
[a]presurate de correr atras; e vos, las sus aguas, tornad vos

---

[1] Al señalar Ashton (dis., pág. 53, n. 2) que Pegaso no era un
monte, sino la fuente del Pegaso, nota que el error de los traductores se deriva probablemente de la similaridad entre «fons»
y «mons».

[2] *sufri*: me digné. Cfr. Ov., v. 13: «servo nubere nympha tuli».

[3] *a sabor de nos*: a nuestro gusto.

a vuestra fuente donde na[çis]tes, ca ya desanparo Paris a Oenone.

»E malo fue aquel dia para mi, mezquina, en que [Ve]nus e Juno e Pallas vinieron al tu juizio. E fuy espantada e saltome el coraç[on] luego que me lo conteste; e corriome frio por todos los mienbros, asi que toda me p[are] fria. E en pos esto fincando yo muy espantada, demande consejo a las buenas du[ennas] ançianas e a los viejos mayores de edat; e todos me dixeron que era el tu fecho [gran]de enemiga.

»E cortados estauan los arboles, e dolada la madera, e guisada la fl[ota], e metidos los nauios en la mar; e tu por entrar en ellos e yo çerca de ty, e quer[ien]dote partir de mi e despedir te de mi, lloreste. E esto ¡ya non lo quieras negar! E est[e] amor vergonçoso es mas que el primero. E lloreste tu e viste a mi llorar otrosi. E [a]mos tristes por la tu yda mezclamos las nuestras lagrimas en vno. E echesteme tu los braços al cuello, e asi me los tenies y commo çerca la vit al olmo a que se allega. ¡Quantas vezes me beseste quando te queries ya yr de todo en todo! E ¡quant aduro pudo [de]zir estonçes la tu lengua a mi: 'Finca con salut!' E ¡quant aduro te me despediste!

»E [des]que entreste en la mar, e vino el viento e dio en las velas que colgauan, e comen[ç]o la naue a yr se e el agua a enblanqueçer de los rimos, e yo fincando en la rib[era], nunca party los ojos de las tus velas commo mezquina. E llore de guisa que toda el [are]na de la ribera moge ante mi con las mis lagrimas. E sobresto rogue yo a las [ne]reydas, que son las deesas de las aguas, que tu vinieses ayna commo quier que ruego [por] mio danno; ca tu tornando, de commo yo rogaua a Dios, e auiendote de tornar a [onr]ra de mi e a pro e al mio amor, tornestete a amor e a onrra de otra e a danno [de mi. ¡A]y de mi, mezquina! que fuy yo mansa por cruel cunblueça.

»E esta vna pen[n]a que n[açe de los auismos en la mar, e cata de la ribera adentro, e es en somo como un monte.] E fieren e dan ally las aguas de la mar. Alli en aquello mas alto soby yo por ver primero las velas de la tu naue quando vinieses; e de alli las vy las yo primero que otrie. E vinome a voluntat de dar comigo [4] en las ondas de la mar para llegar a ty antes e reçebir te primero que todos los otros. Mas pero fuyme tardando; e mientra me tarde, vy vna porpora resplandeçer en somo de la naue. E firiome en el coraçon e oue

---

[4] *dar comigo:* echarme.

miedo que aquella vestidura que non era tuya. E fue viniendo la naue, *e* llegando a la tierra deuisauase ya mas. E vy vestidos de muger, tremiendome [5] el coraçon. Mas quando yo vy venir muger contigo, non me deuiera conplir de yr resçebir a ty; mas co*m*mo loca *e* sannuda por aguas *e* por nauios entrar e ronper la toda, ca venia torpe amiga *e* pegada al tu regaço. Mas estonçes quando vy la mala sennal *e* que verdat era que muger trayes, ronpi los vestidos, e fery en mios pechos, e rasqueme la cara, *e* llore de mios ojos. E enllene de aollidos *e* de querellas la nuestra selua Yda de Troya, e alli leue yo las mis lagrimas a las pennas della. E ¡asi se duela Elena, e llore desanparada de marido, *e* padezca lo que ella fizo a mi padeçer!»

[*I Reyes,* XXXIII.] *De la regla que auien los fijos de Yrrael para guardar sus reyes e para ir en sus huestes con ellos* [1]

Deuen todos los omnes dar grand onrra al rey, *e* poner *e* firmar en sus coraçones *e* en sus voluntades que le ayan sienpre miedo. E ninguno non deue seer osado de caualgar su cauallo, nin de asentarse en su silla, nin de poner se su corona, nin de traer su vara synon el que gela guarda —e este por que gela tenga presta cada que la el quisiere, nin de seruirse de ninguna de sus cosas de que se el sirue. E quando el su rey murie, dizen que todas estas cosas suyas quemauan antel. E non sea dado a ninguno que se sirua de sieruos de rey, nin de sus sieruas, nin de sus siruientes synon fuere rey.

E por esto fue dado al rey Salamon por derecho *e* por juyzio de matar a Adonias [2], su hermano, por que le pidio que le diesen a Abisac, la sierua que fuera del rey Dauit, su padre, sabiendo que la pidie contra ley *e* contra derecho. E por esto dixo el rey Salamon a su madre, Bersabee, quando gela pidio ella para el: «¿Por que pedides a Abisac para Adonias? Mas pedid le el reyno ante, ca el es mayor que yo. E digo que muger que fue de rey que nunca se deue llegar a otro varon del mundo, nin avn a rey, pues a otro menos.

---

[5] *tremiendome:* estremeciéndome, temblándome.

[1] Los capítulos que siguen parecen ser una mezcla de ideas originales y a la vez una adaptación y elaboración de varios pasajes del Antiguo Testamento (*Reyes, Deuteronomio, Sapiencia,* etc.).
[2] *I Reyes,* 2: 13 y ss.

E mas digo que segunt buen estança de ley e de catar debdo de onrra a los reyes, que son mantenedores de los pueblos, que non es dado a rey de casar con muger de otro rey maguer sea biuda o delexada.»

E non es dado a ningunt omne de ueer al rey quando esta desnuyo: nin quando se banna, nin quando se alinpia del agua e del sudor a la salida del banno, nin quando se çerçena synon a aquellos sus priuados que le siruen. E maguer quiera el rey soltar e dexar alguna cosa de su onrra, non puede nin lo deue fazer. E non le deuen caber sus omnes buenos e sus pueblos ninguna cosa que sea contra su onrra.

E quando vienen los omnes buenos a comer [con el rey, el se deue] asentar en estrado e todos los otros en t[ierra. Si muere omne de su con]panna, non deue salir con el de la puerta de s[u alcaçar afuera. Deue el rey] andar muy apuesto todo tienpo, [e deue se çerçenar e afeytar a menudo]. Deue el rey vestir pannos nobles [cada dia, e poner corona en su cabeça, e] asentar se en silla de reyno [en su alcaçar. E quando touiere por bien que] vengan los omnes a el, entren los [que el mandare e parense ante el. E luego] que lo vieren, omillense a tierra. E [maguer que sea profeta aquel que entrare] ante el rey, omillarse deue ante el fasta tierra; ca escrito fallamos que asi fizo Natan profeta ante el rey Dauid [3].

E non es dado al saçerdote mayor de venir ante el rey sy non quisiere, nin de leuantarse a el quando lo viere. E este es agora en el nuestro tienpo e en la nuestra Cristiandat el apostoligo. Mas con todo este ensennamiento buen estança fara el saçerdote en onrrar al rey toda via, e leuantar se a el toda via, e resçebir le, e asentar le consigo; e non deue consentir nunca que el rey este en pie antel synon a la ora que le preguntare en juyzio.

E otrosi dezimos que es mandado de onrrar a los sabios. E quando entrare antel alguno de los setenta e vn sabio [4] o alguno de los otros sabios, deuese leuantar a ellos, e onrrar los, e asentar los çerca de si. E esto deue fazer quando estudiere en su cabo en su alcaçar o ante sus priuados. Mas quando estudiere en conçejo o ante muchos, non se deue leuantar por ninguno, nin deue fazer a ninguno ninguna destas

---

[3] Cfr. I Reyes, 1: 22.

[4] Los escribas que eran miembros del Sanedrín, la «suprema autoridad administrativa del pueblo judío» (R. P. Serafín de Ausejo, ed., Diccionario de la Biblia, op. cit., cols. 1791-92).

onrras que auemos dichas, nin deue otrosi fablar a ninguno
con falago nin llamar a ninguno con sobre nonbre, synon
por su nonbre propio —e esto por que lo teman mas.

E asi com*m*o dio Dios al rey grand onrra *e* fizo a todos
los omnes debdores de onrrar le, asi deue el seer tenprado
de coraçon *e* sin toda soberuia. E es dado al rey que sea
piadoso *e* misericordioso, *e* guarde la onrra de todo su pueblo
—tan bien del grande com*m*o del pequenno, e aya voluntad
de leuar los todos a bien *e* de enderesçar todas sus cosas.
E quando fablare el rey en conçejo, deue fablar con manse-
dunbre *e* con sabrosa palaura; ca non fallamos cosa en el
mundo que mas vala que omildat.

[*I Reyes*, XXXV.]   *De commo deue fazer el rey en comien-*
ço de su regnado e del su casamento

[Luego que reynare el rey e se] asentare en la silla de su
reyno, es le dado [de mandar escreuir por si un libro] de
ley [1], maguer que tenga otros li[bros suyos o otros que heredo de su p]adre e de otro rey. *E* fagalo emen[dar por el
libro que tiene en el tenplo. E] emendar lo a con conseio
de los se[tenta e un sabio. E este libro del ten]plo es aquel
que oystes que fiziera Samuel [2] del debdo de los pueblos
contra el rey *e* del rey contra sus pueblos. E sy non ouiere
el rey otro libro de ley o non lo eredo de rey, deue fazer dos
libros: el vno que tenga en su camara, e otro que tenga ante
sy toda via. *E* non lo deue partir de sy ninguna ora, synon
quando entrare al banno o quando se apartare a algunt lugar
que aya menester de mayor linpiedunbre de la que y a.

E mandado es al rey, segun la ley del Viejo Testamento [3],
que non tome muchas mugeres; pero puede tomar fasta de-
ziocho si quisiere. E si mas tomare, las que demas fueren
mandar gelas an toller los sabios; *e* leuara deçiplinas por ello.
E si se enojare de alguna de aquellas que tiene, puedela dexar
e tomar otra en su lugar.

---

[1] Cfr. *Deuteronomio*, 17: 18-19. Es lo que hizo Alfonso al comienzo de su reinado.

[2] Cfr. *I Samuel*, 10: 25.

[3] Cfr. *Deut.*, 17: 17.

[*I Reyes*, XXXVI.] *Del caualgar del rey.*

Dado es al rey de non tener cauallos synon a cuenta de los
caualgantes que quisiere que caualguen con el, saluo ende
vn cauallo demas que trayan antel. Ca asi es guisado que los
reyes que trayan dobladas las caualgaduras por que por mengua de bestias nin en batalla nin en otro lugar que rey
nunca finque a pie; ca si la cabeça finca, los pies e los otros
mienbros ¿do yran? E non deue tener el rey bestias sobe-
janas[1], e si las touiere, pasa mandamiento de la regla *e*
deste decreto *e* meresçe deçiplinas por ello.

[*I Reyes*, XXXVII.] *Del thesoro e de las viandas e de
las mugeres del rey*

Dado es otrosi al rey de non ayuntar mucho oro *e* mucha
plata en su casa[1]. E non deue tener aver ninguno en su
poder synon quanto abondare a sus caualleros, e a sus siruientes, e a su mesnada. E quando aver se le ayuntare mas
desto que auemos dicho, deuelo meter en thesoro, *e* condesar lo en alguna casa de Dios, e tener lo y aparejado para
quando fuere menester para priesa del comun *e* de sus
huestes. E dado le es al rey de ayuntar aver desta guisa, e
vedado le es de ayuntar lo para sy mismo e meter lo en
su tesoro. E si lo fiziere, pasa mandamiento *e* meresçe deçiplinas por ello.

E vedado es a todo omne, *e* sobre todos los otros al rey,
de enbeudar se a menudo nin de beuer vino ademas; ca
asi commo dixo Salamon[2]: «Non es vino ademas para reyes
nin de enbeudar para prinçipes, por que non oluiden con
ello los mandamientos que les son mandados nin canbien
los juyzios de los mezquinos»[3]. E deue el rey toda via husar
ley *e* trabajar se de noche *e* de dia en buscar pro a sus
pueblos. Otrosi le es mandado al rey que non siga mugeres.
Avn maguer non aya mas de vna muger, non le es dado

---

[1] *sobejano:* «excesivo» (M. P., *Poema de Mio Cid*, II, pág. 854).

---

[1] Cfr. *Deut.*, 17: 17.
[2] Cfr. *Proverbios*, 31: 4-5.
[3] *mezquinos:* «afligidos».

de seguir la toda via com*m*o fazen los torpes que la siguen. E por esto dixo la ley: «Non siga rey estas cosas que se non tuelga [4] su coraçon.» E quiere esto dezir que el que sigue lo que non deue avra a posponer [5] por ello lo que deue fazer.

[*I Reyes*, XXXVIII.] *De la guarda de la magestad del rey e del poder del sobre los omnes*

Todo omne que viniere contra rey o contra su mandamiento, dado es al rey de matar le sy quisiere. E si mandare el rey a qual omne quisiere que vaya a lugar sennalado o que non salga de su casa, e si el omne non fuere alli do el rey mando o saliere de su casa contra su mandamiento, meresçe muerte. E puedelo matar el rey con derecho si quisiere, ca asi dixo Dios a Josue: «Todo omne que desobedeçiere a la tu palaura *e* non obedeçiere a lo que tu mandares, matele el pueblo por ello. E tu, sey fuerte e firme» [1].

E mandado es otrosi que quantos menospreçiaren al rey o le troxieren mal de palaura [2] —que es cosa muy desaguisada contra rey— que los mate el si quisiere. E la muerte que pueda dar el rey al que la meresçe es con espada; e non es dado al rey de dar otra muerte ninguna fueras ende a los setenta *e* vn sabio. E es le dado al rey de prender a quien se el quisiere por onrrar se, *e* de ferir, *e* de açotar; mas non le es dado de matar a ninguno nin tomar de ninguno ningunt aver sin derecho. E si lo tomare, es tanto com*m*o que lo forçase.

E el omne a quien acaesçiere de andar en mandamientos de la ley, si pospusiere por aquello el mandamiento del rey, quito es de pena por que el rey non ha de mandar cosa que sea contra mandamiento de ley en ninguna cosa; e avn vedado es al pueblo de obedeçer al rey en cosa que sea contra ley. E dado es al rey de matar muchos omnes para endereçar la tierra, segunt que fuere menester a la sazon. E es le dado de matar muchos omnes, avn que sean buenos

---

[4] *que... tuelga:* a menos que se desvíe, aparte. Cfr. *I Reyes*, 11: 2-4.
[5] *posponer:* aquí, «poner en lugar secundario».

---

[1] Cfr. *Josué*, 1:18.
[2] *le troxieren mal de palaura:* le insultaran.

e que lo non merescan, por quebrantar poder de malos *e* meter les miedo por que sean buenos a Dios.

E si algunos fueren acusados de muerte de omne e non les fuere prouado por çierto, o si fuere prouado con vn testigo o vnas muertes que acaesçen que non deuen los acusados morir por juyzio de ley, dado es al rey que los mate si quisiere. E dado es al rey que eche pecho a su pueblo —quanto le fuere menester para si o para sus huestes— *e* de poner portadgo quando quisiere *e* en qual lugar quisiere. E es pecador de su alma el que furtare el portadgo del rey. E dado le es a mandar, si quisiere, al que furtare su portadgo que pierda el cuerpo *e* el auer por que tal fecho fizo nin le vino a coraçon.

[*I Reyes,* CXXI.] *De los que vsaron primeramente de los encantamientos segunt el saber de la magica* [1]

Cuenta Mesealla [2] en su libro por si *e* por otros sabios, a quien aduze por prueuas de lo que el dize, que estas tres duennas, Diana *e* Çirce *e* Medea, que fueron las que en sus

---

[1] Es interesante notar la diferencia entre el tratamiento científico sobre la magia que se observa aquí y el moral de *Las Siete Partidas* (Partida VII, Título XXIII, Ley 1), donde se prohíbe que los adevinos, etc., «moren en nuestro señorio» (v. III, página 667, edición de la Real Academia de la Historia, Madrid, 1807).

La magia, condenada en el Antiguo y Nuevo Testamento, como también en varios Concilios, tales como el de Toledo en el año 447, estaba considerada, sin embargo, a la par —casi— de la astronomía y la astrología. Véase el capítulo II de H. D. Allen, «Christian Doctrine in the *General Estoria* of Alfonso X», tesis doctoral, Universidad de Wisconsin, 1960. Véase también el capítulo II de la introducción de A. Cárdenas, «A Study and Edition of the Royal Scriptorium Manuscript of *El Libro del Saber de Astrología* by Alfonso X, el Sabio», 4 tomos, tesis doctoral, Universidad de Wisconsin, 1974.

[2] *Mesealla,* Messahala (Māshāʾ allāh), sabio judío que vivió en los siglos VIII-IX, autor de libros de astronomía y astrología, muchos de los cuales, al parecer, se han perdido. Se le nombra con frecuencia en las obras alfonsinas, como, por ejemplo, en las páginas 21-22, 135b, 272b, de Aly Aben Ragel, *El Libro Conplido en los iudizios de las estrellas,* traducción hecha en la corte de Alfonso, introducción y edición de Gerold Hilty, prólogo de A. Steiger, Madrid, Real Academia Española, 1954. Recientemente, E S.. Kennedy y David Pingree publicaron The *Astrological His-*

tienpos e avn despues mayor prez ouieron de saber las cosas
e obrar dellas por el arte magica entre todos los gentiles a
quien ellos llamauan dioses e deesas entre los otros sus
sabios.

E arte magica, segunt dizen los escritos, quiere dezir tanto
commo arte o saber de encantamientos. E el griego dize
mantos por adeuinança o encantamiento por do se sabe la
adeuinança. E de aquel nonbre *mantos* tomaron los latinos
este otro que dezimos *mago* en el latino o mago en el
lenguage de Castilla. E es mago tanto segunt el castellano
commo adeuino, o encantador, o todo[3]. E asi fueron sabios
los tres reyes magos que vinieron a Ihesu Christo, que por
su saber entendieron e supieron el fecho del Christo e vinieron a el; e por ende los llamaron en el latin *magos*.

E deste saber de la magica vsaron aquellas tres duennas
e obraron grandes cosas. E sobre esta razon se marauillan
algunos commo podrie ser de alcançar las mugeres mas en
el saber que los varones. E fallamos sabios que dizen a ello
que aquellos que a estas obras se metieron que quanto mas
de ligero creyeron que podria ser aquello que ellos deman-
dauan, que tanto mas de ligero le venien los espiritus por
do lo obrauan. E por que las mugeres fueron sienpre mas
ligeras para creer que quier que non los varones, venienles
por ende los espiritus mas ligera mientre a sus conjuraçiones
e a sus llamamientos que les fazien. E ellas tanto mas
obrauan, e creyen, e se dauan a ello.

E fallamos otrosi que varones que se metieron a los fechos
deste saber commo aquellos tres Hermes, el rey Jupiter, el
rey Salamon, e Virgilio, e Ouidio[4], e otros; mas pero non
obraron ende tanto.

---

tory of Masha' allah, Cambridge, Mass., Harvard University
Press, 1971. También, D. Pingree, «Māshā'allāh: Some Sasanian
and Syriac Sources», en *Essays on Islamic Philosophy and Science,*
edición de George F. Hourani, Albany, State University of Nueva York Press, 1975, págs. 5-14.
    [3] Compárese con Eberhardus Bethuniensis, «Incantatores ser-
pentum dicimus esse, / Dicque magos inquisitores astronomiae»
(*Graecismus,* IX, vv. 288-89, pág. 70). Véanse también las defi-
ciones de Isidoro sobre *magos, adivinos, encantadores, augures*
(que no citamos por ser muchas): *Etimologías,* libro 8, cap. 9.
—o todo: o las dos cosas.
    [4] Se incluyen a Salomón, Virgilio y Ovidio en la misma catego-
ría por ser los tres, «sabios». Sobre Virgilio, «taumaturgo e mago» (II, pág. 14), véase Domenico Comparetti, *Virgilio nel Medio*

[*I Reyes,* CXXVIII.] *De commo departen los filosofos que tres son las maneras de obrar por la magica*

Departen en sus escritos aquellos filosofos que destas razones fablaron que saber puede quien bien catare las palauras dichas destos saberes que tres son las maneras por do van todas las obras de los sabios *e* de las sabias de la magica[1]. Pero departen que es de saber que se fazen estas obras mejor *e* mas conplida mente con el ayuda *e* el saber de las estrellas, e que de otra guisa non se fazen tan bien. Ca departen asi sobrello que la magica vna manera *e* vna parte es del arte del estremonia; e que vera quien en ello cuydare que las maneras del arte de la magica con sus obras que estas tres son asumada mientre ymagines, confaçiones e suertes[2]; e que maguer que dizen al pueblo que en yeruas, *e* en piedras, e en proberbios o palauras yazen las fuerças de las cosas, departen estos sabios que pero en el cabo quien bien catare *e* judgare lo que es dicho primero de ymagines, *e* confaçiones, e suertes, e esto que oydes de yeruas *e* piedras, todo lo puede tornar[3] a vno. Ca muestra que en la razon de las ymagenes, que son cosa de mas dura materia, se pueden entender las piedras, e por las confaçiones las yeruas, e por las suertes las palauras, por que es ya dicho con quales cosas se obra la magica en cada vna de aquellas tres maneras que y son dichas.

E dezimos agora, segunt que lo fallamos por los dichos de aquellos sabios que dello fablan *e* lo departen, que obro Diana mayor mientre por ymagines, e Çirçe por yeruas —commo vos contaremos adelante en las razones de Vlixes de Greçia[4]—, e Medea por suertes *e* palauras de conjuraçio-

---

Evo, nueva edición al cuidado de Giorgio Pasquali, 2 tomos, Florencia, La Nuova Italia, 1946. Sobre la figura de Ovidio como mago, véase Giovanni Pansa, *Ovidio nel Medioevo e nella tradizione popolare,* Sulmona, Caroselli, 1924.

---

[1] En el capítulo precedente (que no está incluido en nuestra antología) se aludía a los libros de Marçal y Mesealla. A Marçal no se ha identificado todavía. Cfr. Daniel Eisenberg, «The *General Estoria...*», art. citado, pág. 220.

[2] *confaçiones:* poción mágica usada en la hechicería; *suertes:* medios para tratar de adivinar lo porvenir.

[3] *tornar:* transformar, cambiar.

[4] Los hechos de Ulises se relatan en *Salomón,* Parte III.

nes. E en cabo todas por todo, ca Medea mucho obro por
yeruas, com*m*o vos contaremos en su lugar en el fecho della
e de Jason [5]; mas pero fazien mas sabia mientre sus obras
cada vna en lo suyo.

E agora diremos de las cosas quales recuden [6] a cada vna
destas maneras de que dize Meseolla, que es com*m*o vn descubrimiento de las prioridades de los filosofos e destas tres
duennas.

[I Reyes, CXXIX.] *De commo se parten las cosas en las*
obras de las tres maneras de la magica e los prouechos
que ende vienen

Departen aqui los sabios que a las obras de la magica de
las ymagines que perteneçen los fechizos e los encantamientos,
e todo esto a todas maneras de obrar para trasformar e demudar vnas cosas en semejança de otras. E a la magica de
las mezclas dizen otrosi que pertenesçen todas las yeruas, e
todos los arboles, e las piedras, e los elementos. E so la natura de la magica de las suertes departen otrosi que cae catar
aves, e todos otros agueros com*m*o de encontrar omne, e toda
otra cosa de que dizen los omnes que faze aguero com*m*o
lobo, e culuebra, e sapo, e las otras tales animalias; e estornudos e sonidos que se fazen en las cosas de las casas com*m*o
en arcas, e en las vigas, e en cabrios, e en fuegos, e en al.
E otrosi a la magica de las suertes perteneçen las palauras de
los proberuios. E maguer que deximos ante desto que Diana
obraua por ymagines, e Çirçe por mezclas, e Medea por suertes, pero es de saber, segunt cuentan los sabios, que todas
tres obraron por todo.

E fincanos agora de dezir otro descubrimiento de esas poridades de los filosofos e de las obras destas tres duennas, que
tenemos que es pro de saber lo. Onde dizen asi aquellos sabios que de la magica de las ymagines recudio [1] despues a las
gentes el saber e las obras de conoçer a Dios, e a los çielos,
e a los elementos, e a los santos, e aorar los en las voluntades e por palauras, donde les fizieron ymagines en que les
aoraron. E dizen que de aqui fueron despues asacando los

---

[5] La descripción de Medea y sus artes mágicas precede, y no
sigue, a esta parte. Véase arriba, *Jueces*, CDLII-CDLV.
[6] *quales recuden:* que corresponden.

---

[1] *recudio:* siguió, les vino.

omnes lauores de cal, e de canto, e de fuste, donde fizieron casas de oraçion e puentes, e desi torres, e muros, e castillos, e otras cosas; e otrosi obrar de metales, e tajar pannos e cabellos, e fazen las otras menestralias tales commo estas.

E de las obras de la magica de las mezclas naçio otrosi al mundo en los omnes el cuydado de la guarda de los cuerpos. Onde en las mezclas de las yeruas, e de las semientes, e de las otras cosas asacaron commo se començo la fisica [2], e se fizieron los axaropes e otros beurajos e letuarios [3] contra las enfermedades de los cuerpos e contra los dolores. E fallaron otrosi de aqui los sabidores las melezinas de las llagas e de las exidas [4], e el saber de los çelurgianos [5], e de los albeytares, e de los sangradores.

E de las obras de la magica de las suertes naçieron otrosi sus proes [6] al mundo, ca dende vino a talante a los omnes de querer saber sus faziendas en los fechos deste mundo; donde se mouieron a catar agueros en estornudos, e en aues, e en animalias ratilias, e en encontradas de omnes e de otras cosas, e en suennos, e en proberbios, e en los sonidos de las casas. Mas esta magica non tienen por buena commo las otras, por que oluidaron algunos a Dios en ellas e se desuiaron dEl mas que en las otras sinon en pocas cosas.

[II Reyes, XIII.]   De commo Amon, fijo del rey Dauid, forço a su hermana Tamar e de commo le mato Absalon, su hermano, por ello [1]

Despues desto a buen tienpo acaesçio que se leuanto mal en la casa de Dauid, asi commo oystes en el capitulo ante deste que lo dixo Natan profeta a Dauid que metrie Dios mal e contienda en su casa por el fecho que fiziera en Vrias

---

[2] Cfr. Isidoro, Etim.: «La Filosofía se divide en tres partes: natural, que en griego se llama física, que trata del conocimiento de la naturaleza...» (Lib. 2, 24: 4). Y Eberardo Bethuniensis, «Et natura physis, physicam dic inde uenire» (Graecismus, VIII, v. 271, pág. 48).

[3] letuario: «medicamento compuesto de miel, extractos, hierbas, etcétera» («Dicc. Med.», Univ. Wisconsin).

[4] exidas: cfr. variante: feridas.

[5] çelurgianos: cfr. variante: çurujanos.

[6] proes: beneficios, provechos.

---

[1] En Scio., cfr. II Reyes, XIII; en Cipriano de Valera, 2 Samuel, 13.

e en su muger que le tomo. *E* conteçio de la guisa que vos contaremos aqui.

E Dauid auia vna fiia que dezian Tamar; e eran ella *e* Absalon fiios de Dauid e hermanos de padre *e* de madre. E pareçie ella bien a marauilla a Amon, su hermano, fijo de Dauid; e enamorose della tanto que se querie perder por ella *e* enfermo por su amor. E com*m*o era ella virgen, semejauale que non podrie fazer con ella tan ayna ninguna cosa de lo que el querie que los omnes lo non supiesen antes por ventura.

E auie y vn fiio de Saria, hermano de Dauid, que auie nonbre Jonadab; pero llamalo la Briuia Jonata. *E* era este Jonadab, sobrino de Dauid, mucho amigo de Amon *e* omne mucho entendido. *E* violo triste, *e* amarillo, *e* amargo; *e* parole mientes *e* dixole: «Fi de rey, que as a reynar en pos de dias de tu padre, ¿que cosa es esto que te veo mas enmagreçer cada dia?» Respusole Amon: «So enamorado de Tamar, hermana de mio hermano Absalon, tanto que me pierdo por ella *e* conorte ninguno non puedo aver para ello; *e* de alli me viene.» E dixo Jonadab: «Yo te dare consejo para ello. Faz te enfermo e echate en lecho. E el rey, tu padre, quando lo supiere, venir te a a ver e demandar te a que as menester. E dile tu estonçes: 'Padre, ruegote que venga mi hermana Tamar que me guise de comer; *e* aure mejor sabor e conbre de mejor coraçon lo que me ella diere con su mano.'»

E Amon fizo com*m*o le consejo su cormano Jonadab, e vinole el rey a ver, e el pidiole a aquella su hermana que pensase del. E Dauid enbio por ella a su casa e dixole: «Ve a casa de Amon, tu hermano, *e* guisa le de comer.» E ella vino *e* fallolo do yazia asi. E tomo farina, *e* destenplola, *e* coxola[2] alli antel; *e* tomo aquello que adobara e pusogelo delante. E el non quiso comer, mas dixole que atendiese; e fazielo por la conpanna de los omnes que estauan alli delante que non podria trauar della[3]. E mandolos luego todos echar fuera.

E desque fueron ydos, dixo el a Tamar: «Agora, me trae que coma de tu mano.» E ella tomo aquel comer que auia adobado *e* aduxolo alli a su cama. *E* en dando gelo, trauo della *e* dixole: «Hermana, quiero que fagas lo que yo quisiere.» E respusole ella: «Hermano, non lo fagas nin lo quieras tu esto fazer, ca non es tal fecho de la nuestra ley nin es otorgado en Yrrael. E esta locura non la fagas tu, ca este de-

[2] *destenplola e coxola:* la disolvió y coció.
[3] *trauar della:* asirla.

nuesto mio *e* de tu linage non lo podria yo sofrir nin encobrir que lo non supiesen los omnes; *e* saldrias tu por vno de los desentendidos omnes de toda Yrrael. Mas faz com*m*o te yo dire *e* sera muy mejor. Pideme al rey; *e* bien cuydo que me te dara.»

E deziele ella esta razon por amor de salir le de manos e fuyr, segunt cuenta maestre Pedro[4], ca bien sabia ella que segunt su ley ninguno non podie casar con su hermana de padre. Pero dizen vnos que fue esto dicho si fuesen amos de vna ley de padre *e* de madre. E Tamar fuera de madre gentil; *e* ouo nonbre su madre Naata. E tomarala Dauid en la batalla, *e* tajole los cabellos *e* las vnnas segunt su ley, *e* tomola por muger. E desta guisa afirman aquellos que esto dizen que pudieran Amon *e* Tamar ser marido *e* muger.

Mas el non quiso escuchar sus ruegos; *e* com*m*o era mas valiente, forçola. E aborreçiola luego atan mal que mayor fue la mal querençia que la querie que el amor que le auie antes quando querie morir por ella, com*m*o auedes ya oydo ante desto. E dixole Amon: «Leuantate *e* vete.» E respusole ella: «¿Com*m*o me puedes agora dezir tal dicho auiendome ya fecho lo que me fezistes? ca peor es ya lo que me agora dizes que me vaya *e* me echas de aqui que non lo que me fezistes antes.» E Amon non lo quiso oyr. E por que se non yua luego que le el aquello dezie, llamo a vno de los que le seruian e dixo: «Echa esta fuera *e* çierra la puerta.»

E traye Tamar vna vestidura preçiada, que auien en costunbre de traer estonçes las virgines fijas de los reyes; e era com*m*o camisa ancha fecha de materia *e* de obra muy preçiada. E llamale Josefo[5] a esta vestidura *colubio;* e era luenga que le alcançaua fasta tierra. E aquel a quien lo mando Amon echola fuera e çerro la puerta. E ella, quando esto vio, touose por desonrrada *e* por muy quebrantada, com*m*o quien sufriera tamanno tuerto *e* tamanna desonrra. E tomo de la çeniza *e* esparziosela sobre la cabeça; e ronpiose aquel vestido *e* puso las manos sobre la cabeça. E fuese a casa de su hermano Absalon, e entro dando bozes *e* llorando.

---

[4] Cfr. Pedro Coméstor, *Hist. Schol.:* «Hoc aiebat, ut subterfugeret manus ejus. Non enim fas erat, secundum legem, ut quis duceret sororem ex patre. Tamen quidam determinant hoc dictum esse, si fuerint ambo ejusdem populi...» (en Migne, v. 198, col. 1335).

[5] Josefo, *Antigüedades judaicas,* VII, 171 (Loeb, vol. V, página 453).

E dixo Absalon, quando la vio: «¿Que fue eso, hermana? De casa de Amon, tu hermano, vienes. ¿Si te non forço?» E sabia de antes Absalon commo la amaua Amon e commo estudiera alla en su casa aquel dia. «Yo entiendo lo que fizo, mas, hermana, calla agora, ca tu hermano es; e non tengas quebrantado tu coraçon por esto.» E Tamar, por esto que le dixo su hermano, e por otras razones buenas, e por que non descubriesen su desonrra, callo e finco commo biuda con Absalon en su casa del. E estudo y luengo tienpo muy triste e muy quexada en su coraçon.

E estando alli, sopo esta razon el rey Dauid. E pesole mucho e fue muy triste por ello; mas pero non quiso ay fazer ninguna cosa por que Amon, su fijo, non cayese en tristeza ninguna, ca le amaua mucho por que fuera el primero fiio que el ouiera. E Absalon otrosi non fablo dello a Amon nin le dixo por ende malo nin bueno, ca le querie mal en su coraçon por que forçara a su hermana Tamar.

E despues desto acaesçio a cabo de dos annos que trasquilauan las ouejas de Absalon en Baalasor, que era çerca de Efrayn. E ayunto Absalon todos sus hermanos, fiios del rey, su padre, e vino a el con ellos. E dixole: «Sennor, agora trasquilan las mis ouejas. E ruegote e pidote merçed que vengas tu e tus omnes a fazer onrra a mi, tu sieruo.» E dixo el rey estonçes a Absalon: «Fiio, non quieras tu rogar esto que vayamos alla todos, ca te serie grand costa e agrauiar te yemos» [6]. E Absalon trauo mucho del [7] que fuese el e muchos con el; e el rey non quiso yr e bendixolo que se fuese el e los que el quisiese con el. E Absalon, quando esto vio, dixole: «Sennor, si tu non quieres yr alla, pidote merçed que vaya conusco Amon, mio hermano.» E dixole el rey: «Non es menester.» Mas tanto trauo Absalon del que le otorgo que fuese Amon e todos los otros sus fiios con el.

E guiso muy grand yantar commo para rey. E mando a sus donzeles e a sus escuderos, e dixoles: «Parad mientes e guardad bien; e quando vierdes a Amon beud[o], ferilde e matalde. E non ayades ende miedo ninguno, ca yo so el que vos lo mando e me parare por vos [8] a quanto pudiere y venir. E seed esforçados e fuertes en ello commo varones.» E ellos fizieron bien asi commo les mando. E todos los otros fiios del rey, quando esto vieron, caualgaron cada vnos en sus mu-

---

[6] *agrauiar te yemos:* te seríamos gravosos.
[7] *trauo mucho del:* le rogó mucho.
[8] *me parare por vos:* os ampararé, me haré responsable.

las e fuxeron. E yendo ellos avn por la calle fuyendo, llego antes el mandado a Dauid. E dixeron le: «Absalon a feridos a todos tus fiios, que non finco sola mientre nin vno.»

E el rey, quando lo oyo, leuantose, e ronpiose todos los vestidos, e dexose caer en tierra. E todos los suyos, que estauan ay aderredor, ronpieronse otrosi los vestidos. E dixo Jonadab, que se açerto y [9] aquella ora: «Non cuyde, mio sennor el rey, que todos sus fiios son muertos, ca lo non es otro ninguno sinon Amon solo, a quien querie grand mal Absalon del dia que forço a su hermana Tamar aca. Onde agora, mio sennor el rey, non se ponga esto a coraçon diziendo que todos los fiios del rey son muertos, ca non lo es sinon Amon solo.»

E en todo esto Absalon fuxo. E vn escudero que subiera en vn monte para atalear alço sus ojos, e cato, e vio venir muy grand pueblo por vna carrera desuiada que se fazie a cuesta de aquel monte do el estaua. E violos Jonadab e dixo al rey: «¡Euas tus fiios aqui do vienen commo yo dixe!» E acabando el de lo dezir, llegaron los fiios del rey. E llegando, alçaron las bozes muy fuertes e lloraron. E otrosi el rey e todos los que eran con el lloraron e fizieron muy grand llanto.

E Absalon fuese para Amur, rey de Gesur, fiio de Tolomeo. E Dauid fizo su llanto por su fiio Amon e touo duelo por el muchos dias. E Absalon finco en Gesur tres annos. E el rey Dauid, que le solie segudar antes por lo que fiziera, quedo estonçes; ca yua ya oluidando la muerte de Amon e yuase conortando dende.

---

[9] se açerto y: se halló presente allí.

General Estoria, Parte I I I

[*Cantica Canticorum* [1]]

Capítulo i

Besame con el beso de la tu boca; meiores son las tus
tetas que vino; huelen muy bien, por muy buenos vnguentos
que traen *et* son en ellas. Olio espandido el tu nombre, et
por ende te amaron mucho las mancebiellas.

Trayme empos ti, *et* correremos empos el buen olor de los
tus vnguentos. Metiome el rey en sus çilleros [2], enxaltar nos
hemos [3], *et* alegrar nos hemos en ti. Membramos nos de las
tus tetas mas que de vino. Los derechos [4] te aman.

---

[1] En más de una ocasión he leído que en orden de tiempo
la primera traducción del *Cantar de los Cantares* es la de Fray
Luis. Ello no es así, según lo comprueba el texto de la *GE*. Un
ejemplo de ese error se halla en la antología de A. Espina (Cara-
cas, Mediterráneo-Madrid, 1969): «En español, la traducción más
antigua con que contamos es la debida a Fray Luis de León...»
(página 60).
Sobre el título *Cantica Canticorum,* véase la nota preliminar a
la traducción y «exposición» de Fray Luis de León: «Propiedad
es de la lengua hebrea doblar así unas mismas palabras, cuando
quiere encarecer alguna cosa, o bien o en mal. Así que decir
Cantar de Cantares es lo mismo que solemos decir en castellano
Cantar entre cantares, es hombre entre hombres; esto es, señalado y eminente entre todos...» (*Obras completas castellanas,* edición
de Félix García, Madrid, BAC, 1944, pág. 31). Todas las citas
remiten a esta edición.
Recuérdese que todas las transcripciones paleográficas de las
Partes III, IV y V de la *GE* son del profesor Lloyd Kasten. Re-
párese también en que la Parte III no es de la cámara regia de
Alfonso.

[2] *çilleros:* cámaras: «retretes» (pág. 32).

[3] *enxaltar nos hemos:* Fray Luis: «regocijarnos hemos» (pág. 32).

[4] *Los derechos:* Los justos. Fray Luis: «Las dulzuras» (pág. 32).

Negra so, mas fermosa, ¡o uos, fijas de Iherusalem! Et so
assi como las tiendas de cedar, et assi como la piel de Salomon. Et non me querades uos mesurar que so baça, por que
me descoloro el sol; los fijos de mi madre lidiaron contra mi,
et pusieron me por guardia en las vinnas; yo guarde la mi
vinna [5]. Judgat me lo que ama, la mi alma, o comes, o yazes
en medio dia. Començare yo a ser negado despues las greyes
de tus companneros [6].

Si te non connosces [7], o tu muy fermosa entre las mugeres,
sal, et ue tras las pisadas de las tus greyes, et apasce los tus
cabritos. Mi amiga, cerca las tiendas de los pastores te di
por semejante a la mi caualleria en los carros de Pharaon.
Fermosas son las tus mexiellas como de tortoliella, el tu cuello como bronchas. Çarciellos [8] de oro te faremos entallados
de muchas marauillas con plata, et muy fermosos.

Mientra era el rey en su yazeia [9], la mi especia nardo dio
su olor muy bueno; façeziello [10] de mirra a mi el mio amado,
entre las mis tetas morara. Razimo de cipres a mi el mio
amado, en las vinnas de Engadi. ¡Ahe, fermosa eres tu la
mi amiga! ¡Ahe, tu la fermosa, et los tus oios de palomas!

¡Ahe, fermoso eres tu, mio amado! Et fermoso el nuestro
lecho, et florido. Los cabrios [11] de las nuestras casas de cedros, los enlazamientos de cipres.

Capitulo ij

Yo flor del campo, et lilio de los valles; assi como el lilio
entre las espinas, assi la mi amiga entre las fijas. Como el
milgrano [12] entre los aruoles de las seluas, assi el mio amado
entre los fijos. So la sombra del qui yo desseaua, desseado
soue [13]; et el su fructo del, dulce a la mi garganta. Metiome
el rey dentro en la camara del vino, et ordeno caridat en

---

[5] «la mi viña no me guardé» (pág. 32).
[6] «Enséñame, oh Amado de mi alma, dónde apacientas, dónde
sesteas al mediodía; porque seré como descarriada entre los ganados de tus compañeros» (pág. 32).
[7] «(Esposo) Si no te lo sabes» (pág. 32).
[8] «Tortolicas» (pág. 32).
[9] «(Esposa) Cuando estaba el Rey en su reposo» (pág. 32).
[10] «Manojuelo» (pág. 32).
[11] «vigas» (pág. 32).
[12] «manzano» (pág. 53).
[13] «en su sombra deseé, sentéme» (pág. 53).

mi [14]. Ponet me muchas flores aderredor [15], cercat me de mançanas, ca enfermo con amor del. La su siniestra so la mi cabesça, *et* la diestra del me cercara.

Ca juro uos [16], fijas de I*herusa*le*m*, por las cabras de los
montes, *et* por los cieruos de los campos, que non despertedes
a la mi amiga, nin la fagades uelar fasta que ella quiera.

La uoz del mio amado en los montes passante los collados [17]; semeia el mio amado cabra montes *et* al enodio de
los cieruos [18]. Ahe o esta el mismo empos la nuestra paret,
catado por las finiestras, *et* por los caneziellos [19]. Ahe o me
fabla el mio amado:

«Leuanta te, *et* apressurate, mi amiga, mi paloma fermosa,
ven; ya passo el yuierno, *et* se fue la lluuia, *et* se partio.
Flores parescieron ya en la n*uest*ra tierra, *et* vino el tiempo
del podar; la boz de tortoliella es ya oyda, en n*uest*ra tierra;
la figuera mostro sus breuas [20]; las vinnas florescieron *et* dieron su olor. Leuantate, mi amiga *et* mi esposa; vey, la mi
paloma, en los forados de la piedra, *et* en las cueuas de la
paret. Muestra me la tu faz; suene la tu boz en las mis oreias,
ca la tu uoz dulce, *et* la tu cara fermosa.»

Prendet nos las gulpeias pequennas que nos dannan las
vinnas, ca la nuestra vinna florescio. *Et* el mio amado a mi,
et yo a el, que es pazudo [21] entre los dias, fasta que aspire [22] el dia *et* se abaxen las sombras. Tornate, el mio amado,
et semeia tu a la cabra montes, *et* al enodio, fijuelo de los
cieruos, sobre los montes de Bethel.

Capitulo iij

Busque en el mio lecho en las noches al qui ama la mi
alma; busque le e non le falle; leuantarme he e andare la
ciudat aderredor, por los varrios *et* por las plaças buscare al

---

[14] «la bandera suya en mí (es) amor» (pág. 53).
[15] «Forzadme con vasos de vino» (pág. 53).
[16] «(Esposo.) Conjúroos» (pág. 53).
[17] «(Esposa.) Voz de mi Amado (se oye); helo, viene atravan-
cando por los montes, saltando por los collados» (pág. 53).
[18] «ciervecito» (pág. 54).
[19] «acechando por las ventanas, mirando por los resquicios»
(página 54).
[20] *breuas:* primeros frutos que da la higuera.
[21] «(del que) apacienta entre los lirios» (pág. 54).
[22] «sople» (pág. 54).

que ama la mi alma; busquel *et* nol falle. Fallaron me los
ueladores que guardan la ciudat, *et* pregunteles: ¿Si uiestes
algun poco al qui ama la mi alma? Et pues que passe estas
guardas, falle al qui amaua la mi alma; tomel, *et* touel, *et* nol
dexare fasta quel meta en casa de mi madre, *et* en el lecho
de la que me engendro.

Conjuro uos, fijas de Iherusalem, por las cabras monteses,
et por los cieruos de los campos, que non leuantedes [23] la mi
amada, nin la fagades uelar, fasta que ella quiera.

¿Quien es esta que sube por el desierto, como uerga [24] de
fumo que sale de las especias de la mirra, *et* del enciensso,
et de todo poluo de especias de pimienta. Ahe que el lecho
de Salomon cercan sessenta fuertes de los muy fuertes de
Israel, que tienen todos espadas, *et* ellos muy ensennados a
batalla; et la espada de cado vno sobre su muslo, por los
miedos de la noche. El rey Salomon fizo a Iherusalem para
ssi [25] de maderos de Libano, *et* labro los pilares de plata,
et la siella de oro, et cubrio la siella de porpora, con caridat [26]
por medio, por las fijas de Iherusalem. Salit, las fijas de
Syon, *et* ueet al rey Salomon, con la corona del que corono
su madre en el dia del su desposamiento, *et* dio del alegria
del su coraçon.

Capitulo iiij

¡Qvam fermosa eres, la mi amiga, quam fermosa eres! Los
tus oios de palomas, sin aquello que de dentro se encubre [27].
Los *tus* cabellos como greyes de cabras que vinieron de Galaath. Los *tus* dientes como greyes de las trasquiladas, que
vinieron todas con dos fijos, *et* ninguna mannera entrellas [28].
Como toca de xamet [29] los tus labros, *et* la tu fabla dulce; como
granos de milgrana las tus mexiellas, sin los que de dentro

---

[23] «despertéis» (pág. 71).
[24] «columna» (pág. 71).
[25] «Litera hizo para sí Salomón» (pág. 72).
[26] «amor» (pág. 72).
[27] «Tus ojos de paloma entre tus cabellos» (pág. 83).
[28] «Tus dientes, como hato de ovejas trasquiladas que vienen
de bañarse, las cuales todas paren de dos en dos, y ninguna entre
ellas hay vacía [«mannera»]» (pág. 83).
[29] *xamet:* «jamete»: tela de seda, suave al tacto. Fray Luis: «hilo
de carmesí» (pág. 83).

se te encubre [30]. Como la torre de Dauid, la que es fecha con
baruacanas [31], el tu cuello; mill escudos cuelgan del, que son
toda la armadura de los fuertes. Las tus dos tetas assi como
dos enodios de cabra montes nacidos de vn parto que pas-
cen en los lilios. Fasta que aspire el dia *et* se abaxen las
sombras yre al monte de la mirra *et* al collado del enciensso.
Toda eres fermosa, la mi amiga, *et* manziella non ha en ti.
Ven del monte Libano, la mi esposa, ven de Libano; seras
coronada; de la cabesça del monte Amaua, *et* de la cabesça
de Sanir, *et* de la de Hermon, de los couiles de los leones,
et de los montes de los pardos. Llagueste el mio coraçon,
hermana, mi esposa; llagueste el mio coraçon en uno de
tus oios *et* en vn cabello del tu cuello. ¡Que fermosas
son las manos, mi hermana, mi esposa! ¡Mas fermosas son las
tus tetas que el vino, *et* el olor de los tus vnguentos sobre
todas las especias! Panal destellan los tus labros, esposa; miel
et leche, la tu lengua; *et* la olor de los tus uestidos como
olor de enciensso. Huerto cerrado, fuente sennalada [32]. Los tus
ensennamientos [33], parayso de milgranas, con fructos de mançanas maduras, *et* de cipres, *et* de nardo. Con el nardo
açaffran, phistula [34], cinamomu*m* con todos los arboles del
Libano, mirra, *et* aloe, con todos primeros *et* mejores vnguentos; et estos son los tus enbiamientos [35], fuente de huertos,
pozo de aguas biuas, que corren yradas del Libano.

Leuantate, Aguilon, *et* uen, abrego. Solla el mio huerto,
et correran las especias del.

Capitulo v

Uenga el mio amado al su huerto, que coma el fructo de
las sus mançanas.

Ven en el mio huerto, la mi hermana, esposa; cogi la mirra,
comi de las mis especias, *et* el panal con la mi miel; beui
el mi vino con la mi leche; comet, amigos, beuet, *et* enbeu-
dat uos, los mucho amados.

---

[30] «como el casco de granada tus sienes entre tus copetes»
(página 83).

[31] «collados» (pág. 83).

[32] «sellada» (pág. 84).

[33] «Tus plantas» (pág. 84).

[34] *phistula*: Fray Luis: «canela» (pág. 84). De aquí en adelante,
no se pondrán más citas textuales de Fray Luis por no abultar
el texto.

[35] *enbiamientos*: principales especies aromáticas.

Yo duermo, *et* el mio coraçon uela; la boz del mio amado, *et* boz de enpuxante. Leuantat, *et* abreme, la mi hermana, mi amiga, mi paloma, la mi limpia sin manciella, ca la
mi cabesça llena es de rucio, et las mis uedijas del rucio de
las noches. Despoie me de la mi saya, ¿como me la uistre? [36]
Laue los mis pies, ¿como los ensuziare?

El mio amado metio la mano por el forado, *et* tremio el
mio vientre del tannimiento que el fizo. Leuanteme que abriesse al mio amado; las mis manos destellaron mirra, los mios
dedos llenos della, de la muy prouada por meior. Abri el pes-
tiello de mi puerta a mio amado, mas partiera el dende, *et* era
ya passado. Ritiosse [37] la mi alma, pues que el mio amado
llamo; busquel *et* nol falle, llamel *et* non me respondio.
Fallaron me los ueladores que guardauan la ciudat aderredor,
firieron me, *et* ligaron me; tollieron me mio manto las guardas de los muros. Conjuro uos, fijas de Ihe*rusa*lem, que si
fallaredes el mio amado, que me lo digades, ca enferma so
por su amor, *et* enflaquida.

¿Qual es el tu amado, O tu muy fermosa de las mugeres,
por amado? ¿qual es el tu amado por amado, que asi nos
conjureste por el?

El mio amado aluo, *et* bermeio, *et* escollecho de mill. La
su cabesça, oro muy bueno, los sus cabellos como las orgullo-
sas de las palmas negras como cueruo; los sus ojos como
palomas sobre los pequennos rios de las aguas, palomas que
son lauadas con leche, *et* se cercan los rios muy llenos. Las
mexiellas del como eras pequennas de especias de aromatas,
cercadas de specias pimentadas; los sus labrios destellantes de
la primera mirra, meior que todas las otras. Las manos del
tornables como en torno, fechas por fermosura, todas de oro,
et llenas de las piedras p*r*eciosas, jacintos, que son de color
de cielo. El su vientre de marffil dep*a*rtido, con dep*a*rtimiento
de las piedras p*r*eciosas, saphiros. Las piernas del, pilares de
marmol que son fundados sobre los vasos de oro. La fermosura del tal como la del Libano, escollecho como los cedros
muy altos. La garganta muy suaue, *et* muy buena, *et* todo el
de dessear. Tal es el mio amado, *et* el mio amigo.

O uos, fijas de Ihe*rusa*lem, ¿pora do se fue el tu amado?
O tu muy fermosa de las mugeres, ¿a qual logar se aparto
el tu amado? *et* buscar le hemos contigo.

El mio amado descendio en el mio huerto a la olura de

---

[36] *me la uistre:* me la vestiré.
[37] *ritiosse:* sobresaltó.

las especias aromatas, que se farte en las huertas, *et* coxga [38]
los lilios.

Capitulo vj

Yo al mio amado *et* el mio amado a mi, que es farto entre los lilios.

Fermosa eres, la mi amiga, dulce, suave, *et* fermosa como Iherusalem, espantosa como az de huestes ordenada de mi ante los tus oios, ca ellos me fizieron aca uolar. Los tus cabellos como grey de cabras que parescieron de Galaath. Los tus dientes como grey de oueias que subieron de la lauor, todas con dos fijos, *et* ninguna mannera entrellas. Como la corteza de la milgranada, assi las tus mexiellas sin las otras cosas ascondidas en ti de dentro. Sessenta son las reynas, *et* ochenta las amigas, *et* de las mancebiellas non ay cuenta. Vna es la mi paloma, la mi acabada; vna es ella de su madre, vna ella escollecha a la que la engendro. Vieron la las fijas, *et* predicaronla muy bien auenturada; alabaronla las reynas *et* las barraganas.

¿Quien es esta, que sale como el aurora? Leuantat uos, fermosa como luna, escollecha como sol, espantosa como az de huestes ordenada.

Descendi en el mi huerto que uies [39] las mançanas de los ualles, *et* catas si auien florescido las vinnas, *et* fechas sus fructos las milgranas. Non lo sope; la mi alma me conturuio por las carreras de Aminadab.

Tornate, tornate, Sunamich; tornate, que te veamos.

Capitulo vij

¿Qve ueras allende, Sunamich, sinon *com*pannas de huestes?

¡Que tan fermosos son los *tus* andares, enxalçamientos, fija del princep! El ayuntamiento de los tus ynoios como bronchas que son fechas por mano de maestro. El tu onbligo, uaso tornable [40] como fecho en torno, *et* que nunca mengua de beueres. El tu vientre como monton de trigo, cercado de lilio. Las tus dos tetas como dos enodios de cabra montes, amos

---

[38] *coxga:* coja.
[39] *que uies:* para ver (para que viese).
[40] *tornable:* redondo.

de vn parto. El tu cuello como torre de marfil. Los *tus* oios como pesqueras en Essebon, que son en la puerta de la fija de la muchedu*m*bre. La tu nariz como la torre del Libano que cata contra Damasco. La tu cabesça como el monte Carmelo, los cabellos de la tu cabesça como porpola de rey, yunta *et* ap*r*etada en canales.

¡Quam fermosa eres, *et* quam fermosa la mi amada en delicios! La tu estatura egualada es a palma, *et* semeiala, *et* las tus tetas a los fructos de los botros. Dix: Subre en la palma, *et* tomare los fructos della; et seran las tus tetas como razimo de vinna, *et* el olor de la tu boca como olor de mançanas. La tu garganta como muy buen vino, digno paral mio amado a beuer, *et* para rumiar le con los labros *et* con los dientes.

Yo al mio amado, *et* a mi la su tornada del [41]. Ven, el mio amado; sallamos [42] al ca*m*po de la heredat, moremos en vno en las villas. En la mannana nos leuantemos a las vinnas, veamos si florescio la vinna, *et* si muestran fructo las flores, *et* si florescieron las milgranas; alli te dare las mis palabras. *Et* las mandragoras dieron su olor; et las nuestras puertas todas las mançanas, nueuas *et* vieias, guarde yo p*a*ra ti mi amigo. ¡Quien me dara a ti, mio hermano, que mames tu las tetas de mi madre, que te falle yo fuera, *et* te bese, *et* ninguno me desprecie! Ya tomar te, adozir te, *et* meter te en casa de mi madre, *et* en el lecho de la que me engendro, alli me ensennaras, *et* dar te he yo a beuer de vino fecho, *et* mosto de las mis milgranas. La siniestra del so la mi cabesça, *et* la su diestra me abraçara.

Conjuro uos, fijas de Ihe*r*usa*l*em, que nin desp*e*rtedes, nin fagades uelar a la mi amada, fasta que ella quiera.

¿Qvien es esta que sube al desierto, manando toda delicias, arrimada sobre su amado?

So el arbol maçano te esperte, *et* alli es corro*m*pida la mi madre, alli es forçada la mia que me engendro. Pon me como sennal sobre tu coraçon, *et* como sennal sobre tu braço; et fuerte es como muerte el duro amor, como el infierno el amor, las piedras del, piedras de fuego *et* de llamas. Muchas aguas non pudieron amatar la caridat, nin la cobriran nin quebrantaran rios; si diere om*n*e todo quanto ouiere en su casa por la bien querencia, como por nada lo terna.

La n*uest*ra hermana pequennuela es, *et* non ha tetas. ¿Que

---

[41] Cfr. Scio. «y la vuelta de él hacia mí».
[42] *sallamos:* salgamos.

faremos a nuestra hermana en el dia en que la ouieremos a fablar? Si muro es, labremos sobrel logares de plata para lidiar; si puerta es, ayuntemos la de tablas de cedro.

Yo muro, et las mis tetas como torre, desque so fecha antel como qui fabla paz.

Vinna fue al mio Salomon, en essa vinna que a pueblos dio pacificos; por precio es este logar [43]; diol el a guardadores, aduze el uaron mill dineros de plata por el fructo della.

La mi vinna delante mi es mill et dozientos. Otrossi los tus pacificos por aquellos que guardan los fructos dessa vinna.

Tu que moras en los huertos, los amigos te escuchan; faz me oyr la tu boz.

Fuy, el mio amado, et semeia tu a cabra montes, et al enodio de los cieruos, fijuelo, sobre los montes de las especias que llaman aromatas.

De otro rey Leyr que ovo en aquel reyno y de sus fechos [1]

Muerto el rey Blandud, alçaron por rey a su fijo Leyr. Este rey Leyr fue onbre esforçado, y mantouo su reyno como varon; y reyno sesenta annos. Este rey poblo vna çibdad sobre vn rio de Bretanna a que llamauan Salam y a la çibdad llamaron segunt el lenguaje de Bretanna Laerleyr [2] del nonbre deste rey Leyr. Y segunt el lenguaje de tierra de Sazer llamauan le Lerechestre [3], asy como departe la ystoria. Y este rey Leyr caso, y non podiendo aver fijo varon, diole Dios fijas, y fueron tres; y ouieron estos nonbres: la primera Genorilda, la segunda Regaua, la terçera Cordoxilla [4]. Y el rey su padre

---

[43] Aquí habrá alguna confusión en el ms. Cfr. Scio. «Una viña tuvo el pacífico [Salomón] en aquella, que tiene pueblos: la entregó a los guardas...»

[1] La fuente es Geoffrey of Monmouth, *Historia Regum Britanniae*, escrita c. 1136. Véase Lloyd Kasten, «The Utilization of the *Historia Regum Britannie* by Alfonso X», *Hispanic Review*, 38 (1970), 97-114. En el artículo se hacen importantes observaciones sobre la estructura de la *GE* y las razones por las cuales se incluye la historia «reciente» del rey Lear. Para el texto de Geoffrey of Monmouth, véase la edición de Edmond Faral, *La légende arthurienne: études et documents*, v. III de *Bibliothèque des hautes études*, París, H. Champion, 1929.

[2] «Kaerleir» (pág. 89).

[3] «saxonice vero Lerecestre noncupatur» (pág. 99).

[4] «Ganarilla, Regau, Cordeilla» (pág. 99).

amavalas a todas tres mucho, mas a donna Cordoxilla mas que a las otras porque era la menor.

Y yendo el ya contra la vejez asmo de partirles el reyno a todas tres y casarlas con tales maridos que cada vno dellos ouiese la suya con su reyno. Mas por saber qual dellas era mas derechera de aver la mejor parte del reyno, llamo a cada vna dellas en su cabo por preguntarles qual dellas le amaua mas.

Y preguntandoles el, fue luego nonbrada donna Genorilda, y avien lo asy ordenado las deydades del çielo que respuso la infante que mas amaua a el que a su alma que vinie en el su cuerpo. Respondiole el padre: «Fija que yo mucho amo, por que tu adelantaste de tu vida a la mi vejez, casar te [5] yo con qual mançebo tu escogieres, y dar te he la terçera parte del mi reyno de Bretanna.

Desy pregunto a Regau, que era la mediana, y Regau segunt el enxenplo de su hermana, queriendo falagar a su padre y aver el su amor, respondio jurando que ella por ninguna manera al non podie nin sabie dezir sy non que le amaua sobre quantas criaturas otras en el mundo eran. Y el padre creyogelo y prometiole de casarla con la terçera parte de su reyno como a la otra su hermana mayor.

De la respuesta de la infante Cordoxilla, que era la menor

Mas Cordoxilla, que era la menor, entendiendo en su padre como se acogie a las lisonjas de sus hermanas, quisole ensayar y respondiole de otra guisa. «Padre, es en logar del mundo que se atreua fija a amar a su padre mas que ha padre, y por çierto non asmo que ninguna lo osase fazer sy non sy trabajase de encobrir la verdad con palabras de lisonjas. Onde çierta mente te digo que amo yo a ty, y avn non me parto desta postura que yo avia puesta en mi coraçon, y sy por aventura tu me quisieres afincar por sacar mas de mi, oy la çertidunbre del mio amor que yo he contra ty. Y por las demandas que tu me fizieres y las respuestas que te yo dare, acaba tu el fecho, y por ende te digo que quanto as, tanto vales, y que tanto te amo yo.»

El padre asmo estonces que dixera aquella su fija de abondo de coraçon [6], y pero asy fue el ende sannudo, que aquello

---

[5] casar te: «casar te he», te casaré.
[6] abondo de coraçon: «ex abundantia cordis» (100).

que y avie y de responder, non quiso alongar de lo non magnifestar luego; y dixo asy: «¿Por que tu despreçieste tanto la vejez de tu padre, y despreçieste de amar me por aquel amor que tus hermanas me aman? Desdennare yo a ty, y non te dare ninguna parte en mi reyno, nin la avras y con tus hermanas, pero por que eres mi fija, non te digo que te non case sy quier con algunt estranno, con qual quier que la tu ventura aduga [7], mas esto te digo por firme: que me nunca trabajare por casarte con la honrra que a tus hermanas. Y non lo tengas por marauilla, ca te ame fasta aqui mas que a las otras tus hermanas, y tu a mi menos que ellas.»

Pasadas estas razones, ovo el rey Leyr su consejo con los ricos onbres de su reyno, y dio a aquellas otras dos ynfantes a dos cabdillos de Cornubia y de Albania, con la meytad del reyno y non mas aquella ora, y la otra meytad touo *para* sy, para mantenerse mientra que biuiese, y otorgoles la otra meytad de Bretanna despues de su muerte.

De como fue de aquella infante Cordoxilla en pos esto

Mas asy acaesçio en pos esto que Ganipo [8], rey de Françia, oyo la fama de la fermosura de aquella ynfante Cordoxilla, y enbio luego sus mandaderos al rey Leyr a rogarle que ge la diese por muger, y casarie con ella. Y el padre, tirando [9] avn por la sanna que avie tomada, enbio le dezir que gela darie de grado, mas syn tierra y syn aver, ca el su reyno, con todo su oro y su plata le avie dado y partido a donna Geronilda y a donna Regan, sus hermanas. Quando se tornaron los mandaderos y contaron estas nueuas a Ganipo, rey de Françia, y lo oyo ese rey, sy de antes amaua a donna Cordoxilla, mas se ençendio en el su amor de alli adelante. Y enbio de cabo al rey Leyr sus mandaderos a dezirle que asaz avie el de oro, y de plata, y de otras riquezas, ca sennor era de la terçera parte de Galia, y que non querie al sy non a donna Cordoxilla por aver herederos della. En cabo de todas estas razones asy se acabo el fecho que fue enbiada donna Cordoxilla a Ganipo, rey de Françia, y caso el con ella.

---

[7] *aduga:* te conduzca, lleve.
[8] «Aganippus» (pág. 100).
[9] «perseverans» (pág. 101).

*De como se leuantaron en pos esto los yernos primeros contra
el rey Leyr y le tollieron el reyno*

A cabo de tie*n*po en pos esto, pues que envegesçio el rey
Leyr, y era ya cansado, leuantaronse contra el aquellos sobre
dichos cabdillos a quien el partiera Bretanna con sus fijas que
les diera en casamiento, y tollieronle el reyno y el poder real,
el que el touiera fasta estonçes, como varon y honrrada mente.
Y desque gele ouieron tollido, acordaron el suegro y los yernos entre sy, como touiese el sennorio el vno de los yernos,
y touole el duque de Albania, y avie no*m*bre Maglaymo[10].
Este Maglaymo retouo consigo al rey sesenta caualleros, ca non
querie que estouiese con el sy non bien y honrrada mente,
pues que el reyno le avie tomado. Mas despues de dos annos
andados, faziendo el rey su tardança con el yerno, ovo ende
grant pesar su fija Genorilda, por que tenie consigo grant
caualleria, y por que traye mal a aquellos syruientes que los
syruien, por que mas conplida mente non dauan al rey aquello
que le era menester de comer para sy, y para sus conpannas.
Genorilda dixo estonçes esto al marido, y que fuese al rey y
le dixese que retouiese consigo treynta caualleros de aquellos
que alli tenie, y los otros treynta que los enbiase. Y el fizolo
asy. Quando el rey esto le oyo, fue muy sannudo, y non
quiso estar alli mas con aquel su yerno, que auie nombre
Maglaymo, mas fuese para el otro su yerno que era sennor
de Cornubia con el que casara la otra su fija, que avie no*m*bre
Regan.

El yerno, quando lo sopo, saliole a resçebir mucho hon-
rradamente, y fue asy que el estando alli con aquel su yerno,
que non pasaron muchos annos que non ouieron de aver
grant desamor los del rey con los otros del reyno, y peleauan
mala mente cada dia. Quando esto vio, Regan fue muy sannuda por ende, y mando dezir a su padre que quitase de sy
todos aquellos caualleros, sy non tan solamente çinco, que le
fiziesen seruiçio y le touiesen conpanna. El padre, quando
esto oyo, fue muy cuytado y muy sannudo a demas; y con el
grant pesar que dende ovo, tornose de cabo para aquella su
fija mayor, cuydando que la podiese mouer a piadad por que
podies alli fincar con su co*n*panna. Mas ella, en ninguna
guisa non se quiso partir de la sanna que avie tomada en sy,

---

[10] «Maglaunus» (pág. 101).

y juro por las deydades del çielo que por ninguna manera
non fincarie con ella, a menos que non quitase de sy quantos
traye, sy non tan sola mente vn cauallero que le aconpannase
y le syruiese. Y maltrayelo por que era viejo, y por que nun-
ca podrie aver lo que le fiziese menester mientra tanta conpania quisiese traer consigo. Quando el vio que en ninguna
guisa non querie ella consentir a la su voluntad, desanparose
el de toda su conpanna que non finco con el sy non vn cauallero solo.

Mas el estando asy de la guisa que oydes en la casa de
aquella su fija, acordose vn dia de como fuera honrrado
primera mente, y de como podrie escusar aquella lazeria en
que era entrado, y començo de cuydar como su fija la menor
moraua allende el mar, en pero dubdaua della que le non quisiese fazer ninguna cosa de bien por que a tan grant desonrra
de sy se avie dado como dicho es.

De como el rey Leyr se metio en la mar y paso a Françia y
se fue para su fija la menor que avie nonbre Cordoxilla

Mas el rey Leyr, cuydando esto que avemos dicho, de
como era despreçiado y abiltado, metiose estonçes en vna naue
con aquel cauallero que diximos que fincara con el, y con vn
escudero, y paso allende el mar a tierra de Françia, a aquella
su fija que era alla casada. Y yendo ya por el mar, quando
se vio el el terçero entre aquellos dos que oystes, el cauallero
y el escudero que yuan en la naue con el, començo de llorar
y de solloçar, y de dezir en esta manera: «¡Ay, ordenamiento
de fados! que non puede ser reuocado, que por la acostun-
brada casa andades la carrera muy afincada mente, ¿por
que me non quisistes nunca remouer de la mi buena andança
sy non agora? lo que yo non cuydaua que nunca me fa-
llesçiese, ca mayor pena es a mi de me acordar de lo que
he perdido que de la lazeria en que so agora caydo, y mas
me agrauesçe a mi quando me acuerdo de aquel tienpo en
que yo solia andar con çient vezes mill caualleros, y destruya
los logares viçiosos de las çibdades y las prouinçias de mis
enemigos, que la grant cuyta de mezquindad en que so; por
que aquellos que so mis pies solien yazer, oveles a desanparar
la tierra por la mi flaqueza. ¡Ay, que ventura tan braua!
¡Sy verna nunca avn algunt dia que yo pudiese dar guarlar-
don a aquellos que en cabo de mi tienpo me fizieron asy
caer en pobredad, y en lazeria, y me desanpararon asy! ¡Ay,

223

fija Cordoxilla, como son verdaderas aquellas palabras que me tu respondiste, quando te yo pregunte que amor me avies! Ca tu me dexiste que quanto avia que otro tanto valia, y tanto me amauas tu, y mientra yo ove que pudiese dar, fuy visto que era honrrado de aquellos que non de mi, mas de las mis donas, eran mis amigos; y en quanto la riqueza me duro, amaron me ellos mas, y pero mas a mio aber que a mi, ca asy como perdi las riquezas, asy perdi luego a ellos. ¡Ay, mi fija mucho amada, con quales ojos te osare catar, que por la sanna que ove de ty por las palabras que me dixiste, como es dicho, te cuyde por ende peor casar que a tus hermanas, por las quales yo ando agora pobre y desterrado por el bien que les fize!»

En quanto el dezie esto y otras cosas muchas, llegaron al puerto, y desy salieron luego fuera de la nave. El rey Leyr fue luego para vna çibdad que avie nonbre Cariçian [11], y alli moraua aquella su fija. Y non quiso entrar luego en la villa, mas enbio por mandadero a su fija al cauallero que fuera con el, que le dixese como vinie pobre y lazrado, de manera que non avie que comer nin que vestir, y que le pidie por merçed que le acorriese, y le fiziese bien.

Asy como oyo Cordoxilla el mandado, fue toda mouida a piadad, y començo de llorar muy graue mente, y pregunto al mandadero quantos caualleros traye consigo. Y dixole el mandadero que non traye ninguno, sy non vn escudero que estaua con el, fuera de la villa esperando a el quando yrie con el mandado. Ella començo estonçes de dar al mandadero quanto menester ovo de oro y de plata, y mandole que lleuase a su padre a otra çibdad, y que fiziese semejança que era enfermo, y que le bannase cada dia, y le vistiese muy bien, y le gouernase, y mandole dezir que touiese consigo sesenta caualleros bien vestidos y bien guisados, y que estonçes enbiase dezir al rey Aganipo y a ella mesma, que era su fija, como se vinie ver con ellos. El mandadero tornose luego con este recabdo, y lleuo al rey Leyr a otra çibdad, y touole y condesado fasta que acabase la merçed que su fija Cordoxilla le mandara fazer.

---

[11] «Karitiam» (pág. 103).

*De como el rey Leyr fue resçebido del rey Aganipo su yerno,
y de como se tornaron amos a dos para Bretanna y la
conquirieron, y lidiaron con los que gela tenien forçada y
los vençieron, y de como murieron amos a dos los reyes*

Luego que el rey Leyr fue vestido y guarnido honrrada
mente, el y sus conpannas todas, enbio dezir al rey Aganipo
y a su fija como el era echado del reyno de Bretanna, y de
como le echaran ende sus yernos, y que vinie a ellos, que
por la su ayuda pudiese cobrar su tierra. El rey salio estonçes a resçebirle, con los consules y con los ricos onbres
de la tierra, muy honrrada mente, y dieronle poderio en toda
França, fasta que le fiziesen cobrar su dignidad primera.

En todo esto, enbio Aganipo mandaderos por toda tierra
de França que llegasen quantos caualleros de armas pudiesen
en la tierra fallar, que fuesen con el, ca querie el ayudar
al rey Leyr, su suegro, en guisa que pudiese cobrar su reyno
de Bretanna. Despues que esto fue fecho, leuo el rey Leyr
su fija consigo, y llego muy grant gente en Bretanna, y lidio
con sus yernos, y vençiolos por batalla. Y despues que el fue
tornado a su poder y a su honrra, a cabo de los tres annos
murio. Otrosy murio Aganipo, rey de França, mas Cordoxilla finco estonçes por sennora del reyno, y soterro a su
padre en vn soterranno que ella mandara fazer dentro en
vn logar que avie nonbre Legedestriam [12], que es a su
subsura del rio [13]. Aquel soterranno era sagrado a honrra de
Bifrontes Jani. Alli en aquel logar començauan los obreros
de la çibdad las obras todas que por el anno avien a fazer,
cada que vinie la fiesta de aquel su dios.

---

[12] «Legecestriam» (pág. 104).
[13] «quod sub Sora fluvio» (pág. 104).

General Estoria, Parte I V

Nabuchodonosor

LXXVI. *De los saberes e de las marauillas que fizieron aquellos sabios quando entraua Nabucodonosor a Egypto* [1]

Quando llego Nabuchodonosor a Egypto e salieron los egyptianos por lidiar con el, fizieron aquellos sos sabios de luego semeianças de azes de uientos, que eran como que las ueyen los omnes que se mouien e se alçauan contral cielo e descendien yrados e dauan en las caras aaquellos que uinien contra la su huest e fazien unos unguentos que ardien muy fuert e echauan llamas e fumos que se alçauan e estoruauan la uista e embargauan el respiramiento a los omnes que a penas podien ensaneldar. Empos esto aduxieron otros engennos que dauan grandes roydos que espantauan a quantos los oyen. E fizieron sobresto por so saber manso un leon muy grand e muy brauo, de guisa quel tomauan los omnes e trayen le poro querien. E enfrenaron le e ensellaron le duna siella guarnida de cuero de leon, e caualgo el rey Nabuchodonosor enel. E assi entro a Egypto ante todos los

---

[1] Los pasajes que describen la entrada de Nabucodonosor en Egipto, los conocimientos de la astrología y astronomía de los «adevinos» de Egipto, los detalles fantásticos sobre las riquezas de los reyes egipcios, del rey Vafre en particular, sólo pueden compararse con las historias de Alejandro en India. Seleccionamos unos trozos que podrán servir de muestra.

La fuente histórica de estos pasajes, la «estoria caldea de Alguaziph» mencionada más adelante, no es asequible. Ya señaló Solalinde (Intr., pág. xiii) que la historia de Alguazif (siglo VII) no está editada (ni lo está aún). Cfr. C. E. Dubler, «Fuentes árabes y bizantinas en la *Primera Crónica General*», *Vox Romanica*, 11-12 (1951-52), pág. 142 y nota 3.

egyptianos *e* caualgaua enel quando q*u*erie; *e* quando no*n*, trayen ge lo en diestro delant.

E dizen q*ue* la siella en q*ue* caualgaua enel q*ue* era toda doro, si non los cueros q*ue* auie de leon, como dixiemos, encastonadas por tod ella piedras preciosas de muy grand precio. *E* diz que dauan toda uia aaquel leon carne a comer con melezinas tales q*ue* non pudiesse trauar de ni*n*guno nin nozir le. *E* quando era farto q*ue* no*n* querie comer, fazien le oler otras melezinas con q*ue*l amansauan. *E* sobresto dizien le sus palabras de encantamientos con q*ue*l trayen por el freno como q*ue*rien, como a cauallo o a la mas mansa cosa q*ue* seer pudiesse. *E* a amansaron le otrossi un dragon muy gra*n*d e fizieron le como rosca, como la serpient q*uan*dos coge; *e* atauan le en dos o en tres logares e guisauan q*ue* fuesse como a manera de cofia e ponien le en la cabeça al rey Nabuchodonosor como por sombr*e*ro, de guisa q*ue* la cola dell colgaua por las espaldas del rey e la cabeça delant la fruent. *E* alas uezes alçaua el leo*n* la cabeça e resollaua contra los omnes como cosa sannuda, mas non q*ue* ninguna cosa fiziese contra Nabuchodonosor.

E dize en aquella estoria caldea de Alguaziph q*ue* este dragon era uno a q*ue* llamauan en fisica en arauigo *açua-thealic*. *E* assíl ponien al rey en la cabeça e assíl tocauan co*n* el como con toca *e* guisauan toda uia, como dixiemos, q*ue* uiniesse la cabeça en derecho de la fruent *e* la cola por las espaldas. Desq*ue* ouieron al rey guisado desta guisa de caualgadura *e* de so*m*brero, amansaron una muy grand aguila de las cabdales *e* fizieron la uenir a mano *e* ataron le a los pies un panno q*ue* semeiaua como alcalia grand de seda prieta *e* tales y a q*ue* dizen que era de seda uerde. *E* andaua esta aguila uolando *e* aleando sobre la cabeça del rey teniendol sombra *e* esfriandol el aer. *E* leuaua el rey Nabuchodonosor en su huest muchos elefantes, ca se crian en los montes *e* en los yermos de Babilonna dond ell era sennor, *e* pusieron en uno de los mayores que y auie la su senna q*ue* era muy gra*n*d, *e* aderredor de la senna por todas las oriellas serpientes atadas, las cabeças contra fuera por que ouiessen miedo los omnes, *e* los cuerpos a dentro por el campo del panno. *E* respirauan estas serpientes e siblauan e salie*n* les por las bocas uno como semeiança de fuego.

E fizieron una ymagen de madero que auie en la nariz una manga como la de los elefantes, *e* aaq*ue*lla manga de los elefantes con q*ue* comen e beuen llama*n* enel nuestro latin *probocida, e* a y tales de los que fablaron desta esto*r*ia que dizen que de arambre fue aquella ymagen. E pusieron la sobre un elefant, e un omne en ella de dentro que tenie fuego de Naf; e encendie lo en la cabeça daquella ymagen por tal engenno que salien las llamas e el fuego por las narizes de la ymagen e por aquella manga; e caye el fuego en unas melezinas que tenien y fechas por maestria ques encendien e enuiauan las llamas muy altas. E leuantaron otrossi dotra part muy grand fumo en que fizieron parescer grandes e muchas ymagenes de cosas estrannas e grandes marauillas.

E caualgaua el rey a las uezes en aquel leon encantado, a las uezes en un elefant cubierto dun panno muy preciado que dizien en caldeo *dibeth*, e siella doro de suso. A las uezes en cauallo otrossi con siella doro e de piedra torqui, e desta guisa andaua por la ribera del Nilo, el dell una part, los egyptianos dell otra fasta que uisse sil cometrien o sil dexarien libre la passada, o sil cometrien con alguna pleytesia [...].

LXXXIIII. De como el rey Nabuchodonosor fizo despues que se fue de Manip

En Caldea e en Babilonia a orauan el fuego, e en Egypto el agua, por que aquellos eran los elementos de que se ayudauan aquellas tierras mas que de otros, assi como auemos ya contado destas razones algunas cosas en otros logares ante desto. E pues que dixieron a Nabuchodonosor los poderes de los ydolos dalli, dizen que fizo y un palatio muy noble enel Barbe e puso y un ydolo de mas de los que y estauan antes e siete ymagenes de las siete planetas de piedras coloradas de qual color conuinie a cada una planeta, segund el poder e la natura de las cosas sobre que obra. E dizen que fizo y otra casa poral elemento del fuego e a orauan le en ella. E este palacio dell fuego fizo en aquel logar mismo o el so lecho fue assentado ante que llegasse a Manip. E dizen que en laurandol que fallo y un sepulchro en que auie mucho auer e muchas piedras preciosas; e tan grand cuenta la estoria que era el sepulcro e tanto lo que enel yazie que ouo y de que tomasse el rey pora si e de que partiesse e diesse a sus compannas e les fiziesse algo, e el assi lo fizo. E lauro y un alcaçar muy grand e muy fuert e dixieron le despues siempre el alcaçar de los perssianos, e dixieron le otra guisa por nombre Bephillon. E fizo y otro alcaçar a que puso nombre ell alcaçar de la cera, e assento en este las ymagenes de las planetas. Pero fallamos estorias que cuentan que fue un palatio que fizieron los persianos en que aorauan el fuego como en su tierra en Perssia e enel regno de Babilonna e de Caldea. Otros dizen aun que aquel tiemplo los magos le fizieron despues de dias de Nabuchodonosor, e quiere dezir magos tanto como sabios.

En tod esto mando Nabuchodonosor fazer muchos barcos en que passasse ell Nilo su huest e todas las otras cosas que el traye de Egypto, e partio sus compannas e enuio dellos a Babilonna aquellos que uio que lo auien mester, et dellos dexo alli en aquella tierra que es a parte de orien; e el, segund dize la estoria, tornosse aun otra uez a Manip, ca uio que non serie recabdo en dexar la desamparada assi, por que serie luego enchida de bestias fieras de que es muy natural aquella tierra de criar las [...].

LXXXVI. De como mando Nabuchodonosor a sos sabios que fiziessen figuras

Mandol otrossi que fiziesse en medio del alcoba e a los quatro cantos della quatro figuras, la una a manera de buey, la otra de omne, la tercera de aguila, la quarta de culuebra, todas con alas e touiessen las abiertas como si quisiessen uolar con el alcoba. E figuro enel alcoba siete figuras de angeles e fizo les sos soffumerios quales el entendie que conuinien, e troxo candelas e olios de departidas maneras que encendio antellas e puso en medio del alcoba una figura de grand cara de omne e los siete angeles las manos alçadas contra ell como a orandol, e ell en semeiança que los fablaua.

E fablo un spirito enel e dixo al estrellero quel fiziesse el soffumerio de Mars e quel pusiesse en cima de los quatro pilares, que estauan en las quarto [1] partes del alcoba, quatro figuras; la una de mujer con sos cabellos luengos tendudos, la otra de uaron, una guirlanda en cabeça, la tercera de leon, las manos tendudas como qui quiere tener ell alcoba; dell otra parte, figura de carnero que trauasse [2] otrossi en

---

[1] quarto: es decir, «cuatro».
[2] trauasse: agarrase. Cfr. C. C. Marden (s. v., trauar): «se usa de una ancla cuando ésta vale, o sea, cuando las uñas se afirman en el fondo». En Libro de Apolonio, Elliott Monographs. N. 6. Reimpresión de la edición de 1937, Nueva York, Kraus, 1965.

el alcoba con las manos. E mandol que crubiesse ell alcoba
con pannos de seda e que la regasse a derredor con uino
uermeio. E puso en los quatro cantales dell alcaçar quatro
figuras que auien los cuerpos como de omnes, la una dellas
la cabeça de af, la otra de carnero, la tercera de leon, la
quarta toda de omne. E delant cada una dellas sennos pilares
pequennos cauados, ell uno con agua uermeia, el otro con
amarilla, el tercero con uerde, e el quarto jndia, fechas todas
et mezcladas por maestrias que sien³ scriptas en un libro de
los sabios de Egypto que llaman Nimoz en so egyptiano,
e fiziessen con estas aguas obras de cosas marauillosas.

E fizo aquell estrellero Abatorez quatro fiestas cadanno en
aquel logar [en] el comienço de los quatro tiempos dell
anno del Sol. E començo luego en março e dixo en sus
orationes de las fiestas palabras de sus conyurationes del Sol
e de la Luna. Ell otro estrellero que fue a Racoda, que es
la tierra a que dizen agora Alexandria, fizo y otrossi so
tiemplo e so ydolo, e este fue el de la planeta del Uenus,
e fizo un alcaçar sobrel mar a que dizen el mar Romano⁴, e
a aquella alcaçar dixieron el alcaçar de los de Perssia; e dize
essa estoria caldea que aquella alcaçar aun oy es en aquell
logar. Ell otro estrellero sesto fue a tierra de Trip e fizo y
otrossi so tiemplo e so ydolo, e este fue el de Juppiter. E fizol
sos sacrificios como los otros, tanto quel respondio el spirito
enell e fizo por so mandado dell una figura del Sol que
puso a parte de orient ante aquell ydolo de Juppiter. E esta
figura del Sol dize la estoria que una cara era sin cuerpo
e quel fizo dos fiestas cadanno. Ell otro adeuino que era el
seteno ouo tierra de Çay la de suso. E este fizo alli so
tiemplo e so ydolo e fue aquel tiemplo el de la Luna. Ell
estrellero ochauo fue el de Nuba e fizo en essa tierra de
Nuba el tiemplo e ydolo de Mercurio, e ymagino antel la
faz de Uenus e empos el la del Sol. E fablol enel el espirito
e mandol que fiziesse tres fiestas cadanno; ell una de Mercurio, ell otra del Sol, ell otra de Uenus.

Agora dezir uos emos de una laguna que fallaron en tierra
de Nuba estos que la uinieron poblar segund lo fallamos
en la estoria de Alguazif.

---

³ *sien*: imperfecto de *seer* (estaban escritas).
⁴ *mar Romano:* es decir, el Mediterráneo.

LXXXVII. De como fallaron estos sabios en tierra de Nuba piedras preciosas e otras cosas

Aquel estrellero e alcayd e las[1] caualleros que uinieron con el a poblar Nuba, pues que ouieron fecho so tiemplo e endereçada la uilla, connençaron andar por la tierra e uinieron a esta laguna de que dixiemos. E cuenta la estoria de Alguaziph que es en termino de tierra de Machara e tiene del termino dessa tierra fasta una alcoba o dizen que yazen muchas piedras preciosas en cantadas. E ua dalli a la sierra de orient aquella laguna, e aquella alcoba esta en medio daquella laguna. E ay tales que la llaman ell Albuhera oriental e dizen que es fecha de obra estranna et encantada de antigo e que la fizo y un estrellero que auie nombre Phitaz. E aquel logar o ella estaua dixieron los departidores de los terminos daquellas tierras que era de Egypto ante que Egypto se hermasse. En esta alcoba metieron muchas piedras preciosas que reluzien so el agua tanto que dizen que las deuisan los omnes de fuera. E son estas piedras de las naturales e uerdaderas quales las crio la natura de luego. E cuenta essa estoria que sisse[2] para alguno a la ribera daquella Albuhera e mete el pie enel agua, quando uee reluzir aquellas piedras preciosas quel tira el agua assi e metel de yuso e fazel passar cerca aquella alcoba so el agua; e desi da con el much aluenne a parte dallend cerca una syerra e pierdesse, quel nin le ueen los omnes nin saben nunqua que es del. Pero dizen quel mete ell agua en una cueua que a so aquella sierra e que alli se pierde. E cuentan que Elbudezir el sabio el primero esta en aquella alcoba en lecho de oro e en la cabeça corona de piedras preciosas taiadas a tablas, e que non a precio aquella corona nin es omne qui gela pudiesse poner. E dizen que ay un libro de oro enque sien escriptos quantos reys regnaron en Egypto e an de regnar fasta que Egypto sea, todos por sos nombres, e quanta yent y moro e a de morar fasta que el mundo se yerme del hermamiento general que uerna de todas las cosas.

E dexaron los sabios estrelleros de Egypto en sos libros que este hermamiento general de que se hermasse todo el mundo que a de seer quando entrare el coraçon del Escorpion

---

[1] *las:* los (por probable errata del copista).
[2] *sisse:* si se.

234

enel primer menudo [3] del Escorpion, e que estonces non fincara cosa uiua so el cielo nin animalia en tierra nin aue enel aer nin pescado enla mar nin en las otras aguas, e fincara la tierra yerma fastal postremero tiempo, que sera quando se soluieren los nudos de los cercos. E paro Enbudezir aquella agua daquella laguna en aquel logar aderredor dessa alcoba por que ninguno non ouiesse poder de llegar a el nin al so sepulcro que esta alli parado en aquell lecho dell oro nin a ninguna cosa de sos condeseios que el y metio [...].

ALEXANDRE [1]

IIII. *De como este Neptanabo se uio con la reyna Olimpias e fizo en su uista con ella* [2]

Estando Neptanabo alli en Macedonia obrando de sus saberes, Philippo rey desse regno de Macedonia acaescio que fue en hueste a batalla campal con sus enemigos; e Neptana-

---

[3] *menudo:* «minuto de un grado de círculo» («Dicc. Med.», Universidad de Wisconsin).

---

[1] Al señalar las principales fuentes y estudios entre la vasta literatura sobre Alejandro es oportuno recordar las palabras de Emilio García Gómez en su prólogo a *Un texto árabe occidental de la leyenda de Alejandro,* Madrid, 1929: «Pocos temas literarios de la Edad Media ganan en importancia y ninguno aventaja en extensión al de la leyenda de Alejandro. Quizá no haya habido en la historia hombre más glorificado que el divino mancebo macedonio» (pág. xiii).

La fuente principal para la *GE* no fue *El Poema de Alexandre* escrito a mediados del siglo XIII (como quizá se esperaría), sino *Historia de Proeliis,* según señaló con un cotejo textual J. A. Herriott, «A Spanish Translation of Recension — J²[=I²] of the *Historia de Preliis*», tesis doctoral, Universidad de Wisconsin, 1929. Además de la *Historia de Proeliis,* los traductores alfonsíes se sirvieron en parte (pero no mucho) del poema latino *Alexandreis,* escrito por Gautier de Châtillon entre 1178 y 1182 (v. Migne, *PL,* v. 209); *Libro de buenos proverbios y Bocados de oro,* edición de Hermann Knust, *Mittheilungen aus dem Eskurial,* Tübingen, 1879.

Véase, también, W. L. Jonxis-Henkemans, «The Last Days of Alexander in *General Estoria, IV*», en *Alexander the Great in the Middle Ages: Ten Studies on the Last Days of Alexander in Lite-*

bo sabiendo todo esto e ueyendo tiempo[3], leuantosse e fue al palacio del rey pora ueer a la reyna. E assi como entro e uio la fermosura de la reyna Olimpias, diz la estoria que fue ferido de muy grand amor della en so coraçon, e tanto fue encendudo en la cobdicia e enel amor della que tendio la mano escontra la reyna e saludando la dixo: «Dios te salue reyna de los macedonios.» E cuenta la estoria que se razono assi contra ella, desdennando de llamar la sennora. A esto respondio la reyna Olimpias e preguntol: ¿«Tu eres al que dizen maestro de Egyto?» E con sabor de aprender algo del, dixol: «Llega te mas acerca de mi e sey.»[4] Neptanabo llegosse como la reynal mando e desque souo, preguntol ella e dixo: «¿Es uerdad que eres tu el egyptiano de que me dizen?» E el respondiol e dixo: «O reyna, ¡que fermosa palabra e que real dixiste agora en que me llamaste egyptiano!, ca son los egyptianos sabios e que sueltan los suennos e departen los signos que acaescen e entienden las aues e connoscen las poridades de las cosas e manifiestan las e dizen las nascencias de los omnes e las uenturas dellos. E reyna, digo te esto

---

rary and Historical Writing, edición de W. J. Aerts, Jos. M. M. Hermans y E. Visser. Mediaevalia Groningana, v. I, Alfa Nimega, 1978, págs. 142-169; Ian Michael, «Estado actual de los estudios sobre *El Libro de Alexandre*», *Anuario de Estudios Medievales,* 2 (1965), 581-595; del mismo autor, *The Treatment of Classical Material in the 'Libro de Alexandre',* Manchester University Press, 1970; María Rosa Lida de Malkiel, «La leyenda de Alejandro en la literatura medieval», *Romance Philology,* 15 (1962), 311-318; George Cary, *The Medieval Alexander,* edición de D. J. A. Ross, Cambridge University Press, 1967; Fernando Rubio, «Las leyendas sobre Alejandro Magno en la *General Estoria* de Alfonso el Sabio», *Ciudad de Dios,* v. 179, n. 3 (1966), páginas 431-462; Dana E. Nelson, «El libro de Alexandre: A Reorientation», *Studies in Philology,* 65 (1968), 723-752. Y, Raymond S. Willis, ed., *El libro de Alexandre: Texts of the Paris an the Madrid Manuscripts,* Elliott Monographs, 32, Nueva York, 1965, reimpresión de la edición de 1934.

[2] Neptabalio («Neptanabo»), rey de Egipto, huyó de su país tras haber adivinado por sus artes mágicas que su reino sería conquistado por el rey de Persia Artajerjes.

Para las fuentes de los pasajes de Neptabalio, véase la edición de Alfons Hilka, *Der altfranzösische Prosa-Alexanderroman nebst dem lateinischen Original der 'Historia de Preliis' Rezension J²,* Hall, Max Niemeyer, 1920, págs. 19 y ss.; Herriott, *op. cit.,* páginas 12 y ss.

[3] *ueyendo tiempo:* reparando en la oportunidad del momento.

[4] *sey:* siéntate (de *seer*).

de mi, por que yo otrossí so connoscido por muy sotil e se de todas estas cosas.»

E pues que el rey Neptanabo ouo dicho a la reyna estas razones, cato la mucho entendiendo lo ella. E la reyna metiendo mientes en la uista del sabio como la cato assi, dixol: «Maestro, ¿que cuedeste tu agora catando me?». Ca assi seyen apartados de las compannas la reyna e el, que podien auer estas razones que las non oyrien si non ellos. Respusol estonçes Neptanabo: «Reyna, membren agora de las muy fermosas respuestas que oue de nuestros dioses.»

V. *De como Neptanabo obro de sus saberes ante la reyna Olimpias e se razonaron el e ella*

Pues que Neptanabo se ouo razonado contra la reyna Olimpias como es dicho, acabando de razonar se metio su mano a su seno luego e saco una tabla de marfil mezclado con oro e plata, e marauillosa en su fechura. E auie en si tres cercos, de que el primero auie en si las doze intelligencias[1] e ell segundo las doze animalias[2], el tercero cerco tenie en si al sol, e a la luna. E empos esto abrio una buxeta de marfil e saco della siete estrellas muy resplandientes que escodrinauan las oras del dia e de cada cosa enel dia e de los nascimientos de los omnes; e siete piedras entalladas que pertenescien aaquellas siete estrellas e eran puestas para la guarda de los omnes. E quando uio Olimpias aquellas marauillas dixo a Neptanabo: «Maestro, si tu quieres que yo crea a ti e a las cosas que tu me muestras, di me el anno e el dia e la ora de la nascencia del rey, e departe me lo todo.»

Compeço estonces Neptanabo assi como la estoria dizie a contar por el arte mathematica, que es el saber dell adeuinar[3], e dixol el anno e el dia e la ora de la nascencia del rey. E pues que esto ouo obrado e dicho entre si, dixo ala reyna: «Reyna, ¿quieres oyr de mi alguna otra cosa e saber de tu fazienda mas?». Respusol la reyna: «Quiero que me

---

[1] Se alude a las inteligencias celestiales, y traduce el original latino: «primus circulus continebat intelligentias duodecim» (A. Hilka, pág. 21). Es curioso notar que en todo el *corpus* alfonsino es ésta la única vez que se emplea la palabra «inteligencia».

[2] Los doce signos del zodíaco.

[3] Compárese con la Parte II, vol. II, cap. CXXI y notas. El original latino dice: «Ad hec Nectanebus cepit computare per mathematicam artem…» (Hilka, pág. 22).

digas que a de seer entre mi e Philippo, ca traen los omnes que si se tornare de la batalla a que es ydo que echara ami e que tomara otra mugier, por que non a fijo de mi.» E dixo: «Mintrosas son estas palabras e non dizen uerdad, al menos quanto pora de luego, pero despues de ya quantos annos fazer te a esto Philippo, mas durara pocos dias [4], e queriendo o non queriendo auer te a a tomar de cabo Philippo por su mugier.» Dixo estonces la reyna a Neptanabo, teniendo que se auie fallado con uaron sabio como lo era el: «Maestre, ruego te que me digas toda la uerdad.» Respondiol estonces Neptanabo: «Uno de los muy poderosos diosses abra que ueer contigo [5], e este te ayudara deguisa que el to fecho sera bien parado.» Dixo la reyna: «¿Qual es aquel dios que abra que ueer comigo?». Respondiol Neptanabo: «Reyna, nin es mancebo nin uieio, mas esta en mediana edad e a cuernos de carnero en la fruente e la barua de can e afeytada; onde por cierto esta tu guisada en esta noche, ca en suennos le ueras e en esse suenno abra que ueer contigo.» Dixol estonces la reyna: «Neptanabo, si esto que tu dizes yo uiere, non como a propheta nin como a adeuino, mas como a dios te orare.»

VI. *De como obro Neptanabo por so saber* e *fue prennada la reyna* [1]

Pues que ouo Neptanabo estas razones con la reyna, espidios della e fuesse luego del palacio e salio luego de la uilla e fue a un logar desierto e cogio las yeruas que y fallo que eran mester pora lo que el querie. E maio las e saco el çume dellas e fizo sobrellas sus encantamientos e conjuro los espiritos por que uiesse essa noche Olimpias en suennos al dios Amon que auie que ueer con ella e quel dizie despues del acabamiento daquel fecho: «Mugier agora concebiste tu deffendedor.» Otro dia mannana la reyna Olimpias por que auie

---

[4] Compárese con el original: «Falsa verba sunt hec, modo non vera; sed tamen post aliquot annos fiet tibi et non in paucis diebus» (Hilka, pág. 22).
Véase también la versión francesa en la misma página, que se acerca más a la traducción castellana.
[5] «concumbet tecum» (Hilka, pág. 22).

[1] Compárese con el engaño de Mundo en la *EE,* cap. 157 y nota 24.

passado por aquel suenno assi como ge lo dixiera Neptanabo, mandol llamar que uiniesse a ella, e Neptanabo uino. E la reyna contol el suenno que auie uisto e como passara por todo, e respusol el: «Reyna, bien se yo esto que tu dizes, e si enel tu palacio me dieres logar do aluergue, alli te mostrare yo en uerdad aquel dios que tu uiste en suennos, que al es el suenno e al la uerdad; ca aquel dios que yo digo e tu sonneste, en figura de dragon uerna a ti de comienço e despues tornar se en figura de omne como yo so.» Respondiol estonces la reyna: «Maestro, bien dexieste, e manda guisar enel palatio un lecho pora ti; e si tu yaziendo alli esto pudieres prouar por uerdad, aure yo a ti como por padre del ninno.»

Pues que la reyna esto ouo dicho, mando a su couigera que fiziesse otra cama del otro cabo del palacio, e la couigera fizo lo. E entraron la reyna e Neptanabo a aluergar en aquel palacio cadauno en su cama. E al primero suenno de la noche leuantosse Neptanabo e compeço a obrar de la magica e coniurar e fazer sus encantamientos, e tras figuro se el e tornosse en figura de dragon, e començo a siular e yendo siblando fue al lecho de la reyna; e assi como llego, metiosse con ella entre la ropa e començo la a abraçar e a besar e auer su pleyto con ella[2].

E en leuantando se dende cuenta la estoria que dio ala reyna con el dedo en el uientre cerca del embligo, e dixo: «Este en prennamiento sea uictorial», que quier tanto seer como que siempre uenciesse a todos aquellos con quien se tomasse en armas[3]; e cuenta adelant la estoria que dixo Neptanabo que nunqua serie uençudo en armas. E diz que desta guisa fue la reyna Olimpias enartada yaziendo omne con ella, cuedando ella que era dios. Otro dia mannana fuesse Neptanabo del palatio e finco la reyna prennada en su lecho. E desquel començo a crecer el uientre, llamo ella a Neptanabo e preguntol: «Maestro, quiero que me digas que a a fazer de mi el rey Filippo quando se tornare.» Respusol Neptanabo: «Non ayas miedo, nin as por que temer, ca el dios Amon sera en tu ayudorio por mi.»

E pues quel esto ouo dicho, salio del palatio luego man a mano e fuesse fuera de la cibdad aun logar desierto e busco de las yeruas que el connocie que auien fuerça pora lo que aqui oyredes, e arrinco las con sus rayzes e maio las e saco

---

[2] «cepit osculari illam et concumbere cum illa» (Hilka, pág. 24).
[3] *tomasse en armas*: combatiese.

el çumo dellas; *e* tomo un aue de las de la mar *e* començo a encantar sobrella *e* untar la con aq*u*el çumo q*ue* sacara de la yeruas.

E esto todo obraua el por encantamiento de los sprritus pora enartar al rey Philippo en suenno. *E* assi contescio, ca en aq*u*ella noche misma del dia en q*ue* el esto obro, parescio a Philippo en suennos el dios Amon en semeiança como uerdadera mientre yazie esse dios Amon con la reyna Olimpias *e* que la emprennaua *e* q*ue* lo ueye ell uisible mientre. *E* empos esto fizol ueer q*ue* quando el acabaua so fecho con ella, que ueye Philippo la natura de la reyna Olimpias, *e* como la cerraua *e* la sellaua esse dios Amon con una su sortija doro; *e* la sortija auie ensi entallada una piedra *e* cabeça de leon *e* ell carro del sol *e* una espada, *e* que oyo Philippo como dizie esse dios Amon ala reyna: «Mugier, agora concebiste tu deffendedor *e* de su padre Philippo» [...].

IX. *De Bucifal el cauallo de Alexandre* [1]

El tiempo en q*ue* esto fue [2], un princep de Capadocia aduxo al rey Philippo un cauallo brauo, grande de cuerpo *e* muy fermoso, *e* atado de manos *e* de pies con cadenas de fierro, de guisa que non pudiesse fazer mal a los omnes, ca dizien q*ue* los comie. *E* dizien le por nombre Bucifal, *e* dieron este nombre desta palabra *bus,* q*ue* dize el griego por buey. *E* dieron le este nombre por q*ue* diz la estoria q*ue* auie la cabeça como de toro, *e* auie una sennal fecha de fierro en la espalda o por q*u*el nascieran en la fruent dos jnchazones q*u*el salien tanto a fuera q*u*el semeiauan cuernos. El rey Philippo qua*n*do uio la fermosura daq*u*el cauallo, dix [3] a sus seruientes: «Recebit este cauallo *e* guisalde [4] buenas prisiones de fierro *e* buenas redes en q*u*el tengades bien guardado. *E* a los robadores *e* a los ladrones *e* a los que las mis leyes quebrantaren, por q*u*e deuan morir o comer los bestias fieras, coma los este cauallo.»

---

[1] Compárese con Hilka, págs. 35 y ss.; Herriott, pág. 20.
[2] Lo que había ocurrido antes había sido la muerte de Neptabalio, asesinado por Alejandro, quien no sabía que era su padre, y su sepelio.
[3] *dix:* aquí, «dijo».
[4] *guisalde:* «guisadle». Sobre esta metátesis, véase M. P., *Gramática esp.,* págs. 254-255.

E assi acaescio que el rey Philippo ouo respuesta de sus dioses en aquella sazon que aquel auie a regnar empos el, el qui en aquel cauallo brauo caualgasse; *e* porende el rey Philippo esperaua la fiuza [5] daquel cauallo.

E Alexandre quando llego a los quinze annos de quando nasciera, salio fuert *e* osado *e* atreuudo e sabio, ca aprendiera de Aristotil *e* de Calisten *e* de Maximene, Philo[so]phos de Athenas, las artes liberales donde era ya este Alexandre muy sabio [6]. *E* un dia passaua por el logar do estaua aquel cauallo y uiol como lo tenien encerrado en aquellas redeziellas [7] de fierro, *e* muchas manos *e* pies de omnes que yazien antel quel dieran a comer, *e* comiera el lo al de los cuerpos de los omnes e yazie alli aquello quel fincara. Marauillo se el ende mucho *e* metio las manos por los forados de las redeziellas pora tanner aaquel cauallo. El cauallo luego quel uio meter la mano, tendio la ceruiz *e* llegol la boca a las manos *e* començo de besar gelas *e* de lamergelas *e* ayunto todos los quatro pies *e* echosse en tierra antel, *e* alçaua la cabeça *e* cataua a Alexandre. *E* entendio alli en aquello Alexandre la uoluntad del cauallo *e* abrio estonces aquellas redeziellas *e* entro a el; *e* llegos le *e* pusol la mano mansamient por el *e* troxo ge la por todo. *E* començo luego alli el cauallo a seer mas manso aAlexandre que non aun el can a so sennor quandol falaga, ca assi falagaua el cauallo a Alexandre, como el can a su sennor.

Quando Alexandre esto uio, caualgol *e* salio fuera enel. *E* quando el rey Philippo uio aquello, dixo: «Fijo Alexandre, agora connosci yo enti todas las respuestas de los dioses que tu deues regnar despues de la mi muerte» [...].

[5] *fiuza:* prueba, comprobación. Cfr. «expectabat... fiduciam» (Hilka, pág. 35).
[6] Cfr. «didicerat enim pleniter liberales artes ab Aristotile et Callistene *et ab Anaximene Atheniensibus*» (Hilka, pág. 35).
[7] *redeziellas:* mallas. Cfr. «inter cancella ferrea» (pág. 35).

XXXIX. *De como prisieron los suyos al rey Dario e lo firieron donde murio; e murio en las manos de Alexandre el soterro el* [1]

Pves que lo mas fuerte del inuierno fue passado, leuantosse dalli Alexandre con su hueste e fue a la cibdad Persepoli e preso la. E era Persepoli cabeça del regno de Persia e cibdad de grand nombre e muy famada e muy llena de muchas riquezas de todo el mundo que eran aduchas de las otras tierras e ayuntadas alli.

Salio estonces dalli Dario e yua fuyendo. E en tod esto llegaron a el dos princepes de los sos propincos [2], e el uno auie nombre Beso e el otro Narbozones, e estos conseiaron entressi que prisiessen al rey Dario. E fizieron lo e metieron le en cadenas doro, asmando que sil diessen a Alexandre que aurien ende buen gualardon. Dario quando uio como echauan las manos enel e quel prendien, dixo les assi: «Mios propincos e cormanos muy amados, si uos esto que cometedes fizierdes [3], fasta aqui fuestes sennores daqui, adelant seredes llamados sieruos. ¿E por que me queredes matar o me cuedades dar a Alexandre? ¿E que non abra tan ondrados antel como uos sodes ante mi e que uos ondrara el mas que yo? Partit uos de mi, que abonda me la mi mala uentura en que yo so e non me querades fazer este mal, ca si me matades e me fallare muerto Alexandre, fara en uos justicia como de ladrones e assi se uengara de uos como de traydores; ca non se goza un emperador de fallar a otro emperador muerto a manos de los sos.»

Ellos nol quisieron oyr nin ouieron del piedad, mas començaron le a ferir alli ol tenien preso. Dario paro el braço alas feridas, e ellos firieron le muy derrezio fasta que cayo de las llagas e dexaron le medio biuo en aquel campo teniendol por muerto.

En tod esto llegaron las nueuas a Alexandre que sus uassa-

---

[1] Se cumplen todas las profecías sobre Alejandro, que triunfa en todas las batallas, derrotando aun al emperador Darío.
Para las fuentes, véase Hilka, págs. 130 y ss.; Herriott, páginas 53 y ss.

[2] *propincos:* allegados, privados. Cfr. «*ex propinquis suis,* unus nomine Bisso et alius Ariobarzanes» (Hilka, pág. 130).

[3] *fizierdes:* fut. sub. de *fazer*.

llos prisieran a Dario e lo tenien atado en prisiones doro. E puso enel so coraçon de prender a los q*ue*l prisieran, *e* touo lo por bien *e* por guisado *e* derecho. E mando luego a su hueste que fuessen empos ellos; *e* el tomosse [4] con seys mil caual*le*ros *e* salio alla *e* fallo en la carrera a Dario desamparado, solo *e* llagado de muchos colpes *e* q*ue* ensaneldaua por las llagas [5]. Alexandre quando lo uio a tal, doliosse del *e* pesol mucho *e* fue mouido a piedad; *e* descendio del cauallo *e* descubriosse el manto q*ue* traye *e* echol sobre Dario *e* cubriol el mismo con el. E desi abraçol por las llagas *e* començo a llorar *e* dixo: «Leuanta te Dario, sennor leuanta te; *e* assi como fueste sennor de tu imp*er*io, assi lo sey agora *e* daqui adelant *e* recibe la corona de los persianos *e* sey glorioso como fasta agora. E yo te yuro por los muy poderosos dioses q*ue* uerdadera mient mando *e* otorgo que uayas a tu regno *e* desseo yo comer contigo de las tus uiandas, como come fijo con su padre, ca ningun emperador se deue gozar con las angosturas del otro emperador, quando la uentura del alegria *e* del buen estado se parte del *e* lo dexa. E di me se*n*nor Dario quien fueron los q*ue* te firieron et tomare uengança dellos.»

E pues q*ue* esto ouo dicho Alexandre, *e* toda uia llorando tendio la mano Dario *e* abraço lo *e* besol en los pechos *e* el cuello *e* la mano, e dixol: «Alexandre fijo, no*n* orgullesca la tu mient a gloria a desmesura por la uictoria q*ue* as. E aun si obrasses lo q*ue* obraron los dioses *e* aun si pudiesses alçar la mano ta*n*to que alcançasses fasta el cielo, siempre te miembra de las tus postremerias, ca la gloria fadada es [6], *e* non al emperador solo, mas aun aaquel aqui la prouision de los fados la dio. E cata me *e* uey qual fuy yo el otro dia *e* qual so oy, *e* quan mesquina mient so homillado fasta el poluo de la tierra, yo q*ue* fuy sennor fascas de toda la tierra *e* agora ami mismo non e en mio poder. E ruego te mucho q*ue* me sotierren las tus muy buenas manos *e* uengan los de Persia a las mis nouenas [7] *e* los de Macedonia otrossi, *e*

---

[4] *tomosse:* se juntó.

[5] se moría por sus heridas.

[6] Cfr. «semper recordare novissima, quia fatalis est gloria» (Hilka, pág. 132).

[7] A propósito del anacronismo de las novenas es oportuno recordar «el principio de disyunción» de E. Panofsky, según el cual en la Alta Edad Media y más adelante, cada vez que una obra de arte adoptaba la forma de un modelo clásico, esa forma casi siempre se revestía de significación cristiana (*Renaissance and Re-*

daqui adelant el regno de los perssianos *e* de los de Macedonia sea uno. *E* Alexandre fijo, rogo te yo mucho q*ue* ayas tu en la tu comienda a donna Rogodoni mi madre *e* que la ayas tu en remembrança de la tu madre; *e* que ayas otrossi piedad de mi mugier, *e* a donna Roxani mi fija toma tu por tu mugier *e* casa con ella, ca los fijos q*ue* de buenos parientes uienen, conuiene q*ue* se ayunten en uno; *e* tu uienes de Philippo *e* Roxani uiene de Dario.»

Dario pues q*ue* ouo dichas estas razones enuio el espirito en las manos de Alexandre *e* muriosse. Tomo estonces Alexandre el cuerpo del *e* conpusol *e* ondrol como era costumbre de emperador *e* adoziel muy ondrada mientre. *E* uinien delant armados los de Macedonia *e* los de Perssia, *e* diz la estoria q*ue* Alexandre mismo por si traye en su cuello su parte del lecho en uno con los perssianos, *e* yua llorando muy amarga mient. *E* llorauan los perssianos otrossi, e non sola mient por la muerte de Dario, mas por la piedad de Alexandre [...] [8].

LIII. *De otras marauillas* e *peligros* q*ue acaescieron a Alexandre en aq*uellos desiertos* q*ue ouo a lidiar co*n *las bestias fierras* [1]

Passaron Alexandre *e* su hueste aquel rio suso sobrel logar o fallaran los ypotamos [2] *e* yendo por el a la onzena ora del dia fallaron un estanco dun agua dulce *e* muy buena; *e* poso alli Alexandre, *e* tenie de campo el logar o el *e* su huest posaron ueynte *e* quatro estadios q*ue* son tres milias. *E* empos esto mando Alexandre taiar una selua daq*uellas* cannaueras que oyestes que tenien cercado aq*uel* estanco, *e* tenie de plaça el estanco ocho estadios que son una milia; mando otrossi Alexandre encender muchas fogueras.

E luego que començo la luna a luzir, començaron a uenir

---

nascenses in Western Art, Nueva York, etc., Harper y Row, 1972, Icon Edition, pág. 84).

[8] Como ha podido observarse, el pasaje ilustra muy bien la tendencia medieval a convertir a Alejandro en un *speculum principis,* según ha puesto de relieve R. S. Willis, «'Mester de clerecía': A Definition of the *Libro de Alexandre*», *Romance Philology,* 10 (1975), pág. 222. Aun se emplea la leyenda cristiana de San Martín para encarecer la caridad y liberalidad de Alejandro.

[1] Compárese con Hilka, pág. 164 y ss.; Herriott, pág. 61.
[2] Este episodio se describe en el capítulo anterior.

escurpiones adesora abeuer en aquel estanco como solien. Empos aquellos uinieron serpientes e dragones de muy grandes cuerpos e de colores departidos, e toda essa tierra retinnien de los siluos dellos; e salien de los montes dessos disiertos e uinien a beuer daquel agua dulce, ca non fallauan otra en aquellos desiertos. E auien aquellos dragones crestas en las cabeças, e aduzien los pechos altos e las bocas abiertas, e era mortal el ensaneldamiento dellos e salie les de los oios uenino como centellas.

Los de la hueste quando aquellos uestiglos uieron, fueron muy espantados e ouieron miedo de morir todos alli. Alexandre oyo el roydo e la quexa de la huest e començo a andar por ellos conortando los e diziendo: «Caualleros mios, companneros e muy fuertes uarones, non se uos turbien los coraçones, mas assi como ueedes que yo fago, fazed uos.» E diziendo les esto, tomo luego un escudo e un uenablo e començo a lidiar con los dragones e con las serpientes que uinien a ellos. Veyendo esto los caualleros conortaron se ende mucho e esforçaron, e tomaron sus armas e començaron a lidiar con aquellas bestias fieras assi como lo ueyen fazer a Alexandre, e las unas dellas matauan con las armas, las otras echando las enel fuego. E murieron y ueynte caualleros e treynta de los seruientes.

Empos esta batalla passada delas serpientes e de los dragones, uinieron grandes manadas de cancros que salien del canaueral daquel estanco o las canaueras non fueron cortadas. E eran aquellos cancros grandes amarauilla, e auien los espinazos e los cueros dellos duros como cocadriz. E alançauan les lança por los espinazos et por las cuestas e dellos firien a mantinient [3], mas por ninguna guisa non los podien foradar nin llagar, ca non entraua fierro en ellos. E pero diz que mataron ende muchos derribando los en las fogueras, e los otros de los cancros que alli non murien, entrauan e metiensse enel estanco.

En tod esto llego el tiempo a la quarta parte de la noche e empos aquellas marauillas todas uinieron sobrellos leones blancos mayores que toros e bramauan segund los sos bramidos grandes que ellos an natura de fazer, e dessi mouien las ceruices engrameando las e arremetiense a los omnes; e los caualleros recibien los en los benablos e matauan los daquella guisa. Empos esto uinieron puercos muy grandes otrossi que auien los colmiellos luengos dun cobdo, e con

---

[3] a mantinient: fieramente.

aquellos puercos uinien mezclados unos omnes saluages maslos e fembras, e auie cadauno dellos seys manos e corrien en uno con los puercos sobrelos de la huest, e los caualleros recibien los en los uenablos como a los leones, e desta guisa los matauan.

En grand angostura se ueyen con todos estos peligros Alexandre e los suyos, e mando luego Alexandre fazer muy grandes fogueras fuera de la huest aderredor. Empos esto uino sobrellos una bestia grand a marauilla, e era mas fuert que el elefant e auie la cabeça negra e en ella tres cuernos; e dizien le a essa bestia enel lenguaie de Jndia *odente tiranno,* que quiere dezir tanto como el princep aborrecient. E ante que llegasse al agua del estanco e beuies della, arremetiosse e dio sobrelos caualleros de Alexandre.

Alexandre quando uio aquella tormenta tan fiera, començo a correr a todas partes conortando sus caualleros; dela otra parte arremetiendo se sobrellos aquella bestia, mato dellos ueynte e siete del primero arremetimiento e llago muy mal con los pies cinquaenta e dos; mas pero mataron la alli.

Empos esto todo salieron desse cannaueral unos mures tan grandes como raposas, e comien los cuerpos de los muertos e quantas animalias de la huest mordien deguisa las empoçonauan que luego morien; mas pero non tenien danno a ningun omne los muessos dellos por que dend muriessen.

Empos esto aun uinieron murciegos tan grandes como grandes palomas torcaças, e auien los dientes como los omnes e firien en las fazes [4] a los de la huest e llagauan los mal como que a los unos leuauan las narizes e a los otros las oreias. E otrossi pareciendo ya el alua, uinieron unas aues grandes, tamannas como butres, e eran de color bermeio e los pies otrossi bermeios; los picos auien negros. E estas aues non nuzieron ala huest, ca descendieron e posaron a derredor del estanco e en llenaron toda la ribera del et entraron enel agua e començaron a sacar enguiellas e otros peces e comien los.

---

[4] *en las fazes:* en la cara.

LX. *De como fue Alexandre a otras seluas de India e fallo*
y las Lamias e se le mostraron y otros muchos aueni-
mientos [1]

[...] Empos esto mouio dalli Alexandre con su huest *e*
uino auna tierra quel dizien Odocxi [2]; *e* los odoxidraces non
son omnes soberuios nin lidia*n* con ninguna yent, *e* andan
desnuyos et moran en choças *e* en cueuas *e* non an cibdad
ninguna nin otra morada, *e* an nombre Gimnosophites. *E* quiere esto de*z*ir tanto como desnuyos sabios. *E* quando oyo ell
rey desta yent la uenida de Álexandre, enuiol de los sos
omnes buenos ondrados una companna con esta carta en
q*u*el dixo assi.

LXI. *De la carta q*ue *el Rey de los Gimnosophites enuio*
a Alexandre e de las razones della [1]

«Nos los Gimnosophites q*ue* somos omnes *e* corrompibles [2]
e falledizos como los otros omnes del mundo enuiamos nuestros mandaderos con nuestras cartas *e* nuestras razones a ti
Alexandre omne otrossi en que te dezimos desta guisa: Oye-
mos que uinjes sobre nos *e* dezimos te que si alidiar uinieres
q*u*e non ganaras y nada, ca tan pobres somos que non fallaras
q*u*e leuar de nos; *e* daq*u*ello q*u*e nos auemos por natura no*n*
nos osa ni*n*gu*n*o e*n*de toller nada si non quanto la pr*o*uision
de Dios le otorgasse. *E* si alidiar uienes, uen *e* lidia, que nos
la nuestra simplidad no la dexaremos por ninguna mannera.»
E nol dixieron mas.

---

[1] Tras el episodio de las Lamias, mujeres monstruosas, altísimas
y con pies de caballo, Alejandro topa con los gimnosofistas.
Para las fuentes de los capítulos sobre los gimnosofistas, véase
Hilka, págs. 182 y ss.; Herriott, págs. 66 y ss.
[2] Cfr. «pervenit ad Oxidraces» (Hilka, pág. 182).

---

[1] Sobre «la gran afición de Alfonso el Sabio» por el género
epistolar, véase P. Fernando Rubio, «Las leyendas sobre Álejan-
dro...», art. cit., págs. 435 y ss.
[2] Cfr. «corruptibiles» (Hilka, pág. 183).

LXII. *De como fizo el rey Alexandre a la razon de los Gimnosophites*

Legaron estos mandaderos del rey de los Gimnosophites al rey Alexandre con esta carta e dieron gela. El rey Alexandre leyo la carta muchas uezes e mando luego fazer las suyas pora aquel rey e a aquella su yent en que les dixo assi: «Enuiades nos dezir por uuestras cartas uos el rey por uos e por uuestra yent et que uida fazedes e como ueuides empaz e simple mient. E assi uos respondo yo el rey Alexandre que uos quiero yo uenir ueer e que uernemos a uos empaz e sin todo [1] uuestro *danno*.»

El rey Alexandre fizo escontra aquel rey e contra su yent como oydes que les enuio dezir, e entro a ellos a su tierra yendo muy empaz con su hueste toda. E desque fue con ellos dentro en su tierra, uio los andar desnuyos comol enuiaron dezir et cuemo morauan otrossi en choças e en cueuas, e las mugieres e sos fijos como andauan con los ganados e con las otras animalias apartadas de los uarones.

E quando todas estas cosas uio pregunto les e dixo: «¿Non auedes aqui luziellos?». Ellos mostraron le estonces sus choças e las cueuas en que morauan e dixieronle: «Este auergue nos abonda anos pora cadal dia.» Dixo les estonçes Alexandre: «Grand mingua es esta e en grand pobreza ueuides, mas pedit me lo que quisierades e dar uos lo e.» Dixieron le ellos: «Danos que non seamos mortales nin muramos, ca esto desseamos auer; ca nos todos somos ricos.» Respuso les Alexandre: «Mortal so yo e esse don que me uos demandades que non murades, por ninguna manera non uos lo puedo yo dar.» Allil dixieron ellos: «Si tu mortal eres, ¿por que uas conqueriendo el mundo por tierras agenas e faziendo tantos males e tales»? Respuso les Alexandre esta razon: «Non se gouierna si non de la prouision de suso esto, de Dios cuyos seruientes nos somos e fazemos el so mandado. E sabedes uos que la mar por ninguna guisa non se turbia si non quando entra uiento en ella. E yo querria folgar e partir me de batallas, mas ell seso de mi que es sennor, non me lo suffre fazer. E si todos los omnes fuessemos de un entendimiento, todo el mundo serie como una tierra de las que labran por pan.» E pues que estas razones ouieron auudas en uno Alexandre e ellos, dexo

---

[1] *todo:* aquí con valor de *ninguno.*

los Alexandre en paz, que mal ninguno nin premia del mundo nin les fizo nin les demando, e sil algo pidieron, diogelo.

LXIII. *Del rey Alexandre* e *de los aruoles del sol* e *dunas aues* que *echaua*n *fuego* [1]

Saliendo Alexandre con su huest da*qu*ella tierra de los Gimnosophites uino aun campo en q*u*e auie unos aruoles tan altos q*u*e era a grand marauilla a demas, e auien tal natura q*u*e nascien en la mannana con el sol a primora e salien essora de su tierra [2]; e en salir e yr suso en alto durauan fasta la sesta ora del dia; e dessa ora sesta del dia otrossi conmençauan a descender e meter se so tierra, e quando uienie el ora en que se ponie el sol, eran todos acabados de seer entrados todos so tierra. E estos aruoles leuauan un fructo q*u*e dauan muy buen olor.

E Alexandre luego q*u*e uio aquellos aruoles como crecien, marauillose ende mucho e non era sin guisa, ca mucho era cosa marauillosa de assi crecer a dia e assi descrecer. E quando cato el fructo q*u*e nascie en essos aruoles, pareciol muy fermoso e mando aun so cauallero q*u*e llegasse e tomasse da*qu*ellas maçanas el aduxies dellas. E el cauallero llego, e assi como echo la mano en una da*qu*ellas maçanas pora coger la e adozir la a Alexandre tomol luego al ora [3] el demonio e echol muerto. E luego al ora oyeron del cielo una uoz q*u*e les dixo assi: «Guardat uos non se llegue ninguno de uos a estos aruoles, mas de quanto agora ydes llegados que qualquier q*u*e aestos aruoles se allegue luego cadra muerto.»

Otrossi auie en esse campo mismo unas aues muy mansas assi que no fuyen del omne, e si se alguno llegaua a ellas e las q*u*erie tanner, salie luego dellas un fuego e q*u*emaua a aq*u*el que yua a ellas [...].

---

[1] Para las fuentes, véase Hilka, págs. 185-86; Herriott, pág. 68.
[2] Cfr. «cum sole oriebantur et cum sole occidebant» (Hilka, página 185).
[3] *al ora:* al punto, en el instante.

LXX. *De como uino Alexandre dalli al mont o estaua*n *los aruoles del Sol e comol* con*tescio y* [1]

Empos esto mouio dalli Alexandre con su huest, *e* yendo adelant llego aun mont q*ue* era fecho de piedras de adama*n*t *e* en la ribera del estaua una cadena doro colgada; *e* auie esse mont las gradas de piedra çafir *e* eran las gradas dos mil *e* quinnientas poro subien los omnes aaq*ue*l mont. *E* fallo Alexandre alli un palacio muy marauilloso que auie los unbrales *e* las puertas *e* las finiestras doro puro; *e* auie esse palacio nombre la casa del Sol, *e* auie enel un tiemplo todo doro, *e* ante las puertas del una uinna doro con razimos doro *e* de margaritas *e* daliofar.

E entraron Alexandre *e* sos principes en aquel palacio *e* fallaron y un omne yaziendo en un lecho doro, *e* el lecho guarnido de pannos de peso texudos con mucho oro *e* a muchas figuras de animalias *e* de al *e* muy fermosas. *E* aquel omne que alli yazie non comie si no*n* encienso, nin beuie si non balsamo, *e* era esse omne muy grand de cuerpo *e* muy fermoso *e* auie la barua *e* la cabeça blanca cuemo nieu, *e* el uestido de pannos de seda.

Quandol uiol Alexandre a orol el *e* sos principes q*ue* eran y con el. Fablo les estonces el pri*n*cep *e* dixo les: «¿Por uentura q*ue*redes ueer los muy sanctos aruoles del Sol *e* de la Luna que uos digan las cosas que uos an de uenir?». Alexandre quando esto oy fue muy alegre *e* dixol: «Si, sennor, ueer q*ue*remos essos aruoles.» Respondioles el estonces *e* dixo les: «Si tu *e* tus principes sodes limpios de allegança de mugier [2], conuiene uos entrar a aquel logar, ca de los diosses es.» Respusol Alexandre *e* dixo: «Limpios somos todos desso que tu dizes.» Leuantosse el uiejo esto*n*ces daquel lecho en que yazie *e* dixo les: «Dexad las sortijas *e* los uestidos *e* lo q*ue* calçades *e* uenit empos mi.»

Mando estonces Alexa*n*dre a los otros sos principes fincar alli, *e* desnuyosse el *e* dexo las sortijas q*ue* traye *e* los uestidos *e* lo que calçaua, *e* tomo se en uno con estos tres sus principes, Paulo *e* Antigono *e* Perdicas, *e* fueron se empos aquel uieio.

---

[1] Para las fuentes, véase Hilka, págs. 203 y ss.; Herriott, páginas 69-70.

[2] *allegança:* contacto carnal. Cfr.: «Si mundus es tu a commixtione *masculi et* femine» (Hilka, pág. 204).

Alexandre pues que entro enel mont començo a andar por essa selua que estaua encerrada de dentro del mayor lauor dalli; e eran essos aruoles dessa selua tales que semeiauan a laurero e a oliua, e corrien dellos a grand abondo encienso e balsamo, e auien essos aruoles cient pies en alto. E andando mas por essa selua otrossi uieron un aruol alto ademas que nin tenie foias nin fructo e seye enel una muy grand aue que auie crestas que semeiauan a las del pauon e crestas otrossi en las quixadas; e cercal cuello resplandor doro, e en la postremeria della, tal como porpola; e en la cola pennolas como rosas, e entremedias uista nidia como de color de cera[3].

Dixo estonces alli el uiejo a Alexandre: «Aquella aue que sie[4] en aquel aruol de que tu te marauillas, es la aue Fenix.» E yendo aun empos esto mas adelant por essa selua, llegaron al aruol que era connosçuda mient del Sol e de la Luna. E dixo estonces el uiejo a Alexandre en sennandol: «Cat[a] suso e la razon por que quisieres preguntar, cuedala en tu coraçon, mas non la digas paladina mient.» Dixol Alexandre: «¿E por qual lengua me respondran aquellos aruoles?». Respondiol el uiejo: «El aruol del Sol comiença a fablar por la palabra de Jndia e acabalo enel lenguage de Grecia, mas el aruol de la Luna fabla primero por el lenguaie de Grecia e acabalo en el de Jndia.»

Estonces beso Alexandre aquellos ar[uo]les e començo a cuedar en so coraçon si andando lidiando por las tierras como andaua e uenciendo si se tornarie a su tierra. Daquella guisa respondio le estonces el aruol del Sol por la lengua de Jndia e dixol assi: «Alexandre, assi como tu demandeste el mio nombre assi sepas que seras sennor de las tierras del mundo, mas nunqua ueras a Macedonia, por que los tos fados assi lo establecieron de ti.» Desi dixol assi el aruol de la Luna: «Alexandre, acabado as ya el cabo dela edad e deue te engannar aquel de quien lo tu non esperas.» Dixol estonces Alexandre: «Muy consagrado aruol, ¿di me quien sera aquel qui me a de engannar»? Respondiol el aruol: «Si te yo esso dixies, matar le y es tu et mudar sie[5] lo que los fados an establecido de ti e assannar se yen[6] contra mi las tres herma-

---

[6] *assannar se yen:* se enfadarían.

[3] Los traductores debieron tener dificultad al vertir el texto latino. Cfr. «postera parte purpureo, extra caudam roseis pennis in qua erat ceruleus nitor» (Hilka, pág. 205). Es curioso que hayan traducido *ceruleus* («celeste azul») por «color de cera».

[4] *sie:* está posada.

[5] *matar le* [«yes»]... *sie:* «tu le matarías y se cambiaría».

nas que son las deessas de los fados, *e* son estas: la primera
Cloto q*ue* aduze la uida del omne *e* trae rueca en semeiança de la vida; la segunda Lachassis q*ue* aluenga *e* espiende
la uida, donde dan a ella los pintores el filo de la rueca de
Cloto en significança deste espendimiento *e* alo*n*gamiento *e*
aun mantenimiento de la uida; la tercera es Antropos, *e* esta
es la que corta la uida *e* muere se omne *e* despues no*n* torna;
e porende a esta fada este nombre, ca Antropos tanto quiere
dezir como sin torno[7], *e* sobresto dan a ella en las pinturas
el fuso de Cloto *e* el filo de Lachassis con un cuchiello en la
mano con que esta taiando el filo fastas la uida del omne.
E asannar se me yen estas fadas como digo, por q*ue* farie es-
toruo a lo q*ue* aq*ue*llas establescieran. Onde te digo q*ue* no*n*
morras a fierro como tu cuedas, mas con poçon, *e* en poco
tiempo seras sennor de la tierra.» Entrestas palabras dixo:
«Alexandre, non quieras tu entristar daqui adelant estos aruoles preguntando los, mas tornemos nos donde uenimos.»
E Alexandre non porfio mas sobresto al uieio *e* uino se luego
con el. *E* quando uinieron al palacio entro el uieio, *e* Alexandre *e* sos principes espidieron se del *e* fueron se decen-
diendo por las gradas poro subieran *e* tornaron se a su
huest [...].

LXXX. *De como cerco Alexandre al rey Abira en su cibdad*[1]

[...] Empos esto todo leuantosse dalli Alexandre con su
huest et uino al mar Bermeio *e* finco y sus tiendas. *E* auie alli
un mont q*ue* era tan alto que los omnes non osauan y subir.
E quando llego alli Alexandre *e* lo uio, subio enel, *e* quando
fue en somo semeiol que estaua cercal cielo *e* començo luego
a asmar enel so coraçon como podrie faz*er* tal engenno q*ue*
podiesse sobir enel.

E descendio luego daq*ue*l mont *e* demando por carpenteros
e mando les fazer un carro *e* que ge le cercassen de redeziellas
de fierro de guisa q*ue* pudiesse el y seer sin miedo *e* tener
se en las redeziellas. *E* desi fizo adozir grifos *e* atar los al
carro con cadenas d*e* fierro, *e* en lo mas alto del carro fizo

---

[7] *sin torno:* sin retorno.

---

[1] Para las fuentes, véase Hilka, pág. 228 y ss.; Herriott, páginas 74-75.

poner carne pora los grifos e en unos uasos espongias llenas de agua ante las narizes dellos. E desque esto fue assi guisado, començaron los grifos a uolar e alçar le al cielo. E leuaua Alexandre consigo otro uaso con una espongia lleno dagua, e oliel muchas uezes. E a tan grand altura subieron los grifos que semeiaua a Alexandre el cerco de las tierras como era en que trillan las miesses; e semeiaual otrossi el mar a derredor de la tierra como dragon con sus torturas que yuguiesse fecho rosca ², e las torturas en aquella rosca desyguales, como faze la mar por la tierra sus entradas a logares que non ua el cerco della, todo enderredor de las tierras derechero como con un compas.

Oscurecio estonces la uertud de Dios a desora los oios a los grifos e fizo lo luego descender e dio con ellos en un logar dunos campos luen de la huest de Alexandre, tanto que ouo y diez iornadas. E pero que los grifos assi cayeron a tierra por la uertud de Dios, Alexandre non tomo y lision nin ferida ninguna en las siellas de los fierros, mas llego con gran angostura a sus caualleros. Los caualleros otrossi quandol uieron, llamaron todos una uoz e alabaron le como a dios.

Empos esto uino coraçon a Alexandre de descender al abismo de la mar e asmo que descendrie alla mejor en uidrio que en otra cosa. E demando por uidrieros, e uinieron antel e mandoles quel fiziessen luego una carral de uidrio que fuesse tan claro que estando el de dentro que pudiesse de fuera deuisar las cosas; e fue assi fecho. Empos esto mando atar aquella carral a cadenas de fierro e mando que la touiessen de los caualleros mas ualientes. E el entro en ella et descendio a fondon de la mar; e uio y muchas figuras departidas de pescados e de colores departidos, e muchas bestias fieras que auien las ymagines e las fechuras de muchas bestias fieras de las daca de la tierra, e que andauan de los pies por el fondon dela mar cuemo las bestias daca por la tierra; e comien frutos de aruoles que nascen en fondon de la mar. E essas bestias que Alexandre alla ueye, uinien fasta el e desi fuyen del. E sobresto diz la estoria que uio alli Alexandre aun otras cosas muy marauillosas quales nunqua quiso dezir a ninguno por que eran cosas que las non creerien los omnes.

---

² Compárese: «mare vero videbatur ei tortuosum in circuitu orbis sicut draco» (Hilka, págs. 229-230).

LXXXI. *De las cosas qu*e *acaesciero*n *al rey Alex*andre *en las riberas daqu*el *mar Uermeio e o nace la pimie*nta [1]

Empos esto mouio dalli Alexandre con su huest e fue yendo por las riberas daquel mar Bermeio, e fincaron las tiendas e posaron en un logar o auie unas bestias fieras que auien los huessos a manera de sierra e agudos como cuchiello con que firien a los caualleros de Alexandre, e tan grandes colpes les dauan que les passauan los escudos. Pero mataron dellas los caualleros ocho mil e quatrocientas e cinquaenta.

Dalli uino Alexandre aunos logares desiertos en que nasce la mucha pimienta. E auie alli unas serpientes muy grandes otrossi que auien cuernos como carneros grandes con que firien alos caualleros e las matauan luego; mas pero mataron dellas los caualleros de Macedonia la mayor parte.

De otras marauillas que *se mostraro*n *a Alex*andre *en la otra possada da delant* [2]

Salio dalli Alexandre empos esto con su huest e uino aun logar en que fincaron sus tiendas e posaron o auie muchos cinocefalos que auien las ceruices como de cauallo e los cuerpos muy grandes e los dientes grandes otrossi, e echauan llamas por las bocas. E quando uieron ala huest de Alexandre fincar alli las tiendas e possar y, arremetieron se e uinieron sobrellos.

Alexandre quando esto uio, començo a correr a todas partes e a conortar e esforçar sus caualleros que ental lit como aquella non saliessen por couardes, nin falleciessen. E Alexandre por su mano lidiaua con ellos como uaron, e pero murieron y muchos delos caualleros de Alexandre; e de los Cinocefalos murieron y otrossi muy grand muchedumbre; e de los otros que escaparon, fuxieron esparzudos por los montes e por las seluas. E cinocefalos quiere dezir tanto como cabeça de can [3], ca el griego *cinos* dize por

---

[1] Para las fuentes, véase Hilka, págs. 233 y ss.; Herriot, pág. 75.

[2] Esta rúbrica se halla en medio del capítulo, sin cambio en la numeración de los capítulos.

[3] Cfr. Isidoro: «*cinocéfalos:* son monos con cabeza como de perro, y de aquí su nombre» (*Etim.*, lib. XII: 32).

aquello aque el castellano llama can, *e cefas* por cabeça; onde cinocefalo tanto es como cabeça de can. E tales eran aquellos omnes cinocefalos daquella tierra o a Alexandre contecio esto con ellos. E tenemos que son estos omnes desta fechura por los que en Espanna dezimos muchas uezes en las hazannas los canrrostrigos[4].

LXXXII. *De como parecieron al rey Alexandre e a su huest unas formigas grandes* [1]

Empos esto, uistas estas marauillas, uino el rey Alexandre con su huest en aquellas tierras aun rio, *e* passol *e* finco sus tiendas allend del *e* poso y. E salieron alli de su tierra unas formigas tan grandes como cadiellos, *e* auien seys pies cadauna dellas *e* eran como las lagostas de la mar *e* auien dientes como canes *e* el color negro.

E estas formigas en su salida mataron muchas de las animalias de la huest. Estas son las formigas que sacan el oro de so tierra *e* sacan lo fuera al sol. E quando fallan omne o otra animalia comen la *e* rroen la. E toda la noche *e* fasta la quinta ora del dia estan so tierra *e* cauan el oro; *e* de la quinta ora del dia fasta que se pone el sol estan sobre tierra.

XCI. *De la marauilla que pario una mugier e fue mostrado a Alexandre* [1]

Seyendo Alexandre en la cibdad de Babilonna pario una mugier una criatura en que auie dello omne *e* dello como dotros bestiglos a pegado con lo del omne. E la mugier pues que lo ouo parido *e* lo uio, marauillosse dello cuemo de cosa que no uiera nunqua fasta aquella ora, *e* mando lo luego man amano poner en un taiadero muy fermoso *e*

---

[4] *canrrostrigos:* seres míticos con cuerpo de hombre y cabeza de perro.

---

[1] Para las fuentes, véase Hilka, pág. 235; Herriott, pág. 75.

---

[1] Para las fuentes, véase Hilka, págs. 244-45; Herriott, páginas 77-78.

crubir lo con unas tauaias muy blancas, e enuio lo en poridad a Alexandre. E era aquella criatura omne acabado
de la cabeça fasta el embligo, e del embligo fasta los pies
era partido en figuras de bestias fieras; e lo que parecie
omne, yazie muerto; e lo que bestias fieras, biuo e bullien
todas.

Alexandre quando uio aquella cosa tal marauillos mucho
e mando luego uenir un sabio adeuino que adeuinaua en
las cosas que assi acaescien e parecien, e apartosse luego
con el e mostrol aquello en poridad. El sabio luego que lo
uio começo a sospirar e emer, e dixo: «Muy grand emperador, allega se la tu fin en que deues morir.» Dixo
estonces Alexandre al adeuino: «Departen agora e di me
en que lo entiendes tu esso e lo uees.» Dixo el: «Essa
meytad dell cuerpo que uees que semeia omne significa
ati, e esta otra meytad que uees en figuras de bestias da
a entender los reys que an de uenir despues de ti. E assi
como ninguna otra animalia nin uale nin puede nin es en
ondra como el omne, assi non los reys que passaron fasta
agora en Macedonia nin en Persia nin los que seran daqui
adelant non yguaron nin yguaran contigo, e quanto mas
uale el omne que la bestia, tanto uales tu mas que non
los que depues de ti uernan. E aquello al que uees que
es omne en esta criatura e yaze muerto, da a entender
que la tu fin uiene muy a cerca. E aquesto al que uees que
aquestas bestias son biuas e bullen e trauan unas con otras,
muestra que aquellos reys que despues de ti uernan, biuos
son e que trauaran e auran guerras e lides unos con otros
entre si sobre las tus conquistas e sobre lo tuyo.»

Alexandre quando esto oyo e entendio e uio por razon
que aquello que aquel sabio le departie e dizie que uerdad
era, de mas que aquel a deuino siempre le el fallara uerdadero en sus adeuinanças e en sus departimientos tales
como aquellos, fue ende muy triste e sospiro e dixo:
«Juppiter, poderoso dios en todas las cosas, conuiniera que
los mios dias non se acabassen agora por ninguna guisa,
por que acabasse yo lo que cuede fazer, mas por que te
non plaz que lo yo cumpla, ruego te que me recibas ami
por to mortal.»

XCII. *De Antipater de Grecia como auie puesto de matar
a Alexandre e enuio poçon con quel matassen* [1]

En aquel tiempo mismo en que estas cosas contescien
era un omne en Macedonia que auie nombre Antipater
que se yurara con muchos otros que matasse a Alexandre
e non lo pudo acabar, mas pero siempre leuantaua de
Alexandre mal nonbre. E era Olimpias madre de Alexandre
muy quebrantada por esto, e auie enuiado dezir muchas
uezes aAlexandre que se guardasse de los fijos de Anti-
patro. E Antipater asmo que podrie matar a Alexandre con
poçon, e fue aun espesciero muy sabio e demandol que si
tenie fecha alguna poçon mortal que matasse luego, e si
non que ge la fiziesse e quell darie por ella lo que quisiesse. E el fisico fizo lo e uendio ge la, e la poçon era tal
que non fallauan uaso que la pudiesse soffrir que non
quebrasse con ella. E Antipater fizo una buxeta de fierro e
metio en ella aquella poçon e dio la a Casandro so fijo
e mandol que se fuesse poral rey Alexandre en so seruicio, e dixol que diesse aquella buxeta a Jobas su hermano,
e castigol en su poridad como dixiesse a Jobas que diesse a
beuer a Alexandre lo que en ella yua.

Otrossi en aquellos dias mismos en que aquel mal andaua, uiera Alexandre en suennos quel firie Casandro dun
cuchiello e quel mataua. Quando desperto daquel suenno
Alexandre, llamo al so adeuino que oyestes quel departira
la marauilla de la criatura de Babilonna, e apartos luego
con el e contol este suenno e quel departiesse que querie
seer. Dixol el sabio adeuino: «Muy grand emperador, pesquir, e entiende lo que el cuedado de Casandro non es
derechero contra ti» [2].

Vino empos esto Casandro a Babilonna e dio aquella
poçon a su hermano Yolo. E assi como cuenta la estoria,
era este Yolo mancebiello de edad e muy fermoso, e era
priuado de Alexandre e amaua lo mucho.

---

[1] Para las fuentes, véase Hilka, págs. 246 y ss.; Herriott, página 78.
[2] Compárese: «Maxime imperator, perquire et intellige quia
cogitatio Cassandri non est recta adversum te» (Hilka, pág. 247).

XCIII. *De como Jobas fijo de Antipater mato a Alexandre*
con aquella poçon [1]

Acaescio en aquel tiempo que Alexandre era en Babilonna e firio aaquel Jobas fijo de Antipater en la cabeça
non auiendo el culpa; e Jobas teniendo se por mal trecho
e doliendo se ende mucho consintio en la muerte de Alexandre quel amaua.

Onde un dia seyendo Alexandre a comer con sus principes e sus cauallerias, començosse a alegrar a demas e dezir
sus iuegos e sus solazes seyendo muy alegre. E amedio dell
comer pidio de beuer, e aquel Jobas fazedor de tan grand
mal, tempro aquella poçon e mezclo la con el uino e dio
lo a Alexandre a beuer. Alexandre luego que lo beuio,
dio una grand uoz e encostosse a la diestra parte del so
cuerpo; e semeiol quel firieran como con cuchiello quel
passara el foradara el estomago. Pero contouossel un poco
e sostouo el dolor e leuantosse del comer e dixo a sus
principes e sos caualleros: «Ruego uos que seades et co-
mades e beuades e que uos alegredes.»

Mas los principes e los caualleros fueron ende turuiados
e leuantaron se del comer. E Alexandre fue e metiosse en
su camara e demando una pennola pora fazer uomito e
camiar e que saldrie el uenino enel uomito. E Jobas aquel
traydor fazedor de tan grand mal, unto una pennola en
aquella poçon misma quel diera e dio la Alexandre.
E Alexandre assi como la metio en la garganta, començol
la poçon a agrauialle peor, e el quexar se mas. Mando
estonces Alexandre a uno de los sos que abriesse una puerta
del palacio que estaua sobre una descenduda que auie y
fecha poro descendien al rio Euffrates en cuya ribera estaua
aquel palacio alli en Babilonna. E fue assi fecho, e pararon
alli a Alexandre por que tomasse y solaz de la uista del
rio; e alli yogo toda la noche que nunqua durmio.

E ala media noche leuantosse Alexandre de su estrado e
amato las candelas que ardien antel e trabaiosse de andar
e non pudo. E por que non pudie yr derecho, començo ayr
por tierra de pies e de manos a gatas; e fue Alexandre
contra aquella escalera poro descendien al rio Eufrates e

---

[1] Para las fuentes, véase Hilka, págs. 248 y ss.; Herriott, página 78.

yua pora bannar se enel *e* fa*zer* perder el poder a la poçon o q*ue* le leuasse el coso del rio, el somurguiasse[2], el matasse, el non fallassen depues.

E en tod esto donna Roxana su mugier con la muy grand q*ue*xa q*ue* auie de la dolencia del marido q*ue* amaua mas q*ue* a todas las cosas del mundo, non podie dormir nin dormie. *E* quando uio q*ue* se yua assi Alexandre, leuantosse *e* fue tras el muy a priessa, *e* alcançol *e* abraçol *e* començo a llorar muy grieue mient diziendo: «Uay mi mesquina, me dexas mio sennor Alexandre *e* uaste matar a ti mismo.» Respondiol estonces Alexandre: «Reyna Roxane*n*, la muy dulce mi amiga *e* mi mugier, non lo fazia si non por q*ue* non sopiesse ni*n*guno la mi fin.» *E* tantol rogo estonces do*n*na Roxane*n* *e* tanto trauo con el quel torno a fazer lo quel ella rogaua. *E* tornos por ella dalla o yua *e* aduxol ella a so lecho *e* echol ella alli los braços al cuello e llorando muy amarga mient diziendol: «Sennor, si la tu fin uiene, ordena primero a nos.» *E* Alexandre touo por bien lo que dizie la reyna Roxane*n*.

XCV. *De las marauillas q*ue* parescieron a la muerte d*e Alex*andre* [1]

Mientre este testamiento q*ue* oyestes[2] escriuie el so notario ante Alexandre, fizieron se adesora truenos et relampagos de grand marauilla, *e* tremio toda Babilonna. *E* sono luego por toda Babilonna la muerte de Alexandre *e* leuantaron se luego todos los de Macedonia *e* armaron se *e* uinieron luego armados al palacio del emperador Alexandre *e* començaron a dar bozes *e* fazer alaridos grandes, diziendo: «Mostrat nos a nuestro sennor *e* o esta *e* quales sodes los quil tenedes; *e* sabet que si no nos mostrades luego n*ue*stro emperador, agora seredes todos muertos.»

Alexandre en el estado en q*ue* el estaua ya, oyo la q*ue*xa *e* el q*ue*branto de los sos caualleros *e* pregunto que quales eran. *E* saliero*n* los de la camara de Alexandre *e* preguntaro*n* lo; *e* respondieron estonces los principes *e* dixieron: «Dezit al rey Alexandre q*ue* nos los de Macedonia somos

---

[2] *somurgiasse:* somorgujase, sumergiese.

---

[1] Para las fuentes, véase Hilka, págs. 255 y ss.; Herriott, páginas 81 y ss.

[2] En el capítulo anterior.

todos ayuntados e estamos aqui; e dezit le que uos dezimos que si luego non nos mostrades nuestro emperador que agora luego uos mataremos.»

Quando Alexandre esto oyo, mando se tomar en su lecho e leuar se de la camara fuera al palacio. Empos esto mando abrir las puertas del palacio e mando que entrassen luego los de Macedonia antel. E pues que esto fue fecho, començo los a amonestar que uisquiessen en paz entressi.

Los de Macedonia començaron a llorar grieue mientre e dar uozes, diziendo contra Alexandre: «Muy grand emperador, queremos saber quien nos a agouernar despues de la tu muerte.» Respondio les Alexandre: «Varones caualleros de Macedonia, mios companneros, do uos yo por libres e quitos de todo sennorio en esta guisa que despues de la mi muert que sea uuestro sennor qui uos quisieredes.» Pidieron le estonces los Macedonios que les diesse por rey e sennor a Perdicas.

Llamaron estonces a Perdicas por mandado de Alexandre, e uino elle luego e diol alli Alexandre el regno de Macedonia assi como gele demandaron por rey los Macedonios. E comendol alli a Roxane su mugier, e empos esto começo a besar a cada uno de los Macedonios sospirando e llorando amarga mient. E era muy gran el lloro e el llanto en aquel logar, tanto que semeiaua trueno. E aun mas cuenta la estoria que entristecio el sol e que fallecio.

En tod esto uno de Macedonia, que auie nombre Solestio, estaua cercal lecho de Alexandre llorando e ymiendo muy derrezio e dizie: «Muy grand emperador, Filippo to padre gouernaua a nos e al nuestro regno, mas la tu larguezae la to bondad que tu ouist en dicho e en fecho, ¿qui la podra asmar?». Leuanto se estonces Alexandre e assentosse en so estrado e dio se de la mano en la fruente una palmada e començo de llorar greue mient e dezir por el lenguaie de Macedonia: «Vay mi mesquino, vay mi omne malfadado e sin auentura buena, muere Alexandre e sera abaxada Macedonia.» Começaron estonces todos los Macedonios a llorar e a dezir a muy grandes bozes: «Meior fuera a nos de morir nos todos que ueer la tu muerte, sennor, ca sabemos que despues de la tu muerte el regno de Macedonia perdudo sera. Vay de nos mesquinos, tu nos dexas sennor e o uas solo sin los tos Macedonios. E sennor esto non lo solies tu fazer fasta aqui de dexar nos e yr te tu a otra parte» [...].

General Estoria, Parte V

De commo Jullio Çesar paso a Bretanna por conquerir la,
e lidio con Casibellano, rey dende, e fue vençido el Çessar [1]

[P]ues que Gayo Jullio Çesar vio estas letras de Casibelano [2], mando guisar su flota muy bien *e* espero que
oujese buen viento, por que auje a coraçon de conpljr por
el fecho lo que a Casibelano enbiara dezjr por su carta *e*
cometer lo luego. Et pues que el ouo el vie*n*to endreçado
qual el auja menester, mando luego alçar las velas *e* entro
en la mar, *e* fue arribar con su cauelleria toda al puerto
de vn rrio que es dicho Tamense. Et avn non huujaran
fincar las estacas de las tiendas en tierra quando Casibelano
llego con toda su cauelleria, et desy fuese a vn castillo que
dizen Dorobello, *e* ouo y consejo con sus rricos om*n*es en
qual manera podrie y alongar de sy aquellos sus enemjgos.
Et era y con el Belino, prinçipe de su cauelleria, por cuyo
consejo *e* esfuerço se guiaua el rreyno. Et eran y con el otro-
ssy dos sus njetos, *e* estos fueron Androgeo, duque de Trinouanto, *e* Tenunçio [3], duque de Cornubia, et otrosy eran
ay de la su parte tres reyes que le obedesçian, et estos eran

---

[1] La materia principal de la Parte V incluye a los profetas menores del Antiguo Testamento y la traducción de la *Farsalia* de
Lucano. Por razones de espacio, sólo es posible incluir el trozo
sobre la derrota de César en las Bretañas. Adviértanse también los
cambios ortográficos. La Parte V no es de la cámara regia de
Alfonso.
La fuente es Geoffrey de Monmouth, *Historia Regum Britanniae*
en la edición de E. Faral, *La légende arthurienne: études et documents*, v. III, págs. 127 y ss.
[2] Se alude al intercambio de cartas entre César y Casibelano,
donde aquél le había pedido a Casibelano que se rindiese a César
sin pelear y Casibelano había contestado orgullosamente que estaba dispuesto a pelear.
[3] «Tenuantius» (pág. 127).

Cridione, rrey de Albania, e Buzicath, rrey de Venedoçia, et Birta, el rrey de Demeçia [4]. Estos rreyes todos tres, commo qujer que los otros oujesen sabor de lidiar, dieron por consejo al rey Casibelano que fuesen luego sin tardança njnguna a las possadas [5] del Çesar et ante que prisiese villa njn castillo que punasen de echar le dela tierra, ca sy dentro huujase entrar por las fortalezas de la tierra, dezien que serie peor de echar e que lo non podrien fazer sin grant trabajo, pues que touiese donde se acoger con sus caualleros e sus gentes. Et los bretones, pues que esto oujeron fablado entre sy, dieron luego consejo al puerto del rrio ally do Jullio Çesar arribara e fincara sus tiendas. Entonçe los bretones tan bien commo Jullio Çesar pararon sus azes de amas partes e abenjeron se desta gujsa entresy, e dieronse las diestras vnos a otros que njnguno non se tirase atras njn fuxiese de la fazienda. Et luego en pos esto començaron la batalla e cayen muchos de cada parte, dellos muertos, dellos feridos, de grandes colpes de dardos e de otras armas que se dauan por los cuerpos los vnos a los otros de gujsa que asy manaua sangre la tierra de los que murien commo quando el viento abrego viene lleno del agua dela mar e la echa de sy muy yrada mente. Et ellos lidiando desta gujsa los vnos e los otros, acaesçio por ventura que Nenjo e Androgeo, de consuno con los de la çibdat Canturia e con los de Trinouanto, que quebrantaron aquella az do el Çesar estaua, et asy commo entraron entre ellos fue luego fascas toda desbaratada essa az del Çesar, ca los bretones dauan en los rromanos grandes espadadas sin toda piedat. Et dando en ellos golpes quanto mas rrezio podien, ouo por ventura de llegar Nenjo ally do estaua Jullio e de lidiar con el. Nenio fue entonçes mucho alegre ademas, e dexose yr a el muy braua mente deziendo en su coraçon que se ternje por omne de buena ventura sy el a tan grant omne commo aquel pudiese dar vna ferida. Et quando el Çesar le vio venjr tan braua mente contra sy, tomo el escudo e alçolo al cuello, e saco la espada, e fue le dar con ella grant golpe sobre el yelmo quanto el mas pudo con toda su fuerça. Et en pos esso alço la espada por dar le otra vez otro golpe tal commo el primero por abatjr le a tierra sy podiese. Quando Nenjo vio aquello, cubriose de su escudo e rremetio se my ayna a

---

[4] «Cridiocus Albaniae, et Gueithaet Venedotiae, atque Brithael Demetiae» (pág. 128).

[5] «castra» (pág. 128).

Jullio Çesar do tenje la espada alçada, e trauo della lo mas fuerte que el pudo de guisa que andudieron entre amos muy grant pieça contendiendo qual dellos la avrie [6], mas de gujsa echara Nenjo las manos en la espada que Jullio non gela podie defender, et por la priessa de los otros que lidiauan e los enbargauan, ouo Nenjo de salljr con la espada a gujsa de cauallero muy atreujdo.

Pues que Nenjo ouo ganado la espada del Çesar de la guisa que auemos dicho, echo luego la suya que traye et desy entro en la fazienda con aquella en su mano, e començo de ferir e matar en los enemjgos quanto el mas pudo, et a qujen qujer que ferie con ella o le tajaua la cabeça o sy non en tal guisa se partie del llagado e quebrantado que non fincaua en el esperança njnguna de beujr.

Nenjo andando desta guissa lidiando, acaesçiole que le ouo de fallar con Labieno que era señor de treynta caualleros, mas ala primera espolonada que amos fezieron luego lo batio Nenjo a Labieno muerto en tierra.

Pues que fue pasada muy grant parte del dia, los bretones andando muy abjuados por la fazienda, lidiando muy de rrezio con los rromanos, matando en ellos quanto podien, dioles Dios por su plazer que oujeron de auer la victoria e lo mejor de la fazienda contra ellos en manera que se ouo el Çesar de acoger a sus naues, e acogie otrosy consigo a sus naujos a sus conpañas, todos muy mal trechos e quebrantados e mal llagados.

Et aquella noche el Çesar e los suyos aquellos que fincaron de la fazienda aluergaron dellos en las naues, dellos en las tiendas, et querien todos muy de grado auer el viento noto conque se fuesen de ally; e ternjen que avrjen buenas posadas en el. Pues que el Çesar se vido vençido e maltrecho asy e a sus conpañas, e vio que plazie a todos e gelo dauan por consejo que non segujese mas aquella batalla, ouo de fazer lo que ellos tenjen por bien; et sin toda tardança luego que tienpo ouo, tornose para su lugar.

Casibelano finco mucho alegre en su tierra tenjendose por omne de buena ventura rrindiendo graçias a Dios por que le dexara vençer tan grant prinçipe commo Jullio era. Et llamo a sus conpañeros aquellos que fueran con el en la victoria e dio a cada vno dellos segunt su meresçimjento e segunt el linaje onde venje muy grandes aueres.

Pero con todo esto aujen grant pesar de Nenjo, su conpa-

---

[6] Es decir, «la victoria».

ñero, por que era ferido de llaga mortal e yazie en dubda
de non beujr, ca lo feriera Julio muy mal en la contienda
que amos oujeran en vno, asy commo auemos dicho antes
desto, de gujsa que non podie sanar; onde acaesçio asy que
a cabo de quinze dias despues que la batalla fue librada
que murio de aquella ferida, e soterraronlo en la çibdat de
Trinouanto, çerca la puerta de partes de aqujlon. Pues que
le oujeron fecho todo su co[m]plimjento rreal mente, pusieron conel en la fuesa el espada que el ganara del Çesar
la que el rretoujera dentro en el escudo. Aquella espada
auje nonbre Muerte Amarilla, por que njnguno que con ella
fuese ferido non podrie biuo escapar.

De commo Jullio Çesar arribo en França e fallo toda la tierra alçada, e de commo los torno a todos por suyos e les dio grandes heredades

[P]ues Jullio Çesar tornandose ya, acaesçiole que ovo de
arribar en vn puerto de França. Et quando y llego sopo
por nueuas çiertas de commo los françeses se parauan rebeldes contra su mandamjento, non obedesçiendo al su señorio, ca ellos cuydauan que era enfermo o mal trecho, de
gujsa que jamas nunca avrien de que se temer del. Ca vna
ffama era ya entrada por toda la tierra de gujsa que dezien
que todo el mar andaua lleno de [naues de] Casibelano
que venje en pos del en alcançe, et por esta rrazon estauan
ellos esforçados e cuydauan en qual manera le echarien de
todas sus tierras. Quando Jullio Çesar esto sopo, non qujso
de ally adelante auer guerra con tan grant pueblo commo
aquel, mas abrio sus tesoros enque fizo a gujsa de omne
sesudo segunt el tienpo que el tenje; et a los que sopo que
eran mas altos e mas poderosos, dioles a cada vno grandes
aueres por tal que los pudiesse tornar en su amor e en
concordia. A las gentes daua heredades e posesiones e liberta-
des que aujan perdidas e a los que eran sieruos, aforraualos.
E el que de primero traye braueza asy commo leon, toda la
auje ya entonçes perdida e guita de sy; e era a tal tornado
commo cordero muy manso que bala muy humjldosa mente,
ca non era cosa que mas le plugujese que sy pudiese todas
las cosas que auje dar las. E non se qujto Jullio Çessar de
fazer les estos falagos fasta que non ouo a todos apaziguados,
e non cobro el poder que auie perdido. Et pero en este
medio non era njngunt dia que se non acordase el de commo

fuyera *e* de com*m*o los bretones lo vençieran. En pos esto, pues q*ue* pasaron dos años, gujso el Çesar de pasar otra vez el mar oçeano por vengar se sy pudiese de Casibelano. Quando Casibelano lo sopo, basteçio por cada logar sus çibdades, *e* rrenouo las menas *e* otrosy fizo de los castillos do vio que eran derribados *e* puso caualleros armados a cada vna de las p*a*rtes del reyno. Avn sin esto mando fincar en fondon del rrio que djzen Tamensso, ally por do auje de pasar Jullio Çessar de Roma a Trinouanto, palos de fierro muy agudos *e* plomados *e* gruesos com*m*o pierna de om*n*e; et esto fazie el por tal que quando las naues de Jullio Çesar pasasen por ally que quebrasen en ellos. Desy tomo toda la flor dela caualleria dela ysla *e* fuese a se*n*tar con ella açerca del puerto dela mar esperando quando vernjen aquellos sus enemjgos.

Quando Jullio Çesar ouo gujsadas todas las cosas que le era*n* menester, entro en la mar con tan grant caualleria que no*n* auje cuenta para destroyr sy pudiese com*m*o el deseaua el pueblo que lo vençiera, et syn dubda njnguna oujera lo fecho, sy el con sus naues en saluo pudiera llegar al puerto. Mas esto non lo pudo el conpljr asy com*m*o qujsiera, ca yendo ellos por el puerto que dizen Tamanso derecha mente para la çibdat de Trinouanto, que avemos dicho, quando llegaron aquel logar de los palos que dexjmos, fincaron se las naues en ellos adesora de gujsa que sufrieron y muy grant peligro; ca mas se perdieron y de mill caualleros por el agua que e*n*traua en las naues por las foraduras que fezieron aquellos palos *e* sumjense por ende.

Quando esto vio Jullio Çesar, fizo por fuerça *e* con grant arte torçer a otra parte las velas, et pugno de salljr a tierra con todos *qu*antos en aquel peligro fueran, que ende escaparan muy a duro. Casibelano, que estaua en la rribera, quando vio el peligro *e* la perdida que estaua en la rribera *e* que tomara Jullio Çesar con sus conpañas *e* en el ouo ende muy grant plazer; mas otrosy ouo gra*n*t pesar por los que escaparon de aquel peligro, et fizo entonçes sus señales a sus caualleros *e* fueron luego ferir en los rromanos. Mas los rromanos, com*m*o qujer que sufrieran peligro en el rrio, pues que ellos fuero*n* en tierra pugnaron en defender se de los bretones a gujsa de om*n*es esforçados. Et ellos aujendo ensy grant esfuerço, fezieron muy grant mortandat en ellos, mas p*e*ro mayor daño resçibieron en sy que non fezieron, *e* por que peligraron muchas naues en el rrio, eran pocos los que ally andauan. Mas los bretones, com*m*o se estauan en su tierra, cresçieles toda via conpaña de gujsa que eran ya tres tantos que los rromanos. Et pues que los rromanos fueron cansados, seyendo ya pocos, oujeron los bretones la mejoria de la batalla *e* vençieron los.

Quando Jullio Çesar se vio vençido, fuxo de la batalla con muy pocos *e* metiose en sus naujos para anparar se *e* guaresçer y; mas p*e*ro que los vientos le eran muy contrarios, por todo esso el non dexo de andar *e* mando alçar las velas de gujsa que arribo en el puerto de los morianos. Et asy com*m*o sallio, entro luego en vna torre que el feziera y en vn logar que auje nonbre Oduca [7] ante que aquella vez el fuese a Bretaña; ca avn auje mjedo de los françeses que non le guardarie*n* la fieldat njn la postura que con el pusieran *e* por auentura que le farian algunt mal com*m*o gelo quisiera*n* fazer la otra vez que vjno vençido fuyendo de Bretaña, asy commo es dicho antes desto. Onde por esta rrazon feziera el ally aquella torre por defender se *e* anparar se dellos, sy por auentura menester le fuese que contra el se qujsiesen leua*n*tar asy com*m*o lo fezieran la otra vez, segunt que lo auemos ya contado [8].

---

[7] «Odnea» (pág. 131).

[8] Luego, sin embargo, César vence a Casibelano con la ayuda de Andrógeno.

Glosario

A

a, prep.; auxiliar de *auer*; 3.ª persona de *tener*; y, *a*, *ha*, hay.

a abte, apropiado, conveniente; bello.

abaldonar, encomendar.

abastar, proveer.

abaxar, derribar; hundir.

abiltado, afrentado, humillado.

ablandecer, hacer blando.

abondar, ser suficiente, tener lo necesario; *abondamiento*, abundancia.

abrego, viento del sur.

aluergue, albergue.

acabar, llevar a cabo; conseguir.

acabdellar, acaudillar.

acaescer, acaecer; refl., llegar por casualidad.

acender, incendiar.

acoger, acudir.

acordar, concordar.

acorro, socorro, ayuda.

acostarse, acercarse.

acrescentador, aumentador.

acucioso, deseoso, presuroso, cuidadoso.

adamant, diamante.

adebdar, adeudar.

adelantado, gobernador de tierras fronterizas.

ademas, sobremanera.

aderredor, alrededor.

adesora, de repente.

adeuino, adivino.

adoc(z)ir, *aduzir*, traer, llevar, conducir.

ados (amos), los dos, ambos.

aducho, traído, llevado, aducido (de *adoc(z)ir*).

aduro, difícilmente.

aduxieron, trajeron, llevaron, condujeron (de *adoc(z)ir*).

aer, aire, cielo.

af, ave, pájaro.

affecho, acostumbrado.

af(f)incar, instar con ahínco, obligar, insistir; *affincado*, resoluto, tenaz; *affica(n)damientre*, con ahínco.

aforrar, conceder la libertad, privilegios; abastecer.

agrados, a escalones; gradualmente.

agrauesçer, molestar, afligir.

aguisar, proveer de lo necesario.

al, pron. ind., otra cosa; *lo al*, lo demás, el resto.

alaraue, árabe.

albeytar, veterinario.

albogue, instrumento musical pastoril de viento.

alcalia, adorno de paño.

aleue, traición; adj., traicionero, malévolo.

algo, riqueza, beneficio.

alimpiar, limpiar; *alimpiamiento*, limpiamiento, purificación.

aliofar, aljófar.

almagra, almagre, «óxido rojo de

hierro, más o menos arcilloso» (Dicc. Ac.).

alongar, deferir, alejar, extender; alargar; *alongado ende*, exiliado; *alongança*, distancia, extensión.

aluen, lejos.

aluoroçar, alborotar.

allegar, llegar a un acuerdo, convenir, coincidir; *allegança*, contacto carnal.

allil, allí le.

amatar, apagar, dar fin.

amena, almena.

amengar, reducir, disminuir.

amos (a dos), ambos.

ampararse, defenderse.

andados, transcurridos.

andadura, distancia.

andant (bien), afortunado, favorecido.

andar, andar; *andit, andut*, anduve; *andudo*, andado; *andidieron*, anduvieron; *andudieran*, habían andado.

andar (por), antes del fin.

angostura, aprieto, aflicción, angustia.

animalia, animal.

annado, hijastro.

ant, antes; *antella*, frente a ella.

antuuiado, precipitado.

aorar, adorar, reverenciar.

apaladinar, aclarar, interpretar.

apareiar, aparejar, disponer.

apartamiento, distinción, división; *apartada mientre*, singularmente, destacadamente.

apostura, gentileza, propiedad, belleza.

appartado, lugar aislado, reservado.

appellidos, llamamientos de guerra.

apremiar, oprimir; *apremiamiento*, violencia, coacción.

apriso, aprendió (de *aprender*).

apuesto, conveniente, apropiado.

aquend, de este lado, de la parte de acá.

aquexar, apretar.

arambre, cobre o bronce.

archa, arca.

arremessa, arremetida, ataque.

arrincar, arrancar.

art, maña, trampa, estratagema.

asaz, bastante, mucho.

ascondido, ascuso, escondido; a ——, a escondidas.

asmar, creer, pensar, considerar.

assacar, achacar, inventar, tramar.

assecharse, perseguirse.

assentar, fundar; *assentamiento*, ubicación.

assessegar, sosegar.

assil, así le.

assolazar, divertir.

assoldar, pagar; equipar tropas.

assora, improvisadamente, repentinamente.

assumir, escoger, adoptar.

astragar, destruir; *astrogo*, astrago; suelo.

astronomiano, astrónomo.

asumada mientre, en suma.

atalear, observar.

atender, esperar.

aterramiento, destrucción.

atraymiento, atracción.

atrouosse, atrevióse (de *atreuerse*).

atroxo, atrajo.

auenido, acordado.

auenimiento, suceso; *por* ——, por casualidad.

auenir, acontecer, suceder; *auerna*, acontecerá; *auernie*, acontecería; *auinie*, acontecía; *auino*, aconteció.

auentura, suerte, azar, casualidad.

auer, aver, hauer, a) v.t. equivale a «tener»; b) v. aux., *auer a*+inf.; *auer de*+inf., «tener que», «deber de»; pres. ind. 1.ª s. *e, he*; 2.ª pl. *auedes*; pret. ind. *ouiste, ouo*; imp. sub. *ouiesse*; *hie, ie*, había.

au(b)er, bienes.
auiesso, contrario.
auiltança, afrenta, humillación.
auoleza, vileza.
axarope, jarabe.
ay, allí.
ayna, pronto, presto, fácilmente.
ayre, aire, cielo.
ayudorio, ayuda.
ayuntar, unificar, juntar, acumular.
ayuso, hacia abajo.
azes, huestes.
azul, piedra así llamada de color azul.

B

baça, morena.
bastido, provisto, equipado.
batear, bautizar; *baptismo*, bautismo.
bater, golpear.
benablo, venablo.
bestiglo, monstruo.
beudo, borracho.
beujr, vivir.
beurajo, brebaje.
bibda, viuda.
bollicio, alboroto.
botros, brotes de uvas.
boz, voz.
bronchas, broches, joyas, pendientes.
butre, buitre.
buxeta, caja, frasco.

C

ca, pues, ya que, por que; *cal*, pues le, etc.
cabdal, caudal.
cabdiello, caudillo.
caber, permitir.
cabo, parte extrema; *en ——*, por fin; *—— de, cab*, junto a; *en su ——*, solo, a solas;

cabol, cerca del; *de ——*, de nuevo.
cabrio, madero de construcción.
cadiello, perro.
cadillejo, cachorro.
çaga, retaguardia.
cal, calle.
calesçer, calentar.
calzes, cálices.
camara, cámara, casa.
camiar, cambiar.
cancro, cangrejo.
cansedez, cansancio.
cannauera, caña.
cantal, *canto*, lado, extremo.
caramiello, caramillo, flauta hecha de caña.
carcaua, zanja, foso.
carral, s. f., barril, tonel.
carrera, vía, manera.
castiello, castillo.
castigar, escarmentar, aconsejar, corregir; *castigo*, escarmiento, lección.
catar, mirar, examinar.
catiuar, cautivar; tomar cautivo.
cayo, caigo; *cayudo*, caído.
celar, vigilar; amparar.
cencennos, ázimos.
cerco, círculo, circunferencia.
cibdad, cibdat, cipdat, ciudad.
cinc, cinco; *cinquaenta*, cincuenta.
çitola, cítara.
cobdiciar, codiciar.
cobrarse, recuperarse.
cocadriz, s. f., cocodrilo.
coffonder, confundir, engañar; *coffundudo*, confundido, humillado.
cogedor, cobrador.
coio, acogió (de *coier, coger*).
com, como.
combluuça, rival, amante.
combre, comeré.
començamiento, comienzo.
cometer, embestir, atacar; proponer; *cometiestes*, indujisteis, empujasteis.

comienda, encomienda, encargo.

companna, gente, grupo; amistad.

compeçar, comenzar.

com(n)plido, perfecto, rico, dotado, lleno, satisfecho; *complida mientre,* completamente.

condesar, guardar, ocultar; *condeseio,* escondrijo, escondite; tesoro.

coniurar, conyurar, conjurar, conspirar, pactar; suplicar.

conno(s)cer, conocer; *conosçudo,* conocido.

conortar, consolar; *conort(e),* consuelo, solaz.

conquerir, conquistar; *conqueriron,* conquistaron; *conquisto,* conquistado.

conseiar, decidir, determinar; *conseio,* consejo.

consuno- de, de acuerdo.

contender, persistir; discutir.

conte(s)cer, acontecer.

contra, hacia, contra; delante de; *contral(l),* hacia el; contra el.

contralla, contradicción; *contrallas,* contradictorias; *contrallo,* contrario.

contrayuso, hacia abajo.

conturuiado, turbado, confundido.

conusco, con nosotros.

coraioso, valiente, colérico.

cordar, armonizar.

cormano, primo hermano.

corredura, incursión.

coruo, encorvado.

coso, curso.

costrennir, constreñir.

couigera, moza de cámara.

coyta, necesidad, pena, cuita; cuidado, peligro.

cras, mañana.

crebantar, quebrantar; *crebanto,* aflicción.

creçries, crecerías (de *creçer*).

creer, creer; *creye, crey,* creía;

crouo, creyó; *crouieron,* creyeron.

cro(u)bir, cubrir.

crueza, crueldad; *cruo,* cruel.

cuedar, coidar, coydar, cuydar, pensar; creer, considerar; *cuedeste,* pensaste; *cuedado,* pensamiento; intención.

cuemo, como; *cuemo quier,* comoquiera.

cuende, conde, rico hombre.

cueta, cueyta, véase *coyta; cuetado,* afligido.

çume, zumo.

cunbleça, véase comblueça.

curiar, guardar.

D

de + vocal inicial, se contrae: *dacordar,* de acordar; *dallende,* de allende («del otro lado»); *dantes,* de antes; *daquel,* de aquel; *dauer,* de auer; *dest,* de este; *dir,* de ir; *duno,* de uno, etc.

debdo, deuda, derecho; obligación.

dec(z)ir, decir, llamar; *diz,* dice, se dice; *dizra,* dirá; *dizien,* decían; *dix,* dije, *dexi(e)ste,* dijiste, *dixo,* dijo, *di(e)xiemos,* dijimos, *dixieron, dixoron,* dijeron; *dixiesse,* dijese; *dim,* dime.

deesa, diosa.

defendedor, defensor; *deffendimiento,* protección, prohibición.

defesado, prohibido; *deffender...non,* «prohibir que...».

delexado, abandonado.

dello, parte, un poco; *dellos,* algunos, parte.

demas, además; *a demas,* extremadamente.

demientre, mientras.

dend(e), por ello, desde entonces, de aquí, de allí, de ello.
denegrecer, ennegrecer.
dennar, dignarse.
denodar, contradecir; despreciar.
denosto, ignominia.
departir, tratar, explicar, dis-
currir; *departimientos*, divisiones, explicaciones.
depues, después.
derechero, digno, justo, honrado,
correcto.
derramado, desbandado.
derredor (a, en), alrededor.
desacordado, sin sentido.
desarrimar, deshacer.
descenduda, bajada, descenso.
descrobir, descubrir.
desfoyr, evitar.
desguisado, inconveniente.
desi(y), también, además, luego.
desmayamiento, debilidad, des-
ventaja.
desmemoriado, desmayado.
despagar, separar, alejar.
despechar, abrumar con tributos; desagradar.
despender, gastar.
despennar, despeñar.
desputar, disputar.
desque, desde que.
dessende, después.
dessi, de sí.
desso uno, juntamente.
des(s)uso, arriba, por encima.
destellar, destilar, gotear.
destrui(y)miento, destrucción.
desuentado, inmóvil, embele-
sado.
desuiado, apartado, escondido.
dexar, dejar.
dexiemos, véase *dec(z)ir*.
deyuso, de abajo.
diestro, derecho.
dios, dios o dioses.
dix, dixiesse, dixoron, véase
dec(z)ir.
dize(i)seys, diez y seis.
dizrie, diría (de *dec(z)ir*).

dolada, debastada.
doldrie, compadecería (de *doler*).
domne, de hombre (de cualquier persona).
don, de donde.
donas, regalos.
donde, donde, de donde; tan
pronto como; de que.
donnear, galantear.
dote, te doy.
dotri, de otro.
dubdar, dudar.
duecho, acostumbrado.

E

e, conj.; forma de *auer; e, he*,
tengo.
eguar, igualar; *egualeza*, igual-
dad.
embargar, obstaculizar, obstruir,
estorbar.
embligo, ombligo.
emer, gemir.
ementar, mencionar, recordar.
emparar, igualar.
em(n)pos, después.
enartar, engañar.
enbeudar, beber; refl., emborra-
charse.
encaescer, parir, empreñar.
encesa, encendida.
encogido, abatido, desanimado.
enc(r)obrir, esconder; *encrubencia, encubierta*, disimulación;
engaño, fraude; estratagema.
encostarse, inclinarse, doblarse.
encubierto, taimado, astuto.
ende, de allí, luego; por ello,
de ello, en ello; *endel*, por
ello le.
endereçar, ordenar; *endreçado*,
favorable.
enderredor, alrededor.
enfennir, fingir, inventar.
enfestar, enhestar, alzar; refl.,
enfestar se, mantenerse derecho, erguido.

enfinta (fazer), fingir.
enformar, dar forma, moldear.
engenno, aparato; ingenio.
engramear, sacudir, menear.
enguiella, anguila.
enleuar, entallar.
enlixado, ensuciado, desacralizado.
enmanzello, manchó (de *enmançellar).*
ennadir, añadir.
enpuxar, tocar o llamar, especialmente a una puerta.
enrridar, azuzar.
ensaneldar, respirar; *ensaneldamiento,* resuello.
ensuziamiento, vileza, infamia.
entendudo, entendido.
enxalçamiento, calzado.
enxeco, molestia.
enxienplo, fábula, lección, modelo.
epilesia, epilepsia.
erradio, con el camino perdido.
erzido, levantado.
escalentar, calentar; quemar.
escodrinnar, examinar.
escollecho, escogido, reconocido, señalado.
escomençar, comenzar.
escontra, hacia.
escosas, vírgenes.
escreuir, escribir, inscribir; *escripto,* escrito, inscripto.
escusar, evitar.
esmedrido, desmedrado.
espantoso, terrible; maravilloso.
esparzer, esparcir; *esparzudos,* esparcidos.
espedirse, despedirse.
espender, gastar; prolongar, girar.
espensa, despensa.
espertar, despertar.
espiramiento, conjuro.
espirital, espiritual.
espolonada, arremetida de caballeros.

esquiuo, siniestro, horrible, malo, dañoso.
essora, en esa hora, entonces.
estança, comportamiento, conducta.
estancias, estancadas.
estar, estar; *esto,* estoy, *estades,* estáis; *estidist,* estuviste, *estido, estudo,* estuvo; *estidiera,* había estado, etc.
estonce(s), entonces.
estrado, cama, alfombra, plataforma.
estrelladuras, estrellas; *estrellero,* astrólogo.
estremança, el más alto grado posible de una cosa.
estremonia, astronomía.
euas, he aquí.
exidos, campos libres, terrenos que están a la salida de un lugar, donde no se siembra.
exiemplo, ejemplo.

F

fablar, hablar; *fablant,* hablador.
fabliella, hablilla, fábula, cuento.
face, hace; *faga, haga; fagol,* le hago (inf. *fazer).*
falagar, halagar, complacer; *falago,* halago.
fallar, hallar.
falles(c)er, faltar, acabar; perder el ánimo.
famado, famoso.
fambre, fanbre, hambre.
farto, harto, lleno.
fascas, casi; es decir.
fasta, fata, hasta; *fastal,* hasta el.
fayçon, forma, facción.
faz, cara.
fazer, hacer; *faz,* hace; *fizo,* hizo; *fezist,* hiciste; *fazellas,* hacerlas.
fazienda, batalla.
fecho, hecho, acción, deber.

fedor, hedor, mal olor.
fendir, hender, partir; *fende-chura,* hendidura.
ferir, herir.
feuza, fiuza, confianza; prueba.
ffallido, carente.
fierra (bestia), feroz.
fierro, hierro.
ffijo, fiio, hijo.
figura, alegoría, imagen, símbolo, representación.
fincar, quedar.
firmar, afirmar, declarar.
fisica, ciencia natural; *fisico,* médico.
fizol, le hizo; *fiz,* hice (de *fazer).*
folgar, descansar; *folgança, folgura,* descanso.
follar, pisotear.
fonda, honda.
fondon, fondo, extremidad.
fonta, vergüenza.
foradar, horadar; *forado,* agujero.
foyr, huir.
fremosura, hermosura.
friura, frialdad; frío.
frontero, fronterizo; opuesto de.
frutero, fruyto, fruto.
fueras-da, excepto; salvo; otra cosa sino.
fuir, huir; *fuxo,* huyo; *fuyen,* huían.
fuste, fuiste.

G

gabarse, mofarse.
galardonar, premiar.
ganadiello, dim., ganado.
ge, se; *gelo,* se lo.
gostad, gustad.
gouernar, sostener, gobernar.
gradecer, agradecer.
granado, importante, grande.
grandear, exaltar, alabar.
grieue, grave, difícil.
gualardon, galardón, premio.

guarecer(se), salvarse, guardarse; proteger, amparar.
guarir, escapar, salvarse.
guisa, razón, juicio; modo, manera; *de —— que,* de manera que; *de gran ——,* de noble linaje; *guisado,* apropiado, conveniente; preparado.
guisarse, prepararse, disponerse.
gulpeia, zorra.

H

haber, véase *auer.*
heredades, campos.
hermar, destruir, despoblar.
hueste (ir en), ir a guerrear.
hu(v)iar, llegar, lograr.
hy, allí.

I

iamas, jamás.
incha, odio, enojo.
inoios, rodillas.
iogoso, jocoso.
i(j)udgar, juzgar.
iudio, judío.
iuego, juego.
iuierno, invierno.

J

joglar, juglar.
jura, juramento.

L

lamar, llamar.
lasso, cansado, indolente.
laurar, labrar; *lauor,* labor, trabajo; labranza; edificio.
laurer, laurero, laurel.
laydeza, fealdad.
lazrar, sufrir, padecer; *lazrado,*

desgraciado, miserable; *laze-ria,* trabajo, sufrimiento.
lena, llena.
leuantar, iniciar.
leuar, llevar.
licion, lección.
ligero(de), fácilmente.
linnage, linaje.
lit, lid.
lixoso, inmundo.
losenia, lisonja, adulación.
luego(de), inmediatamente.
luengo, largo, alto.
luenne(de), (de) lejos.
lumbroso, lleno de luz.
lux, luz.
luziello, sepultura.

LL

llanniesse, gimiese, sollozase (de *llañer).*
llantar, plantar.
llegar, juntar.

M

maçana, manzana.
madrazo, jabalina.
maestria, artificio; habilidad, arte.
maguer(a), aunque.
maiar, golpear, cosechar.
malfadado, hombre de mala suerte; desgraciado.
maltraer, maltratar; *maltroxieron,* maltrataron; *mal trecho,* maltratado, desgraciado.
mandaderia, embajada, mandato; *mandadero,* mensajero.
manga, trompa.
maniar, manjar.
mannera, estéril.
manpuesto, unido.
mantener, gobernar; poseer; proveer; proteger; *mantenedor,* protector.
maslo, macho.

mateste, mataste.
mayoral, mayor; líder, jefe.
meatad, mitad.
mena, almena; fortaleza.
mem(n)brarse, recordar.
menestralia, oficio de artesano; artesanía.
menguar, faltar; disminuir; *mengua, mingua,* escasez, carencia.
menuzar, desmenuzar.
mester, menester, necesidad; oficio.
meytad, véase *meatad.*
mezclada, enredada; iniciada.
moravedi, maravedí.
much, muy.
mudiar, mugir.
muesso, mueso, bocado; mordisco.
muger, mugier, mujer.
murciego, murciélago.
mures, ratones.

N

nascencia, nacimiento.
natura, naturaleza, clase, linaje.
neguest, negaste.
nemiga, maldad; enemigo; engaño; traición; *nemigas,* males.
nidio, lustroso.
nieu, nieve.
nin, ni.
nodrecit, te nutrí.
nombradia, renombre.
nos, no se; nosotros.
nouiella, ternera.
nozir, hacer daño.
nublo, nublado.
nuf, nube.
numqua, nunca; *numqual,* nunca le.
nuzieron, hicieron daño (de *nozir).*

O

o, donde (*y,* conjunción).
oblidado, olvidado.
ol, en donde le.
omilloso, humilde.
omne, hombre; uno, cualquiera.
ond, onde, por lo cual, en donde, de donde.
ondra, onrra, honra; *onrrar,*
honrar; *ondrado,* honra-
do; *onradamientre,* cortésmen-
te, honradamente.
Ongria, Hungría.
oquier, dondequiera.
ora, hora.
orar, adorar, reverenciar.
orebze, orfebre; *orebzia,* orfe-
brería.
osmola, la husmeó (de *usmar*).
otoridad, autoridad.
otri, otrie, otro.
otrossi, también, igualmente.
ouo, ouieron, véase *auer.*
oyr, oir; *oy,* oye; oigo; *oydes,*
oís; *oyestes,* oísteis, *oyron,*
oyeron; *oyt,* oid.

P

pagarse, gustar, aficionarse a,
antojarse, alegrarse; enamorar-
se; *pagado,* satisfecho.
paia, paja.
palaciano, cortés, elegante.
paladina mient, abiertamente;
claramente.
palaura, palabra.
paramiento, pacto.
parar, aparejar; disponer, dejar,
hacer, colocar; *parol,* lo dejó,
dispuso.
partir, dividir, repartir; alejar;
partida, parte.
pechar, pagar tributos; *pecho,*
tributo.

penar, castigar, atormentar.
pennedo, peñasco.
pennola, pluma.
pesquera, laguna, estanque.
pesquir, indagar, averiguar.
piadat, piedad.
piertega, pértiga.
pipa, instrumento musical.
plazer, agradar; *plogo,* agradó;
plogol, le agradó.
pleytesia, negociación, pacto;
pleyto, pacto, convenio; juicio, litigio; asunto.
poçon, poción, veneno.
poderoso, capaz.
poner, poner; planear, decidir.
pora, por tal, para; *poral,* para
el, *porassi,* para sí.
porfijado, adoptado como hijo.
poridat, secreto.
poro, por donde, etc.
portadgo, peaje.
postremerias, postrimerías; *a
la* ——, al final; *en la* ——,
parte de atrás.
prea, botín.
premia, apremio, opresión.
prender, tomar, conquistar, cap-
turar, atar; *priso,* tomó, etc.
prez, renombre; valor.
priessa, aprieto, aflicción.
primora-a, al amanecer.
princep, príncipe.
priuado, de prisa, pronto.
propinco, próximo, allegado.
prouar, intentar; comprobar.
pud, pude.
puebla, fundación.
puerco, jabalí.
puio, creció.
punnar, procurar, esforzarse,
combatir.

Q

quebrantado, afligido, triste.
quaiar, cuajar.
quantia, cantidad.

quel, que le.

quequier, cualquier cosa.

querella, queja; *querellarse,* quejarse.

ques, que se.

questor, cuestor.

quexa, aflicción, angustia; ansia, deseo; *quexado,* afligido.

quexada, quijada.

quexar, aguijar.

quexo, véase *quexa.*

qui, quin, quien, quienes.

quier, sea (que).

quis, quise; *quisto,* querido.

quitar, liberar; comprar (esclavos); *quito,* libre; exento.

R

ra(e)faziado, audaz, atrevido.

razon, estado; discurso.

rebatar, arrebatar; *rebatosamientre,* precipitadamente.

recab(d)ar, llevar a cabo, ejecutar; recoger; conseguir.

recabdo, cuidado, discreción; nuevas, cuenta.

reco(u)dir, responder; conducir.

reconnocimiento, reconocimiento, registro.

regnado, reinado, reino; *regnar,* reinar.

reia, reja, espolón de hierro que se utiliza en el arado.

remenbrança, memoria.

remeter, arremeter, atacar.

repentirse, arrepentirse.

respuso, repuso.

retouo, retuvo, mantuvo.

retraer, referir, contar, traer.

reuellado, rebelde.

rezio, recio.

rimos, remos.

roydo, ruido.

S

sabidor, conocedor; *sabiduria,* manera, artificio; sabiduría.

sabor, deseo, placer; *sabrido,* sabroso.

sabudo, sabido.

sandio, loco, necio.

sannar, sanar.

sannoso, lleno de cólera, *sannuda mientre,* con enojo.

sazon, entonces; *en su* ——, en su época; *una gran* ——, mucho tiempo.

scarnio, escarnio.

secta, doctrina, religión.

sedmana, semana.

se(d)ze, diez y seis.

seer, ser, sentarse, estar; *sodes,* sois, estáis; *seye,* estaba, *souo,* estuvo (etc.), *souieron,* estuvieron (etc.); *souiesse,* estuviese (etc.); *seyendo,* siendo (etc.), *seed(t),* sed.

segudar, perseguir; *segudol,* lo persiguió.

segund, según.

sel, se le.

semeiar, semejar, parecer; *semeiol,* le pareció; *semeiança,* comparación, símil; imitación; apariencia.

sennas, pendones.

sennas guisas, igualmente; *en* —— ——, en formas parecidas.

sennero, solo; unigénito.

sennoral, señoral.

sergente, criado.

siella, silla, sede.

sil, si le.

siniestro, izquierdo.

si non, salvo; *si non que,* mas, a menos que; *si no tanto,* excepto.

sipse, sí mismo(s).

sirgo, seda.

so, adj. pos., «su»; adv., «bajo»; soy (de *seer*).
sobrescripto, inscripción.
soby, subí.
soffrir, *sofrir*, sufrir, sostener; tolerar.
soffumerio, sahumerio.
solamientre que, con tal que.
sollar, soplar.
sollempnia, solemnidad, ceremonia solemne.
somo, encima.
sonar, difundir, saber.
sonducho, hundido.
sono, sueño; *sonnar*, soñar.
soora-a, inesperadamente, repentinamente.
sop, supe; *sopo*, supo; *sopolo*, lo supo; *soposse*, se supo (de *saber*).
sos, suyos.
sossacar, sonsacar; tramar.
souiesse, *souo*, véase *seer*.
spada, espada.
suenno, sonido.
suffriol, le toleró; *suffriegelo*, se lo permitía.

T

taiadero, plato, bloque.
taiar, cortar, tajar.
tamanno, tan grande.
tanner, tocar; *tannimiento*, acto de tocar, tañer.
tanto que, con tal que; en cuanto; cuando.
tanxo, tocó (de *tanner*).
tauaia, toalla, lienzo.
temprar, templar; *tempramiento*, templanza.
tendudo, extendido.
tenie, creía.
termino, frontera, distrito, territorio.
ternas, tendrás.
tod, todo; *tod en todo(de)*, segura y rápidamente.

todos en uno, todos juntos.
todavia, siempre, aún.
toller, quitar; *tollido*, quitado, retirado; *tolliol*, le quitó.
tomarse, juntarse, reunirse.
torcaça (paloma), torcaz.
tornar, volver, convertir.
torticieramientre, torcidamente; injustamente.
tortura, enroscadura, torsión.
toruado, abatido.
toue, tuve; *touieron*, tuvieron (de *tener*).
trabaiarse, esforzarse; interesarse; *trabaios*, se esforzó.
trauar, rogar, suplicar; —— *de*, agarrar, prender.
trauessasse, atravesase.
tremiar, temblar.
tresquilar, trasquilar.
traxol, le trajo, etc.
trecho (mal), maltratado.
trobar, inventar.
tronido, trueno.
trouar, hallar; *trouarse*, atreverse.
troxo, trajo; *troxiera*, trajera (de *traer*).
tuerto, s. agravio; adj. injusto.
turuiar, alterar.

U

uagar, descanso, tregua; *dar* —, dar el tiempo necesario; *uagaroso*, lento, ocioso.
ual, valle.
uedija, mata de cabellos.
ueer, ver; *ueedes*, veis; *ueye*, veía; *uisse*, viese.
uegada, vez; *a las* ——, a veces.
ueiez, vejez.
uelorto, bilorta, aro hecho con una vara de madera flexible.
uençrien, vencerían; *uençudo*, vencido.
uerguenna, vergüenza.
uernie, vendría.

uestiglo, véase *bestiglo*.
ueuir, vivir.
ueye, véase *ueer*.
uicio, regalo, lujo, deleite; *u(v)icioso*, abundante, regalado, provisto.
u(v)ieso, verso.
uiltança, vileza, bajeza.
uisquiessen, viviesen.
uisse, véase *ueer*.
unado, unido.
usgo, asco, repugnancia.
uuscar, buscar.
uviar, véase *hu(v)iar*; *uuio*, llegó.

V

vala, valga.
vbandalo, uvandalo, vándalo.
vieso, verso.

Y

y, allí.
yac(z)er, yacer, acostarse, estar; *yaz*, yace, está; *yogo*, yació; *yoguimos*, yacimos; *yagan*, yazcan; *yuguiesse*, yaciese; *yoguiera*, había yacido, etc.
yaque, algún; un cierto.
ydropigo, enfermo de hidropesía.
yegua, véase *yguar*.
yent(e), gente.
yerto, inflexible, duro.
yguar, igualar, ordenar, enderezar; representar, simbolizar.
yl, y le.
ymaginar, representar; componer; *ymaien*, imagen.
yoguiera, yoguimos, véase *yac(z)er*.
yrado, veloz.
ysmaelitas, descendientes de Ismael, hijo de Abraham.
yugiesse, véase *yac(z)er*.
yuierno, invierno.
yurar, jurar; refl., hacer una conjura, un pacto.

DE PRÓXIMA APARICIÓN

Colección Letras Hispánicas

ÚLTIMOS TÍTULOS PUBLICADOS

Colección Letras Hispánicas

DE PRÓXIMA APARICIÓN